Jean Vautrin, alias  e.
Venu à Paris pour   a-
lement entré à l'I.D.   re
française à l'univer   e
pour l'*Illustrated W*   t
de Roberto Rossellin   st
affecté au Service C   nées. Démobilisé, il est assistant de Minnelli et de Rivette. Après une trentaine de courts métrages, il réalise son premier long métrage : « Le dimanche de la vie », d'après Raymond Queneau (prix Marylin Monroe). Suivent six longs métrages, dont « Adieu l'ami » avec Alain Delon et Charles Bronson. A partir de 1973, Herman et Vautrin coexistent. Le premier est scénariste-dialoguiste, l'autre, écrivain, auteur notamment de : *Billy-Ze-Kick*, *Bloody-Mary* (Prix Fictions 1979, Prix Mystère de la Critique 1980), *Canicule*, *Patchwork* (Prix des Deux-Magots 1983).

Paru dans Le Livre de Poche :

BLOODY MARY.
CANICULE.

JEAN VAUTRIN

Baby Boom

MAZARINE

© Éditions Mazarine, 1985.

Comprenez-moi. Je me méfie du bonheur. Surtout catégorie moyen médiocre. Parce qu'il est arrêt et symétrie. Patatras de la satisfaction de soi. Statu quo et rien après. Je préfère ceux qui risquent. Pari et déséquilibre : la marche vers. Et à ce titre, j'aime la fulgurance. Elle est un état permanent de notre temps. J'y crois. Parce que la fulgurance peut devenir une version précaire de la sagesse. Tout le mystère des êtres consiste à les aimer.

J.V.

Baby Boom

A Laurence Renouf
et Olivier Cohen

Depuis que Tracy a glissé un oreiller sous sa robe et qu'elle prétend être enceinte de six mois et demi, j'ai l'impression d'être une bouteille vide.

Ce matin, juste après les corn flakes, elle m'a fait le coup de l'envie de fraises. J'ai couru en chercher une livre chez l'Italien, il n'en avait pas. Et même deux rues plus loin, là où sont tous les magasins, je n'en ai pas trouvé tout de suite, parce qu'il avait neigé.

De toute façon, quand je suis revenu à la maison, elle n'en voulait plus. J'ai shooté dans le foutu sac de fraises et j'ai voulu partir en claquant la porte de la cuisine. Mais elle m'a retenu par mon pull. Elle a posé ma main sur son ventre et elle m'a forcé à fermer les yeux. J'ai fait ce qu'elle désirait. Elle a dit avec une ferveur invraisemblable :

« Tu le sens bouger? Dis? Tu le sens? »

Je n'ai évidemment rien senti, mais j'ai hoché gravement la tête. Son visage scandinave s'est éclairé aussitôt.

« Est-ce que ça n'est pas merveilleux, Dunc, a-t-elle demandé avec son lumineux sourire, de penser que *notre* petit nageur se prélasse ainsi dans le ventre de sa maman? »

Je suis sorti de la pièce à reculons et j'ai grimpé jusqu'à mon bureau.

J'ai regardé ma machine à écrire comme si c'était un

corps étranger – quinze jours que je n'arrive pas à travailler – et j'aurais voulu shooter dedans.

J'ai regardé dehors et la neige s'est remise à tomber. Vous auriez juré des milliers d'oreillers que les voisins du dessus auraient secoués par les fenêtres.

Je suis redescendu en cavalant. J'ai arraché le faux ventre de Tracy et je l'ai secoué par la fenêtre ouverte. Le duvet et la neige, il n'y avait pas de différence. Tracy m'a martelé le dos avec ses poings. Elle s'est mise à pleurer sans bruit. Le genre de chagrin que je redoute le plus chez elle.

Et elle a commencé à dire que j'avais tué notre enfant.

Mercredi dernier, nous sommes allés chez ce vrai salaud de Fenimore Altman-Granger. Il est l'analyste qui suit Tracy depuis bientôt trois ans. C'est un blond plutôt décevant, avec une tendance à se voûter malgré ses trente-cinq ans. Et j'aimerais vraiment shooter dans lui.

L'été dernier, Tracy a fait à son propos un report tout à fait conforme à la théorie freudienne. Mon image de mari a été sérieusement remise en question pendant un grand semestre. Altman-Granger a fait son apparition dans toutes nos conversations et je ne sortais jamais indemne des comparaisons désobligeantes que ce foutu charlatan avait installées par suggestion ou silence lourd autour d'un divan.

Encore aujourd'hui, je préfère ne pas rendre publique la bassesse des conclusions, interprétations ou partis qu'il a su tirer, avec un fiel consommé, du moindre des rêves de ma chère femme. Jamais vu un sournois pareil. Et Altman-Granger pratique, à mon avis, l'analyse au plus bas niveau.

Durant ces mois de disgrâce et de diffamation pure et simple, il a fallu que je fasse preuve d'une ferme dignité. Sans me vanter, j'ai déployé une talentueuse diplomatie, doublée d'un amour indéracinable pour Tracy.

Bien sûr, ce furent des jours noirs, pendant lesquels j'ai shooté dans pas mal de choses, mais c'était après tout le seul moyen de préserver l'intégrité de mon ego. (Pas question ici de regretter les deux potiches de ma tante Purdox, ou ce vase de Chine auquel je tenais tant.) D'ailleurs, à quelque chose sacrifice est sans doute bon. La preuve en est : c'est durant cette période d'exclusion véritable que j'ai commencé à écrire les *Aventures de Harry Peebles*, un feuilleton dont la démesure (que j'ai puisée, comme on devine, dans mon profond désarroi du moment) a tout de suite séduit P.W. Adams, du *Saturday Evening Post*. Le style sec et rageur de ces épisodes à suivre est bien dans ma manière. Et, pour peu que vous achetiez la foutue gazette, en page 8, vous ne pouvez pas rater une dizaine de feuillets par Duncan Morrisson ni, dans un encadré, ma photographie. Celle qui est prise en Espagne, avec un taureau en arrière-plan, et sur laquelle je ressemble à Hemingway parce que Tracy avait oublié mon rasoir dans un hôtel de Séville.

Pour en revenir à ce mercredi, je ne sais plus par quel biais tordu, ce fumier d'Altman-Granger est arrivé à m'étendre sur son divan. Il avait installé dans la pièce où nous étions, une sorte de lassitude. Un clair-obscur vénitien qui provenait du store. Je dirais de cette stratification de la lumière au travers des lamelles qu'elle entretenait une possibilité d'ouverture sur la vacuité. Une projection horizontale de l'espace sur le mur blanc qui n'était pas innocente dans le cas de ce fumier d'Altman. Dieu sait pourtant si je me méfiais de ses manigances de pâtissier viennois! Mais, ce jour-là, allez savoir, je me sentais comme un bateau arrivé à quai et l'eau se retirait à vue d'œil sous ma quille.

Vieux Fenimore a fait plusieurs simagrées signifiant

le soulagement tandis que je m'allongeais. Après une plage de silence tout à fait impressionnante, Tracy s'est retirée sur la pointe des pieds. Je ne savais plus très bien si elle était encore dans la pièce ou seulement dans un coin de mon esprit.

J'ai fermé les yeux et j'ai presque tout de suite entendu une voix. Cette voix parlait avec une étrange douceur. Elle répétait tout bas l'indicible. En tant que bateau échoué sur canapé skaï, je jure qu'à cette minute même, j'avais besoin d'un sacré coup de peinture.

« Tracy voudrait avoir un enfant, disait la voix. Et moi, je voudrais avoir Tracy. Mais nous n'arrivons pas à confectionner le foutu bébé. Et moi, je perds Tracy. Et ma belle-mère se mêle de ce qui ne la regarde pas... »

Le store a bougé derrière moi et sur le mur, les rayures horizontales se sont modifiées. Il y a eu une prédominance du soleil et la voix s'est fâchée. Elle s'est mise à dérailler dans l'aigu et j'ai eu foutrement mal au cœur. Je crois qu'elle a crié :

« La merde! La merde de se branler dans des éprouvettes! Et la merde de se faire sonder le ventre! Nous n'y arriverons pas! »

Silence. Strates. Vide. Clair-obscur.

Soudain, la voix a recommencé son chapelet. Elle m'étouffait. Elle broyait ma poitrine. Elle criait sans que je puisse la retenir.

« Nous n'y arriverons jamais! Et à la fin des fins, nous ne nous aimerons plus! En mettant tout au mieux, je serai un écrivain raté et elle sera une névrosée du troisième dan! »

Cette voix m'assassinait. Elle me faisait un mal fou derrière la carotide. Elle m'assassinait. Elle me charcutait, voilà. A ceci près que c'était la mienne. La mienne! Duncan Morrisson vous parle de ses problèmes!

Brusquement, je me suis levé en hurlant. J'ai shooté

dans Sigmund Freud et Altman-Granger a poussé un grand cri.

Le visage de Tracy m'est aussitôt apparu derrière le store. Ses yeux bleus de tireuse à l'arc m'observaient au travers des lamelles. Ombre et lumière, son front et ses pommettes hautes étaient striées par des peintures de guerre.

Ce salaud d'Altman-Granger se tenait sur une jambe. Il frottait son tibia en sautillant. Malgré la douleur que j'aurais souhaitée vive, il semblait garder un admirable contrôle de lui-même.

Tracy est entrée dans la pièce. Elle avait récupéré dans le couloir un air de santé infernale. Un air qui ne l'a jamais quittée depuis l'Université. Un jeune corps brûlant sous un physique de glace. Le genre d'élève en psychogénétique capable de courir le cent yards en dessous de dix secondes ou de vous passer un terrible passing-shot après trois heures de tennis. Elle a dit :

« Fenimore pense que je suis loin d'être aussi stérile qu'on s'accorde à vouloir le faire croire... Il pense que les causes sont strictement d'ordre psychosomatique. Je suis tout à fait capable de me débloquer pourvu qu'on m'y aide... Fenimore pense que mon épanouissement dépend avant tout de la bonne volonté de mon entourage immédiat... »

Altman-Granger s'est remis à marcher sur deux jambes. Il est venu jusqu'à moi. Il a dessiné sur sa bouche un sourire d'une cordialité inenvisageable.

« Monsieur Morrisson, a-t-il demandé, connaissez-vous les bébés-choux ? »

« Vous avez eu mille fois raison de venir me voir », chuinta M. Horace Orpington Junior.

Il remua à peine dans son vaste fauteuil de cuir et alluma un cigare convenable.

« En adoptant l'un de nos bébés, dit-il d'une voix où vous sentiez le miel, vous allez rejoindre, madame Morrisson, et vous – monsieur – la cohorte des gens heureux! Trois millions de *Little People* sur le seul territoire des Etats-Unis, exhala-t-il en même temps que sa fumée cubaine. Sans compter tous ceux qui sont commandés!

– Quand pouvons-nous espérer avoir notre enfant? » risqua Tracy.

Elle leva les yeux suppliants sur le président de la Cabbadge Patch Kid Corporation et cessa momentanément de décortiquer le kleenex qu'elle tenait.

« Madame Morrisson! soupira Orpington, la tendresse se vend si bien! Nous croulons sous les demandes! »

Il prit l'air désolé en croisant ses mains sur sa bidoche :

« Il vous faudra attendre jusqu'à Noël pour embrasser le cher petit ange! » finit-il par dire.

Tracy adopta aussitôt une attitude recroquevillée que je ne lui connaissais pas. Elle semblait admettre la fatalité d'une souffrance nouvelle. J'avais un grand litre d'air dans mon estomac. En appuyant sur cette poche, je me permis un bruit de conduite d'eau.

« Excusez-moi », dis-je à mi-voix.

Mais personne ne me prêta une attention particulière, et c'est d'une main potelée qu'endiablé Orpington ouvrit un tiroir situé à sa droite. Il en sortit un formulaire et décapuchonna un stylo à plume d'or. A cette minute même, son extragavante ressemblance avec l'Evêque méthodiste dans lequel j'avais shooté étant enfant m'interdit de faire le moindre mouvement. Trait pour trait, Orpington était le calque laïque de Monseigneur Bimbelton! Même onction. Même façon maniérée de vous présenter les choses. Je me rappelais trop bien les circonstances dans lesquelles saloperie de prélat Bimbelton – qui fréquentait la maison de mon père – avait essayé de me réchauffer les lèvres un jour de grand froid pour ne pas avoir la tentation de charger le délicat et conforme Orpington de tous les vices de la création. D'ailleurs, ce dernier avait organisé une expression de papelardise visible à l'œil nu sur toute la rondeur de son faciès de gros chat. Il essayait visiblement un regard fascinatoire sur cette pauvre Tracy et resta, le temps qu'il fallait, la plume de son stylographe tournée vers le ciel...

« Eh bien? chuinta-t-il encore en nous dévisageant avidement, si vous deux – candidats parents – êtes décidés à accueillir un enfant conçu *sans péché*, je vous propose de répondre à notre petit questionnaire habituel.

– Nous y sommes résolus », dit aussitôt Tracy.

Et elle reprit son manège avec le kleenex.

« Commençons donc par le plus important, suggéra M. Orpington en affichant un réel air de gourmandise. Fille? Ou Garçon?

– Fille, absolutisa Tracy. C'est une fille que je souhaite. »

Une douleur en forme de tenaille se referma sur mon estomac.

« Vous ne dites rien, monsieur Morrisson? » s'enquit le président.

Je me contentai d'un sourire niais. J'avais déjà envie de shooter dans toute la situation pourrie dans laquelle j'avais accepté de me mettre. Je me souviendrai longtemps de ce jour de pluie qui transformait la neige en verglas dans les rues. Des fourrures imbéciles dont nous avions entouré nos pauvres corps pour affronter la tourmente. De l'heure matinale à laquelle on nous avait convoqués. Des six heures d'attente dans une pièce surchauffée, en compagnie d'une trentaine de couples aussi abîmés que le nôtre. Et de la petite flaque dégradante que nous arrondissions sous nos pieds, tandis que fondait la glace.

« Souhaitez-vous une petite fille bien en chair ou un peu chétive? » demanda soudain M. Orpington.

Il leva la main pour prévenir une éventuelle interruption et poursuivit :

« Sur ce point, les parents sont divisés. On peut très bien concevoir un type de petite fille tout à fait débrouillarde et dont la nature bouillante la pousse très tôt à prendre des initiatives... ou alors au contraire...

— J'aimerais qu'elle ait réellement besoin de moi, intervint Tracy. Le genre d'enfant qui fait de l'anorexie et qui pleure volontiers la nuit. »

Notre guide battit plusieurs fois des paupières. Ses longs cils se posèrent momentanément sur ses joues. Il se tourna poliment vers moi :

« Avec votre permission, monsieur Morrisson, je vais marquer « constitution chétive », décréta-t-il, et il tira sur son cigare avant de passer à la question suivante.

— La beauté de l'enfant vous importe-t-elle? interrogea-t-il en s'adressant exclusivement à moi.

— Non », soufflai-je.

Et franchement, je m'en battais d'autant plus l'aile et la cuisse et les plumes et même le gésier, que dans les couloirs, j'avais entrevu tout au long de cette journée pourrie, plusieurs spécimens des petits monstres qu'on nous proposait. Ils étaient invariablement des poupons mous et doux, rembourrés en polyester. Deux trous pour les yeux, un pli pour la bouche, le menton escamoté et des bras en rôti de dindonneau. Pas de quoi se relever la nuit.

« J'aimerais que ma petite fille ait les yeux bleus comme les miens, intervint ma femme. Et une réelle personnalité. Un air d'intelligence, je veux dire... Mais je n'ai rien contre une légère imperfection dans le visage... au contraire... une...

— Une imperceptible *laideur*? compléta Orpington. Vous avez raison d'insister sur ce point, madame Morrisson. Parfois, un nez un peu épaté, un profil un peu effacé, donnent au bébé une expression plus vulnérable, appellent plus de protection, déclenchent une transfusion affective plus importante...

— Elle sucera son pouce, dit Tracy avec une confiance renouvelée.

— Certainement, madame Morrisson! acquiesça

Orpington. Je coche cette particularité à la rubrique " Options ". »

Il dessina une croix dans une case et releva gravement la tête :

« Je suppose que cette enfant aura le teint clair? s'enquit-il.

– Notre bébé est de race blanche! » réagit aussitôt Tracy.

Elle avait fait preuve d'un emportement endémique.

« Je suis obligé de poser cette question, s'excusa le président de la Cabbadge. J'ai eu plusieurs fois le cas de couples qui préféraient adopter un bébé tiers-mondiste ou de complexion noire à tout autre enfant de race leucoderme, fût-il suisse. Une attitude expiatoire, j'imagine! Mais le pourquoi des choses ne nous regarde pas.

– Votre tâche est difficile, admit Tracy.

– Je suis un peu le sculpteur de la vie, sourit modestement M. Orpington. Et si j'insiste sur ces caractéristiques, en principe révoltantes pour la sensibilité d'une mère, c'est parce qu'en insufflant toutes ces données dans le computer, nous affinons notre approche. Affleurer l'humain! C'est ma devise! Vous aurez le bébé le plus conforme à l'idée que vous vous faites du bonheur. Plus de tranquillisants! Plus de hantise de guerres! Votre adoption ludique a tous les avantages de la vie *au naturel*... et aucun de ses inconvénients... »

Jugeant de l'effet brûlant de sa diatribe sur nos cœurs, Horace Orpington Jr appuya discrètement sur un bouton. Une musique de nature séraphique envahit la pièce comme une crème apaisante. Le visage de notre hôte sembla s'adoucir à l'unisson. Ses joues lisses se satinèrent de je ne sais quel moelleux œcuménique. Il se pencha plutôt de mon côté, avec bienveillance :

« Nos bébés-choux valent cent trente-cinq dollars, payables à la commande, dit-il assez rapidement. Leur corps attendrissant est lavable. Les chérubins sont remis aux parents avec un certificat de naissance, des conseils psychologiques adaptés à leur caractère, et un programme de régime alimentaire approprié. »

Comme je portais la main à ma poche intérieure, M. Orpington demanda :

« Chèque ou espèces ? »

Il empocha mon chèque pendant que Tracy regardait ailleurs. Le fameux stylo d'or grinça sur le bas du formulaire. Il termina sa course par un ruban compliqué qui pouvait être pris pour une signature. Horace Orpington releva la tête et s'empara d'un buvard.

« Votre fille vient de naître, annonça-t-il triomphalement. Nous sommes le 30 octobre 1984. Elle est du signe du Scorpion. Sa morphologie la fait présager comme une idéaliste, dotée à la fois d'un esprit créatif et synthétique. Elle sera pointilleuse et ordonnée. Très impulsive, parfois brutale ou coléreuse. Agressive, même. Elle sera souvent en proie à une angoisse exquise... Toutefois, plus tard, l'amour la guette...

– Il n'y aura pas de plus tard », décréta Tracy.

Elle avait cette expression de froide résolution que je lui connais quand elle se sent en danger.

« Ma fille sera toujours un bébé, ajouta-t-elle. Elle ne vieillira jamais.

– C'est votre privilège d'en décider ainsi », s'inclina Orpington.

Et, comme je me levai précipitamment pour prendre congé, il posa sa main sur mon bras.

« Oh ! monsieur Morrisson ! Juste encore un mot ! chuinta-t-il, comment s'appellera cette délicieuse enfant ?

– Benvenida », répondit Tracy.

Et je sus qu'elle avait tout prévu.

14 NOVEMBRE. Il neige. La longue attente a commencé.

Je suis dans mon bureau. J'ai poussé le verrou. Pas

seulement, j'ai aussi donné deux tours de clefs. Des œufs fricassent sur mon camping-gaz. Au même étage, une cireuse s'énerve. Elle fait toupie la rage et rebondit contre les murs. Tracy qui traque la saleté. Un turban sur la tête, depuis deux semaines, elle n'arrête plus de le faire. Elle alterne avec un soin maladif l'emploi de la brosse électrique et celui du Tornado à variation électronique. Sacs longue durée. Signal sonore. Et stop control. Il y a seulement quarante-huit heures, nous sentions la térébenthine. La chambre d'ami venait de devenir nursery. Tous les meubles sur le palier. Le lit de ma mère mis au rebut. La coiffeuse par Ruhlmann revendue à vil prix. Et ce qui avait été épargné du mobilier, repeint en rose-crétin. Désormais, nous nous laverons dans le petit cabinet de toilette du bas. Notre salle de bain sera entièrement dévolue à la boule de chiffon que ma femme s'obstine à appeler « ta fille ».

En dehors des œufs, je mange principalement des cacahuètes. Je mâche des graines et je travaille sur mon feuilleton. Je mâche et je tape à la machine. Underwood et oléagineux. Un peu d'encre, un peu d'huile. Je mâche, je mâche, miné par la contrariété. Et je tape, je tape, ballonné par l'abus des arachides.

18 NOVEMBRE. J'ai une couverture de survie sur les épaules. Des œufs mijotent sur mon camping-gaz. Ce matin, vous n'auriez pas cru tout ce qu'il a neigé.

Il y a une heure à peine, Tracy a frappé à la porte. Je l'ai à peine entendue. J'étais si sacrément tourmenté par les aventures de Harry Peebles que mon esprit vagabondait ailleurs. Sur le pont d'un pétrolier en flammes, au cas où vous voudriez savoir. S.S. Bételgeuse. 121 000 tonnes. En provenance de Ras Tanura, Arabie Saoudite, où il avait chargé du brut. Tracy a fini par tambouriner sauvagement. Hurlement après hurlement, elle m'a obligé à ouvrir.

« Je veux que tu fixes une barrière de sécurité extensible, avec des embouts en caoutchouc, m'a-t-elle dit précipitamment. J'ai trop peur que « ta fille » roule dans l'escalier quand elle saura marcher. Va acheter du bois. »

Jésus! quand je l'ai eu fait, je ne sais plus quel cafard noir j'avais. J'ai bu trois whiskies et je suis entré dans notre chambre avec un verre à la main.

Tracy était devant la glace. D'un geste absolument inattendu, elle a fait passer sa robe par-dessus sa tête. Elle m'a tourné le dos et j'ai regardé ses fesses.

Je jure que j'ai eu une érection quand elle a fait ça.

Maintenant, il est temps que je parle de Harry Peebles. D'abord, parce que cette saleté de journaliste trimbale derrière lui une mentalité tout à fait dégueulasse. Ensuite, parce qu'il est certainement l'être qui m'est le plus proche. Je veux dire qui m'aide le plus à vivre. Un ami véritable et cynique. Une sorte de moi à revers. Un type hanté par le sens du dérisoire et du dépassement de soi-même. Avec ça, teigneux. Jamais sentimental. Attentif aux autres. Totalement libre vis-à-vis des femmes. Délivré, je dirais. Mais homosexuel, pour cause de mère abusive. Fragile. Maigre. Se contentant de peu. Les shorts trop longs. Les lunettes sur le nez. Rougeoyant de coups de soleil. Mais dur comme la latérite. Pistard impénitent, roulant 4 × 4, poursuivant de guerre en guerre je ne sais quelle baleine blanche. Attiré par le danger, comme les anciens capitaines par la mer. Dieu et démon de lui-même. Puissant par l'argent du journal qu'il représente et faible dans sa constitution physique. Promenant son astigmatisme de champ de bataille en défaite, de désert en banquise, d'occupation en répression, de famine en coup d'Etat. Côtoyant les colonels, les séditieux, les terroristes. Bourlinguant. Chahuté par les naufrages. Détourné par les pirates. Séquestré. Pris en otage. Négocié. Revendu. Passant d'un continent sur un autre. Jamais en repos. Présent là où s'installent le malheur et la peur. Harry – comme un rat – embarqué pour toujours dans la cale du bateau des Hommes. Voyageant la dent longue. Un chèque en blanc dans la poche de sa chemise : le prix d'un reportage qui n'a pas de prix. Mandaté par *Time Life*. Grand premier reporter. Canon F1 en bandoulière. Mentalité aucune. Vedette et clochard. Détestable et pitoyable. Traînant partout sa boiterie – une balle qui aurait fait éclater sa rotule – et justifiant la froideur de ses textes par une objectivité légendaire.

J'aime Harry Peebles.

20 NOVEMBRE. Nous attendons toujours Benvenida.

Je passe le plus clair de mon temps dans mon bureau. Harry Peebles m'accapare. A part lui, j'effectue quelques sorties précipitées. Elles ont toutes lieu en direction du fond du couloir où je m'enferme à double tour. Papier trèfle absorbant et cacahuètes en sachets. Je dérive sur la lunette. Harry et moi sommes en mer de Chine. Chasse d'eau. Chasse aux pirates. Notre jonque vient d'être abordée. Je tente une sortie. Tracy m'apparaît dans un reflet de glace. Il faut à tout prix que je l'évite. C'est l'heure du cours de puériculture.

Par la porte entrebâillée, départ plongé. Jamais parcouru le couloir à la brasse coulée en aussi peu de temps. Je reprends pied devant mon bureau. Harry me tend une main secourable et me hisse devant ma machine à écrire.

Quand j'y repense, les choses n'ont pas toujours été aussi moches qu'elles sont devenues. Avant les événements, Tracy dérapait pas mal, question stupre. Je me souviens, une fois, au milieu d'un film, elle a fait quelque chose qui m'a tout simplement ébouillanté. Elle a ouvert mon pantalon et sa bouche m'a aspiré vers le haut. Mais après, plus tard, quand nous avons eu toutes ces difficultés pour obtenir un enfant, elle n'a jamais voulu admettre qu'elle avait eu cette sorte de rapports avec moi. Elle a totalement occulté par exemple ces ébats quotidiens que nous avions sous la douche, où nous nous savonnions mutuellement avec des fous rires.

C'est comme si elle avait voulu ralentir notre sauvagerie à nous aimer. Elle a commencé à me dire que j'étais beaucoup trop obsédé par le sexe. Que j'avais tort de lui proposer exclusivement des situations scabreuses avec pour résultat de faire retomber la ferveur légitime qu'une femme est en droit de placer en son mari. Elle s'est mise à réciter plusieurs versets tirés du prêt-à-penser américain au sujet de la conception. Cher Dieu! Les enfants! Sur ce chapitre, je crois que nous avons tout essayé!

Le seul but de Tracy était vraiment d'obtenir un foutu bébé entre les jambes. Elle a pratiqué le coït à ventre ouvert avec sport et emportement. Exactement comme vous vous attaquez à un record. En recommençant chaque fois que vous êtes au mieux de votre forme. Je jure que je suis venu sur son ventre autant de fois qu'elle a voulu. J'étais un mari à répétition. Mitraillette-coït. Et je giclais. J'éclatais. Je bourrais. Clones, poulets-cailles, bébés éprouvettes, souris tricolores, pomates ou bœufs-zébus – je jure que je suis passé par toutes les péripéties.

Nous avons même essayé les services de M. Keita, Homme de Dieu, et grand médium africain par don héréditaire, mais allez vous faire machiner, nous avions beau hip-hip-hoper et nous torsader les muscles à force de faire du lit l'un avec l'autre, notre union resta en friche. Et nous sommes entrés dans un monde cruel et différent.

Celui de la névrose.

En vérité, avec le recul, je trouve que vous avez intérêt à être névrosé une bonne fois pour toutes.

Parce que si vous êtes un névrosé de tous les instants, c'est moins pénible pour les autres. Ils ne s'en aperçoivent pas. Ils croient que c'est votre naturel. Et ils se débrouillent très bien avec. Si bien qu'il ne reste plus que vous à être dans le tunnel. Et tant pis s'il se rétrécit. Tant pis si, à force de ramper, vous tombez dans la fosse septique du voisin. Vous avez passé la clôture, et fatalement votre saleté de vie entière pue. Vous êtes arrivé jusqu'à la merde à l'état pur. Colloïdal, je dirais. Un état gélatineux auquel, normalement, vous êtes condamné à vous faire. Et je crois bien, pour ma part, que c'est à cause de cette puanteur dans notre couple, que j'ai accepté peu à peu l'idée du Baby Boom.

Au moins, nous serons du côté des trois millions de parents de bébés mous. Trois millions de fêlés à marcher du même pas. Et c'est autrement plus rassurant qu'un tête-à-tête pourri avec quelqu'un que vous perdez à chaque minute.

J'aime Tracy, vous comprenez.

Et pour aller au bout de ce raisonnement, je dirai qu'après tout, l'illusion de la procréation n'est pas plus dangereuse que l'alcool et la drogue et vous ne menacez le corps de personne. Egoïstement parlant, le ventre de Tracy sera intact. Pas de vergetures. Pas de césarienne. Nous serons juste père et mère. Rien ne nous empêchera de redevenir amants.

Du coup, moi aussi, maintenant, j'attends Benvenida.

1ᵉʳ DÉCEMBRE. Je descends du bureau. Il est vingt-deux heures.

Harry Peebles dort dans un hamac, quelque part en Orénoque. Il est bouffé par les moustiques. Sur fond de marigot, un iguane géant se déplace avec lenteur. Avec des allures de dragon, il fixe son œil préhistorique sur le campement. Tout un peuple de crabes bleus sort de la vase et se hisse sur le sol ferme. L'air s'est arrêté de vibrer. Pas un souffle. Une idée de mort flotte. Juste la touffeur des orchidées.

Tracy m'attend en bas de l'escalier. Elle est assise sur l'avant-dernière marche. Et elle veille.

Aujourd'hui, 1er décembre, elle a un paquet sur les genoux. Elle dit :

« Dunc? J'ai acheté quatre « Dors-bien » en maille bouclette, avec semelles antidérapantes. Des petits ours jouent devant. Le dos est uni... J'ai également trouvé un lot de quatre brassières croisées. Et maintenant, je suggère que tu te familiarises avec les couche-culottes forme hublot... »

Je m'assieds. Je hurle à l'intérieur de moi. Mentalement, je jure que j'étrangle Tracy. Je dis :

« Oui, mon amour. »

Je pose ma main sur son sein. Mes doigts s'araignent. Remontent sous son aisselle.

Pas un souffle. Juste la touffeur des orchidées.

Une idée de mort flotte entre nous.

Benvenida a fait son apparition sur la planète terre le 15 décembre à quinze heures.

Comme elle était en avance sur sa programmation, nous n'avons eu le droit de la voir qu'au travers d'une vitre. Elle était étendue dans une couveuse, avec cinq enfants prématurés de sa sorte. D'autres parents étaient là en même temps que nous. Tous avaient coché la case « constitution chétive » du formulaire.

Tracy pleurait silencieusement. Elle a battu des mains comme pour un applaudissement quand la nurse, de l'autre côté de la cage de verre, a passé ses mains dans les gants de manipulation stériles, pour tourner le chiffon vers nous.

« " Ta fille! " s'est extasiée Tracy. Le même nez que son père! Et tu as vu, Dunc? C'est dans ta direction qu'elle regarde! Oh! Jésus-Christ! Est-ce qu'elle n'est pas tsoin-tsoin? »

J'ai regardé du côté des yeux glauques et ronds du

bébé. Ils étaient peints de la sorte pour témoigner d'une idée de candeur. Le foutu baigneur avait les yeux en œillets de bottine, à moins que ce ne soit en boutons pressions. Je me méfie des enfants pressions. Parce qu'on s'attache.

Finalement, j'ai donné à Tracy tous les signes extérieurs de la joie. Et, au cours d'une cérémonie de passation des pouvoirs, elle et moi avons levé la main droite pour jurer devant Dieu que nous assurerions sans faillir l'éducation du Cabbadge Patch Kid.

Baby Boom est arrivée à la maison le 24 décembre.

La mère de Tracy nous attendait au pied de l'arbre de Noël qu'elle avait décoré. Il y avait du feu dans la cheminée comme sur la moindre des cartes postales. Belle-mère, des étoiles plein les yeux, m'a embrassé pour la première fois depuis longtemps. Elle m'a jeté un regard terriblement sombre aussitôt après. Elle a dit :

« Eh bien, Duncan, est-ce que vous vous rendez compte de la fantastique part de responsabilité que vous et Tracy venez d'endosser? »

J'ai pris l'air suave et je me suis fait une intime conviction : ma vie se rétrécissait à nouveau. Devant moi, un autre tunnel plongeait vers le noir.

En longeant les murs pour ne pas perdre l'équilibre, j'ai rampé jusqu'à mon bureau. Harry Peebles m'y attendait avec un groupe de maquisards afghans. Ils étaient pris sous le feu croisé de deux mitrailleuses soviétiques.

La mère de Tracy s'est installée à la maison « pour les premiers temps ».

Elle est généralement une femme assez volumineuse, dans des robes à ramages. A ramages et à manches courtes, tant pis si c'est l'hiver. Avec son air mielleuxsucré, elle ne pénètre pas beaucoup dans l'air. Elle bouge à peine. Elle préfère installer l'émission de son sourire infaillible, bien campée sur ses jambes ou dans un fauteuil. Elle ne quitte jamais le sien avant que celui d'un autre ne soit libre. Une sorte de sécurité de l'assiette. Elle préfère. Elle se sent plus reine. Plus forte. Et totalement elle-même. Une autocombustion de satisfaction j'appellerais ça. Et sa voix vous atteint où que vous soyez.

« Duncan? Avez-vous testé la chaleur du biberon sur le dos de votre main?

– Oui, Mammy-Tilly.

– Est-ce que la petite a fait son renvoi?

– Oui, Mammy-Tilly.

– Oh!... et Duncan? Avez-vous pensé aux cotons-tiges?

– Oui, Mammy-Tilly. »

Jusqu'à cette nuit de cauchemar où Tracy s'est dressée sur le lit. Vous auriez juré que ce qu'elle entendait (et qui n'existait pas) lui vrillait sincèrement les tympans.

A bout de nerfs, elle s'est bouché les oreilles.

« Dunc! Une heure que la petite pleure! J'ai résisté mais je ne peux plus! Vite! Va voir si elle ne s'étouffe pas! »

Pendant quinze jours incessants, cette hystérique de Benvenida a continué à crier. Elle le faisait aux heures les plus diverses. Tracy me suppliait d'intervenir. Ses traits se décomposaient d'une angoisse nouvelle. Le seul moyen de « faire taire » Baby Boom était que je la prenne dans mes bras et que je la nurse. Je jure que je lui chantais des berceuses jusqu'à ce que Tracy se fût rendormie. Toutefois, neuf fois sur dix vers six heures du matin, ma chère femme se dressait à nouveau sur notre lit. Elle tendait l'oreille un long moment, immobile dans la pénombre et invariablement m'agrippait le bras.

« Dunc, gémissait-elle, j'ai l'impression que notre bébé ne respire plus... Je ne l'entends plus... »

Elle m'obligeait à écouter l'inécoutable. Je trouvais des mots de réconfort, mais je me sentais dans un sale état et quelque chose me tordait. C'était même une sorte de colique de désagrément, si vous voulez savoir. Et Tracy se pinçait les joues jusqu'à ce que j'intervienne.

Je me traînais jusqu'à la nursery. Je me penchais sur le lit panoramique. Sur le sac de nuit de sécurité, avec lien à passer sous le matelas et glissière avec curseur en bas. Je regardais *dormir* la petite saloperie en polyester. Teint rose indélébile. Nez trompette. Trois cheveux cousus sur le caillou.

Les poings fermés, au travers de la cloison rose-crétin, j'exhalais d'une voix suave :

« Bébé sourit dans son sommeil, mon Ange, rendors-toi. »

Jusqu'au jour où, excédé, j'ai commencé à shooter dans Baby Boom.

A part cela qui est suffisamment notable, les jours passaient. Un jour chasse l'autre, c'est leur truc habituel.

Un matin, ma belle-mère a fait « oh! » sous ma fenêtre. Elle est revenue avec un crocus trouvé dans le jardin. Et les fourmis sont arrivées dans le placard à confitures. Entre-temps, j'avais imaginé la parade aux pleurs de la nuit en envoyant Tracy dormir au rez-de-chaussée. Acculé à la combine et à la mauvaise foi, j'avais même su prendre des accents plausibles :

« Comme ça, tu n'entendras plus notre puce si elle pleure, et tu ménageras ta santé, Tracy-love. »

Elle avait levé des yeux pathétiques sur moi. Elle était redevenue scandinave le temps d'un sourire. Ce foutu teint de sportive qui chez elle balayait les cernes.

Elle avait même passé sa main dans mes cheveux.

« Pauvre grand loup! Bientôt, nous serons de nouveau tout à fait heureux », promit-elle.

Autant qu'il m'en souvienne, cette ordure d'Orpington en personne instilla le poison dans le fruit. Ai-je oublié de mentionner qu'il téléphonait régulièrement pour prendre des nouvelles de la santé de notre progéniture!

« Où en est la courbe de son poids? s'enquit-il un beau jour, avec sa voix de prélat méthodiste.

— Je n'osais pas en parler, lui répondit Tracy en me jetant un regard suie. Je trouve que notre bébé ne se nourrit pas assez.

— Combien de biberons a-t-il?

— Au début, nous en donnions huit, dit-elle en prenant l'air gêné. C'est mon mari qui assurait la nuit...

— Huit... Un biberon toutes les trois heures?

— Oui. Mais maintenant, nous sautons celui de quatre heures du matin. Et aussi celui de sept heures. C'est l'initiative de Duncan, ajouta-t-elle aussitôt. Et je m'en veux de lui avoir cédé, car ses raisons s'avèrent bassement égotistes. »

Il y eut un bruit de margarine chaude au bout de la ligne. Exactement comme si vous faisiez frire des œufs.

« Ah! Je parie que votre mari se rendort vers cette heure-là, supputa saloperie d'Orpington.

— Oui, dit Tracy, en parlant plus distinctement. Et je me méfie de lui depuis qu'il envisage de sevrer notre bébé. »

Mêlée j'imagine à de la fumée cubaine, la voix du président de la Cabbadge Patch Kid Corp. nous arriva avec des accents de justicier :

« On ne plaisante pas avec la nutrition. La non-observation de règles strictes débouche fatalement sur l'inappétence. Elle engendre la paresse gastrique et dans le cas d'un bébé aussi fragile que le vôtre, l'anorexie devient un danger permanent.

– Mon mari n'a pas désiré ce bébé autant que moi », geignit Tracy en me regardant dans les yeux.

Et j'eus beau protester, nous devînmes d'infatigables clients du Babyland General Hospital.

C'était un édifice aux arrière-pensées plutôt grecques – marbre et colonnes à l'extérieur – mais tempérées par un sérieux d'obédience strictement scientifique, qui s'affirmait dès qu'on passait les portes du hall d'accueil. Passé ce seuil, deux cent cinquante faux docteurs et infirmières surveillaient en permanence des centaines de poupées, malades de l'imagination de leurs parents. Fractures, allergies, maladies contagieuses se répartissaient au gré des services.

En moins de trois mois, Benvenida, sans doute pour expulser les angoisses de Tracy, fit quatre séjours qui m'obligèrent à demander une avance au *Saturday Evening Post*. Harry Peebles y gagna de nouvelles aventures et moi, d'être dispensé de mes attributions nocturnes.

Tout de même, après l'érythème fessier, il y eut ce refroidissement inexplicable et presque coup sur coup, l'insolation par ma faute, et toujours cette fameuse anorexie qui ne nous quitta plus.

Pendant les séjours de notre petit gnome, ponctués de visites à l'hôpital, je m'efforçais de reconquérir Tracy.

Ma belle-mère était partie en cure. Je suggérai que nous pourrions programmer nos vacances en Europe à la faveur de la prochaine et inévitable rougeole que nous infligerait logiquement la boule de chiffon. Tracy reçut mon message avec méfiance. Néanmoins, je proposai le mois de mai qui me paraissait un mois raisonnable pour soigner une maladie assez bénigne en somme, et particulièrement agréable pour aller visiter Mykonos et l'archipel des Cyclades.

« Si tu vas par là, en Europe, il y a aussi Berlin, dit mystérieusement Tracy. Mais je me vois mal abandonner notre petite fille pour satisfaire je ne sais quelle soif de dépaysement qui peut fort bien attendre. »

J'ai levé la main. J'étais sur le point de parler des fantasmes individuels, mais elle m'a interrompu comme elle sait le faire : visage fermé. Après deux comprimés qu'elle a avalés précipitamment et de l'eau qu'elle a bue en se pinçant le nez, toute conversation est devenue impossible. Elle m'a interdit l'accès de sa couche en dessinant les gestes d'un début de crise de nerfs. Plus tard, au travers de la porte, elle a répété que la bassesse de mes instincts faisait passer mon propre plaisir avant l'amour qu'un père doit à sa fille.

J'ai reçu mon oreiller en travers du visage, et aussi le livre que j'avais commencé. J'ai déployé le canapé-lit qui se trouve dans mon bureau et cette ordure de Harry Peebles m'a conseillé d'attendre patiemment les oreillons de Baby Boom pour programmer un week-end au bord de la mer.

L'épidémie en question nous a frappés plutôt que prévu. Profitant de l'absence de Tracy, j'ai shooté de joie dans Baby Boom et je ne me suis pas fait prier pour l'emmener à l'hôpital.

Quand je suis rentré à la maison, Tracy avait une migraine et moi, j'ai parlé de faire une virée du côté de Little Havana.

« Je n'abandonnerai jamais Benvenida quand elle souffre, a dit Tracy. Ta monstruosité n'échapperait à personne! »

J'ai attendu la convalescence, et après, j'ai remis ça.

« Jamais », a dit Tracy.

Mais j'ai sorti nos maillots de bain de la penderie.

Tracy est descendue de la VW avant que j'aie eu le temps de placer mon baratin sur le motel. J'ai claqué la portière et j'ai couru derrière elle. Emmitouflée dans un manteau de demi-saison, elle se tenait en un point où vous dominiez toute la merde littorale. La plage était une longue bande de sable pourri où les exilés cubains plantaient leurs culs, leurs parasols et leurs mégots. Les poubelles, jamais vidées, dégueulaient tout ce que vous pouviez acheter comme ice-creams pour que vos gosses vous foutent la paix.

« C'est ce qu'il y a de plus proche de la maison, ai-je risqué pour expliquer la situation. Je ne voulais pas t'indisposer par un trajet trop long.

– Ne dis rien, a grondé Tracy. Tu es l'enfoiré le plus miteux de toute la côte Est. »

A grandes enjambées, elle a dégringolé la pente, en direction de la mer. J'ai trottiné derrière elle et je me suis bien gardé de lui adresser la parole.

La stratégie de Peebles consistait à faire confiance au soleil. Il est vrai que Tracy craquait chaque fois qu'il entrait sous sa peau. Son instinct sportif qui reprenait le dessus. Une irrépressible envie de courir, de sauter, de nager. Et, par-dessus tout, de devenir la supérieure de l'homme. De me défier au tennis ou même à la lutte, discipline où elle excellait. Tracy avait une musculature de lutteur. Un trapèze. Une nuque. Des forces uniques. Et, au bout de la transpiration, je savais, était son envie de faire l'amour.

Vous n'expliquez pas autrement sa défiance vis-à-vis de la Grèce. Et c'est incontestablement parce qu'elle se sentait à la merci d'un anticyclone un peu stable et d'un maillot de bain deux pièces qu'elle enfermait désormais son corps dans les lainages frileux, des cols roulés et des manches longues.

La plupart des baigneurs qui se trouvaient là étaient étendus comme de grands brûlés. Ils respiraient à peine. Le nez dans les rondelles de citron, cernés par les boîtes de bière, ils étaient graissés comme des brochettes un jour de barbecue. Ils étaient filtrés. Enduits. Calcinés, meurtris. Tracy les enjambait avec hargne. Avec mépris.

« Tu ne te figures pas que je vais passer vingt-quatre heures dans cet endroit révoltant ? » a-t-elle dit sans se retourner.

Elle a regardé le ciel bleu pour la première fois.

Elle a rejoint notre Volkswagen et elle s'y est enfermée.

Ma peau résiste mal aux coups de soleil. Je prends vite des aspects rougeoyants que mon sens de l'esthétique réprouve. J'ai d'ailleurs toujours beaucoup plus compté sur le fonctionnement de ma tête que sur celui de mes adducteurs. Mais je me sentais teigneux. J'étais prêt à tous les sacrifices.

Quand j'apparus à la porte de la cabine de notre motel avec mes shorts au-dessus du genou et le numéro 8 que je portais à l'université, Tracy ne bougea presque pas. Quand j'ai sautillé sur place, j'ai remarqué qu'elle retirait son foutu manteau de demi-saison. Quand j'ai fait deux ou trois flexions, j'ai su qu'elle me regardait à la dérobée. Quand je suis parti en petites foulées, j'étais persuadé qu'elle avait eu immédiatement envie de m'écraser de sa supériorité physique.

J'ai longé la plage et moins de trois minutes plus tard, Tracy est passée près de moi en trottinant. J'ai shooté dans le seau d'un sale gosse dans les trois ans et je lui ai emboîté le train. Elle avait un comportement d'athlète. Une foulée longue et harmonieuse. Vous la sentiez infatigable. J'ai clopiné. J'ai clopiné derrière elle.

Au-dessus de ses cheveux blonds, Harry Peebles tenait ouvertes les mâchoires du piège, et, petit à petit, le soleil a commencé à entrer sous nos peaux.

Après dix kilomètres, nous avons fait un peu de musculation. Après deux longueurs de piscine, nous sommes passés sous la douche. Après deux heures de tennis, j'ai demandé à quel moment de la journée elle souhaitait manger. Elle ne le souhaitait pas.

Elle a exigé que nous nous remettions à courir. Et, seulement après le coup de téléphone que nous avons passé à l'hôpital, elle a consenti à prendre un peu de nourriture. Nous avons expédié cette formalité rapidement. Toasts, salad cream et un jet de coca-cola. Tout en mâchant, je regardais passer les autres hommes. Quelques célibataires uniformément bronzés regardaient du côté de notre couple. Ils étaient des bienheureux qui passaient de l'autre côté de la dune. Des commerçants, des représentants, des petits malins qui avaient tous un préservatif dans leur poche. Je comptais beaucoup sur le cross de la fin d'après-midi pour emmener Tracy de ce côté.

Une certaine émulation pouvait la faire basculer. C'est un aspect de son caractère que j'avais plusieurs fois noté, non sans un certain désarroi.

Une fois, tenez, on nous avait priés dans une party. C'était chez les Hutington. Des gens quelconques qui habitent à deux blocs de chez nous. Un couple dont la séparation était imminente. Bob a de gros poignets et vend avec le sourire des bagnoles d'occasion à la sortie de la ville. Et Daisy s'affiche à la chorale mais sa réputation est de se jeter au cou des hommes. Vers deux heures du matin, le buffet était liquidé. La piscine était tout ce qui restait éclairé. Les lits étaient occupés par plusieurs à la fois. Au hasard des fesses, parfois, vous reconnaissiez un visage ami. Et ceux qui fumaient seuls dans les coins étaient des types qui avaient fait une croix définitive sur leur saleté de sexualité.

Tracy ne me lâchait pas la main. Elle affichait un réel intérêt d'observateur. Elle avait dansé plusieurs fois avec un blond à cravate blanche qui n'avait pas cessé d'étouffer des fous rires en lui parlant à l'oreille. J'étais passablement énervé pour ma part, et j'avais repoussé les avances inqualifiables de Daisy. Elle m'avait frôlé à plusieurs reprises avant de s'arrêter contre ma hanche et de mettre définitivement sa main dans ma poche. Malgré la chaleur et ce qu'elle essayait de faire de moi, j'avais fait celui qui s'intéresse principalement à la politique. Elle ne m'en avait d'ailleurs pas tenu rigueur.

C'était une femme petite et bien proportionnée, avec des boucles d'oreilles qui dansaient pour un rien. Elle diagnostiquait infailliblement à qui elle avait affaire et, devant mon manque d'initiative, avait rapidement opté pour deux éleveurs du Middle West qui partageaient la même chambre au Waldorf.

Ce n'est qu'après une longue recherche que je retrouvai Tracy. Elle se tenait debout dans une chambre, tout près de la fenêtre. Une lampe de chevet allumée était renversée sur la moquette. Tracy fumait nerveusement en regardant un couple dont la manière de faire l'amour comportait un éventail de positions si souvent renouvelées qu'elle tenait du prodige. Au cours d'un de ces changements compliqués, je crus reconnaître Bob, la tête en bas. Même si ce n'était pas lui, le type trouva assez de lucidité pour me faire un clin d'œil. Seulement après, il reprit le cours de son gymkhana gestuel.

Dès qu'elle me vit, Tracy poussa un râle étouffé. Elle se jeta contre moi avec une sorte de brutalité animale. Sa langue se mit à chercher le creux de mes oreilles, le fond de ma bouche et même le globe de mes yeux qui est très sensible. Je me serais bien contenté de rester sur place, en m'efforçant d'avoir l'air le plus surpris possible par son attitude de chienne en chaleur, mais plus elle se dépensait et plus je commençais à me sentir sexy et tout.

« Fais-le moi tout de suite », souffla-t-elle.

Et elle a passé sa robe par-dessus elle.

Mon Dieu, elle n'avait qu'à venir. J'étais déjà sous pression.

Pour en revenir à notre week-end du bord de mer, j'aimerais passer sur nos activités sportives de l'après-midi. Il n'y a rien à en dire, sinon que j'ai fait passer Tracy par la dune où pas mal de couples s'y prenaient à trois ou plusieurs pour le faire au milieu des papiers argentés. Elle ne s'est pas arrêtée. Au contraire, elle a allongé ses foulées, il me semble. Je me suis mis à avoir un mal fou à suivre le rythme d'enfer qu'elle m'imposait. Elle s'est engouffrée dans Parrot Jungle sans se retourner. Elle s'est arrêtée sous un arbre à saucisses. C'est là qu'elle m'a attendu. Juste pour hausser les épaules et repartir aussitôt.

Au Serpentarium de South Dixie Highway, elle m'a demandé si j'attendais d'elle ou quoi qu'elle descende dans la fosse à cobras royaux. Sur la route qui mène à l'embarcadère pour les Keys, elle a fait volte-face. Elle m'a demandé jusqu'où nous allions aller comme ça.

Nous sommes rentrés au motel vers les dix-neuf heures. J'étais écarlate, je suis sûr. Et pas très vaillant sur mes jambes. Elle a regardé ce qu'elle avait fait de moi. Le résultat. Elle a paru satisfaite. Elle a ri comme ça pour la première fois depuis longtemps.

« Je suis en nage », elle a dit.

Elle est allée sous la douche. Seulement après être mouillée, elle a fait passer son T-shirt par-dessus sa tête. Elle s'est déhanchée sur place. Elle a fait passer son short par ses pieds. Elle a poussé ce putain de cri rauque. Elle a dit :

« Viens me savonner sous la douche. »

Elle l'a dit.

Je me suis avancé tout de suite. Elle m'a fait une clef au bras, assez douloureuse au début. Elle m'a immobilisé. A genoux dans la cuvette, elle m'a maintenu fermement. J'étais courbé vers l'avant. L'eau dévalait sur nous. Elle se tenait derrière moi et je pouvais sentir ses seins et son haleine. Elle a fait sauter les boutons de mon short. Elle s'est orientée. Elle a tout de suite trouvé ce qu'elle cherchait. Elle m'a retourné sous elle.

Nous étions sortis de la douche je ne sais plus comment. Je crois qu'elle avait le ventre sur mon visage. Sa bouche a pris le dessus sur tout le reste. C'est devenu ce qu'il y avait de plus important au monde. Je suis monté le plus haut possible. Encore aujourd'hui, je me demande comment j'ai fait pour redescendre.

« Si tu savais faire les enfants, tu serais drôlement compétitif », a dit Tracy.

Elle a brusquement changé le sens du combat. Elle m'a rendu ma liberté sous caution. J'ai payé. Ma langue au fond de sa bouche. Je ne me suis pas servi de ma liberté. J'ai gardé le bras tordu derrière mon dos. Elle a ri. Elle était en eau, en sueur, en copeaux. Elle a posé ses mains sur mon torse. Une fois dans la position dominante qu'elle préférait, elle s'est assise sur ça pour me faire visiter sa grotte.

Et aussitôt, j'ai eu le corps en partance.

J'enferme toujours mes souvenirs dans une sorte de journal de bord. Mais celui-ci ne figure nulle part. Il aurait fallu creuser trop profond pour arriver à l'enfouir. J'ai de cette journée passée dans le ventre de ma femme, une vision tellement liquide et pleine et paroxystique, que tout ce que vous pouvez espérer pour la dépasser devient proche de la mort. Plus haut, plus fort, plus loin, et vous quittez votre saleté de corps. Il ne résiste pas. Vous le cassez. Bronchospasmes, salivation considérable. Palpitations. Coliques. Miction. Défécation involontaire. Convulsions. Arrêt de la respiration. Du cœur. Du reste. Du tout. Et mort. Mort en dix minutes.

« Je suis un bœuf », a dit Tracy au bout du compte.

Elle a roulé sur le côté et elle a demandé à boire et à miam-miam. Elle a dévoré une aile de poulet, deux toasts avec du saumon. Elle a bu trois vodkas. Et elle s'est mise sur le dos.

« Fatigue-moi », elle a dit.

J'ai fait tout ce que j'ai pu et c'était déjà beaucoup. Chaque fois que je faiblissais, elle m'attrapait avec la bouche. Trente-deux dents, c'est effrayant.

Vite fait bien fait, emballé paradis.

Après, comme elle voulait recommencer, c'était impossible. Ou alors, il restait la solution ultime. Un fix d'atropine. Et si ça ne marche pas, une pilule de 38 explosive dans la tempe. Parce qu'il faut bien finir par mourir.

« Pas tout de suite », a dit Tracy.

Elle a voyagé à quatre pattes jusqu'à son sac de voyage. Elle a sorti un disque qu'elle avait emporté. Elle l'a installé sur la platine. *Stabat Mater*, de Pergolèse. Un truc qu'elle aime par-dessus tout.

Elle s'est étendue de tout son long sur la moquette et sa respiration était calme. J'entendais le lâcher prise. Elle était bien.

« Je suis bien », elle a dit.

J'entendais son bonheur se refroidir.

Elle a fermé les yeux. Les mains sous la tête, elle a absorbé tout ce qu'elle pouvait contenir comme air. Elle l'a rejeté lentement.

« Quand irons-nous en Laponie? » a-t-elle demandé.

C'est un vieux gimmick entre nous. Le genre de projet qui reprend le dessus chaque fois que vous êtes monté assez haut et qui n'a jamais lieu parce que le quotidien tue le courage. Le mariage est ainsi fait qu'on abandonne peu à peu les latitudes pour les feuilletons à la télé. Dégueulasse, je trouve.

« Quand irons-nous en Laponie? a insisté Tracy.

– Quand la petite aura eu l'appendicite, ai-je répondu.

– Tu as raison », a-t-elle dit.

Elle s'est retournée sur le ventre. Elle m'a regardé :

« Si nous voulons être heureux, a-t-elle constaté, il faudra que la petite ait l'appendicite.

– Elle l'aura. Il y a très peu de mortalité, ai-je dit.

– Benvenida est si fragile », a dit Tracy, au bout d'un assez long silence.

C'était comme un meurtre. Et *Stabat Mater* s'est terminé sans que nous l'ayons entendu.

La nuit était tombée dans la cabine. Je voyais la silhouette de Tracy, recroquevillée sur elle-même.

« Quand Benvenida sera morte, nous irons en Europe, a-t-elle fini par chuchoter. Je voudrais connaître les plages du débarquement. Omaha Beach. C'est là que mon père a débarqué... Et puis, nous irons à Berlin. C'est là qu'il a baisé ma mère, par un soir d'été. »

Elle s'est tue. Elle a caressé ses propres seins. C'est une habitude chez elle. Elle aime bien chercher les contours de son corps. Elle a regardé son ventre, plein comme une outre de vie.

Elle a dit soudain :

« Les amours se font au soleil. Ils se défont et disparaissent entre deux hivers à Berlin. Quand mon père a eu fini sa guerre, il m'a emmenée avec lui. Je n'ai jamais connu ma mère. C'est une vieille. Une vieille, à Berlin. »

J'ai dit :

« C'est là que nous irons d'abord. L'année de l'appendicite. »

Elle a dit :

« Oui. L'année terrible où nous aurons perdu notre bébé. »

Elle était si triste qu'elle s'est mise à pleurer.

Bon. Okay. La nuit s'est refermée sur nos visages. Il n'était plus souhaitable que nous nous distinguions. Que nous sachions ce que pensait l'autre. Je me suis tout de même demandé si je n'avais pas gagné.

Tracy a dit :

« Je t'aime. »

On a réécouté *Stabat Mater* de Pergolèse. J'ai allumé la lumière. On a bu du café chaud, assis sur la moquette couleur de son pull. On a reparlé d'Omaha Beach. Des bains de mer. Et de cette promenade lapone cent fois reportée.

Cette nuit-là, je jure, on s'aimait à en tuer les autres.

L'appendicite de Benvenida a eu lieu deux mois plus tard. Le jour où Larry Flint, Peggy et toute leur colonie de vacances, Robbie, Taffie, Ursie, sont venus me marcher sur le ventre. Je veux dire déjeuner à la maison.

Peggy est la demi-sœur de Tracy. Et, bien sûr, je trouve naturel, de temps à autre, que ces deux-là s'embrassent et parlent de leur enfance dans l'Ohio. Le malheur est, qu'une fois passée l'heure des effusions, elles se détestent à un point qu'on pourrait facilement prendre pour de la haine. La jalousie vient des deux côtés. Et pas de risque d'extinction. Celle des deux qui, sur le moment, a tout pour être heureuse, déploie un véritable génie à trouver le papillon qui s'est posé sur la balance et fait pencher le plateau du côté de l'autre. Et la dispute éclate. En règle générale, c'est Peggy qui gifle la première, mais Tracy possède une assez bonne droite. Et cet imbécile de Larry Flint a une grande tête de plus que moi. D'où mon habitude prophylactique de noyer sa force colossale dans le scotch, dès l'arrivée de leur couple dans notre living contemporain. « Jim Beam, Larry? » Et je prépare ma chance de le sécher d'un shoot dans le bide en fin d'après-midi.

Peggy est une bonne pondeuse. Ses ovaires sont ordinairement assiégés par un tas d'inconvénients, aggravés par des fausses couches. Elle a quand même mené à terme cette femelle d'Ursie qui harcèle les mâles malgré ses treize ans, ce pauvre Taffie qui mange sans arrêt pour prendre du poids et ce petit saligaud de Robbie qui est en avance pour son âge. C'est lui qui me monte le plus sur le ventre avec ses questions.

Quand il a eu le droit de voir Benvenida dans sa nursery, et que je l'ai porté au-dessus du lit en lui montrant notre chiffon (à qui j'avais essayé de donner une expression angélique, juste avant le coup de sonnette des Flint), c'est lui qui a dit :
« Elle suce son pouce ?
– Hummmvouais...
– Remarque, elle doit pas sucer grand-chose. C'est comme Tati Tracy... Maman a dit qu'elle doit pas sucer grand-chose. Et c'est de toi qu'elle parle. »

J'ai reposé le gosse. Il a maintenu son regard infernal. Et j'ai eu envie de shooter dedans. Heureusement pour lui, j'ai été couché sur la table à langer par le souffle du grand rire Yéti. Larry, mon beau-frère ouaf-ouaf qui venait de me faire gicler par pure plaisanterie. Il a assorti ma glissade d'une de ces bourrades réputées affectueuses qui vous tiennent éveillé pendant deux nuits.

Et nous sommes passés à table.

Après le poulet aux pêches, mon beau-frère a commencé à parler des assurances sur la vie. Il n'a aucun mérite à le faire. Abeille et Paix, c'est lui. Le genre de courtier qui assure tout ce qu'il touche. Et même votre fourchette. Mais de là à essayer de me refiler et surtout à Tracy une police de responsabilité civile concernant notre poutouf en polyester, j'estime qu'il attigeait.

D'ailleurs, ce type, Larry, si les cons dansaient, il serait toujours sur les pistes. Jamais vu trimbaler une boule de lourdeur pareille. Est-ce qu'il ne voyait pas qu'il était en train de détruire *moralement* ma femme ?

J'ai fini par shooter dans lui sous la table. Il a pris l'air surpris, cherchant dans mes yeux une explication. Il n'en a pas trouvé. Il a secoué la tête avec incrédulité et il a remis ça avec autre chose. A l'entendre, ses enfants étaient champions toutes catégories question maladies contagieuses. Ils avaient tout connu chez les

Flint. Mérite national toutes éruptions confondues. Ah! nous avions l'air malin avec notre rougeole et nos oreillons! Tracy respirait mal. Elle sentait que notre Benvenida n'était en rien exceptionnelle. Du coup, elle a cessé de rire, même par mondanité. Puis de manger. Et j'ai pâli.

Deux bières plus tard, Larry n'en finissait pas de parler de sa propre vitalité. Sa femme l'a aussitôt posée sur la plateau de la balance. Une virilité pareille, c'était trop tentant. Elle a ri en dégoulinades. Elle a regardé sa sœur. Elle savait que la santé vorace de son mari de cent quatre-vingts livres pesait autrement plus lourd qu'un papillon. Ainsi encouragé, Larry est allé jusqu'à sous-entendre que, si je lui prêtais ma femme pour un après-midi, il me la rendrait, sans que ça sorte de la famille, avec un vrai bébé entre les jambes.

Peggy a aussitôt rugi un rire de piano-punaise. Vulgaire avec ça. Elle a dit :

« Oh! Larry, arrête! Tu vas *nous* donner des idées! »

Son rire lui a coulé de la bouche, à hauteur de son incisive en or. Robbie a demandé :

« Quelles idées? »

Sa mère a eu immédiatement une plaque rouge sur le cou et je crois que j'ai commencé à ressembler à un chewing-gum trop mâché.

Taffie était par terre. Malgré ses onze ans, il léchait la sauce du poulet dans le plat et cette salope d'Ursie venait de poser son pied *nu* sur ma chaussure. J'ai dit :

« Arrêtez tous! Vous me rayez la tête! Je vais aboyer! »

Larry a pris tout cela au premier degré. Il s'est jeté à quatre pattes et il a jappé après moi. Il était plus mauve qu'avant. C'est en aboyant qu'il a découvert le pied de sa fille posé sur ma chaussure blanche. Il a été si étonné qu'il n'a rien pu dégoiser sur le moment. Il a regardé furtivement du côté de sa femme qui mastiquait ailleurs. Il a répété plusieurs fois :

« Ça alors... ça alors... »

Et j'ai fini par lui shooter dans les doigts pour qu'il s'arrête.

« Larry, si les cons jouaient du violon, tu serais chef d'orchestre. »

Il s'est relevé lentement. Il s'est essuyé machinalement les mains. Clap, Clap, il a préféré rire et je lui ai versé une bière.

Il a dit à cette saloperie d'Ursie qu'elle était bien la fille de son père. Personne n'a compris au juste pourquoi et les choses ont pu se développer à nouveau normalement.

Ursie a posé son *deuxième* pied sur ma chaussure. Je n'ai plus osé bouger. Peggy a pris le relais de la connerie ambiante. Elle a même accéléré. Elle s'est mise à parler des records, justement. De Suzan Montgomery, dix-huit ans, de Californie, qui avait fait en 79 une bulle de 49 centimètres de diamètre. Et de Barbara Kane et Dino de Lorean qui s'étaient embrassés pendant 144 heures du 8 au 14 février 1983.

Larry a roté assez salement pour le silence qu'il faisait. Il a donné un coup de main à la conversation de sa femme en disant que Jonathan Hooke avait embrassé 4016 femmes le 10 mars 82. Il a regardé du côté de Tracy en disant cela et c'est à ce moment-là qu'elle s'est levée parce qu'elle n'en pouvait plus.

Elle était pâle comme le jour de l'adoption. Narines pincées, elle a dit :

« Dunc. Je suis inquiète. La petite ne se sent pas bien. Elle a rendu ses deux derniers biberons. Et elle est constipée depuis trois jours. »

J'ai joué mon rôle avec le sérieux qui s'imposait. Je jure que je l'ai fait sans arrière-pensée.

« A-t-elle de la température ? ai-je demandé.
— Je vais la lui prendre, a dit Tracy. Mangez la tarte sans moi. »

Cette saloperie de Robbie a foutu le doigt dans son nez. Il a charbonné sec tout en me regardant.

Il a dit presque aussitôt :

« Oncle Duncan? Est-ce que vous n'êtes pas de nouveau en train de déconner? »

J'ai fait celui qui n'entendait pas. Mais Robbie a pris une importance considérable dans la conversation en s'y glissant de nouveau.

« Oncle Duncan? Comment peux-tu marcher dans une combine aussi pourrie? Ce bébé dont vous parlez n'existe pas. Vous ne pouvez pas prétendre vous faire du souci comme maman s'en est fait pour moi quand j'ai cassé mon bras en trois vrais morceaux.

– Tais-toi, Robbie chéri, a dit Peggy. Tu avais juré de ne pas en parler.

– Pourquoi oblige-t-on les vrais enfants à être hypocrites? demanda Robbie en roulant une boulette de pain.

– 38° 2, a dit Tracy en rentrant dans la pièce. Son ventre est dur comme du bois.

– Est-ce que ce ne serait pas l'appendicite? ai-je bredouillé malgré moi.

– *C'est l'appendicite* », a articulé distinctement Tracy.

Elle m'a regardé droit dans les yeux comme elle ne l'avait plus jamais fait.

Et le bonheur m'a éclaboussé.

Dès lors, ignorant comme si elle n'avait pas existé toute la tribu Flint, Tracy et moi-même, soudés par la même perspective, avons accompli tous les gestes de parents angoissés. Nous nous sommes mis à ressembler d'un commun accord à ces millions de pères et de mères pour qui la vie de leur enfant compte par-dessus tout. Tandis que j'appelais le Babyland General Hospital, elle a enroulé notre pauvre bébé dans une couverture de laine. C'est toujours ainsi qu'ils font. Elle a cherché un moment ses clefs de voiture. Sans embrasser sa sœur ni rien, elle s'est élancée vers le garage.

J'allais la suivre quand le téléphone a sonné. Mon

Dieu! c'était aussi fortuit et néanmoins factuel que dans les films, quand les héros s'affolent. J'ai décroché et J.W. Adams m'a annoncé qu'une Major Compagny voulait acquérir les droits cinématographiques des *Aventures de Harry Peebles*, pour Spielberg, justement.

Je lui ai dit d'aller se faire foutre et je me suis rué en direction du garage pour rattraper Tracy.

Elle venait de claquer la portière de sa vieille Plymouth crème quand je me suis penché à la vitre.

« Je pars devant, a-t-elle dit. Prends la valise qui est prête dans notre chambre... Je t'en prie, liquide vite ces gens-là... »

Je me suis détourné et j'ai vu les Flint. Ils se marraient comme des billes.

« Y sont trop cons! a dit Robbie. Hein, maman, qu'ils sont trop cons! »

Tracy a lancé le moteur. Elle a dit :

« Oh! Dunc?

— Oui, chérie?

— Viens vite me rejoindre, a-t-elle supplié. Je veux que nous restions là-bas tout le temps que va durer l'opération...

— Ne t'en fais pas, ai-je promis... J'en ai pour une minute. »

Je me suis écarté parce qu'elle avait déjà passé la marche arrière. J'ai dit encore :

« Oh! Tracy! »

Elle a freiné avec tendresse et agacement. J'ai couru jusqu'à elle. Ses yeux étaient d'un bleu tout à fait suffocant pour la circonstance. J'ai posé ma main sur son avant-bras musclé. J'ai dit le plus rapidement possible :

« Ça devait arriver, tu sais. Tout ce que tu as à faire est d'être courageuse.

— Je sais Dunc Morrisson. Tout ira bien. Je suis préparée à l'idée de la mort de notre enfant.

— Dans huit jours, nous serons à Berlin. Je te promets. »

Elle m'a regardé avec la sorte d'amour qui vous submerge s'il vous est déjà arrivé de rencontrer le même. Une force, une altitude, une concentration tellement extraordinaires que j'ai eu un trou noir devant les yeux.

Quand je les ai rouverts, elle avait disparu. Le garage sentait encore l'essence brûlée.

J'ai fait irruption dans notre chambre et j'ai trouvé la mallette. Elle avait tout prévu. Même nos brosses à dents. J'ai bousculé les Flint qui formaient une grappe imbécile dans le couloir. J'ai fait tomber Robbie qui était dans mes jambes sur le chemin du garage. J'ai sauté dans la VW. Je n'ai pas donné d'explications, malgré Larry qui courait après la voiture. J'ai tourné tout de suite à gauche. Et deux fois à droite, pour attraper l'autoroute.

Il y avait une longue ligne droite d'environ trois kilomètres et les ailes de la Coccinelle vibraient, ce qui est chez elle le signe de la corrosion qui la ronge.

C'est au bout de la ligne droite qu'était l'attroupement. Il y avait une colonne de fumée noire et tout s'est mis à ressembler à un film à la télé. Les gens couraient sans rien faire, en se regardant. La Plymouth était sur le flanc, en contrebas de la route. Elle avait fait plusieurs tonneaux et brûlait. Un mauvais vent rabattait les flammes du moteur en direction de l'habitacle.

J'ai couru jusqu'à la voiture malgré les gens qui hurlaient que ça allait exploser. Je ne sentais pas les mottes. J'ai vu Tracy au travers du rideau de feu. Sa nuque faisait un angle droit désagréable avec son corps. Et ses jambes étaient en l'air. Elle ne saignait pas, à part au coin de la bouche. La saloperie de porte ne pouvait pas s'ouvrir parce que la tôle était pliée.

D'ailleurs, tout le piège incandescent était plié autour de Tracy.

J'ai tapé plusieurs fois sur mes cheveux parce que je les sentais brûler, mais ces choses-là n'avaient pas d'importance. Pas plus que le plastique des sièges qui coulait comme de la matière incendiaire.

Ce qui comptait à chaque seconde, c'était ce qu'il fallait faire pour sauver Tracy. Elle a bougé les yeux pour me montrer qu'elle vivait. Un type est venu faire le héros derrière moi. Il a cherché à m'entraîner de force avant que tout le fourbi explose. Je lui ai shooté dans le bas ventre pour qu'il apprenne à me foutre la paix.

Tracy a dit faiblement :

« La petite! Sauve notre Bébé!... »

Après, elle a fermé les yeux avant de les rouvrir anormalement pour ses orbites d'habitude. Ses jambes se sont repliées sur son ventre et les flammes me l'ont cachée.

Je ne sais plus comment les gestes me sont venus, je me suis retrouvé avec Benvenida dans les bras.

Les gens nous regardaient avec pitié et horreur. Tous les deux nous étions brûlés. Moi surtout, je crois bien, mais c'est plus tard que j'ai senti mon corps. Longtemps après, il me semble. Longtemps après que la Plymouth a explosé et que je me retrouve au volant de ma VW...

... Je conduis d'une main, mais c'est suffisant.

Les ailes vibrent. Sur le siège du passager, ma fille pleure. Chacun de ses cris me fait mal. Il faut que je la sauve. Elle est tout ce qui me reste de Tracy. Elle est tout l'amour que je trimbale, Baby Boom.

Je jure qu'elle ne mourra jamais plus.

*Jesse Owens a fumé
sa dernière cigarette*

A Enki Bilal

Il est entré par la fenêtre, comme d'habitude. Il a ôté le haut de son survête. Il a dit avec un air de réelle souffrance :
« Putain! Ça y est! »
Il s'est laissé glisser dos au mur jusqu'au sol. Lentement. Comme un acteur qui sait ce qu'il fait et où ça le mène dans le développement d'une scène capitale. Il s'est concentré. Il a soufflé tout ce qu'il avait dans les poumons. Il est devenu un Nègre gris. Il s'est frappé le front avec la paume de la main.
« Nous zautres pauvres zhumains! »
Il a ri. Il m'a regardé. Accroupi sur la moquette pourrie, il a fait bravo avec ses cuisses. Une excitation.
« Ça y est! Quand j'y pense! »
Il a hoché la tête plusieurs fois. Il est redevenu nègre aux yeux vifs. Fulgurant, mon vieux.
« Jesse Owens a fumé sa dernière cigarette! »
Il a regardé dehors. Ses pupilles se sont voilées. Un nuage, mon vieux.
« Comment vas-tu? m'a-t-il demandé.
— Pas plus mal. Le psy m'a proposé une thérapie. Il m'a prescrit aussi du magnésium. Je vais voler à Mag 2. Soixante ampoules buvables. Chiasse et urticaire à tous les étages!
— Ça va pas te retaper, il a dit en regardant de mon

côté. Depuis que Cathy est partie, tu fais peur aux animaux.

– Sûr! Si le psy m'avait prescrit de l'extrait de bœuf, il me serait poussé des cornes.

– Shit! a dit Bingo-Jim, what a pudding! Tout de même, ça me fait chier pour Jesse. Qu'il soit mort, je veux dire. Ce type entre quatre planches, c'est à pleurer, homme!

– Comment as-tu appris la nouvelle?

– Ce matin. En mettant ma queue en marche. J'étais devant le lavabo, pas pissé de la nuit, dans l'autre main ma brosse à dents, et à la radio ils ont dit : « Jesse Owens a fumé sa dernière cigarette. »

Il a regardé du côté du placard. En fait, j'ai cru qu'il regardait du côté du placard. Mais c'est la chaise qu'il regardait. Parce que sur le dossier de la chaise, il y avait mon pantalon et qu'on voyait le portefeuille par la poche entrebâillée.

« Gee, Petit Blanc! Prête-moi dix dollars. Ça m'aidera jusqu'à ce soir. »

J'ai répondu non. Qu'il ne pouvait pas espérer me taper chaque fois qu'il entrait par ma fenêtre. Surtout qu'il entrait par là chaque matin depuis qu'il s'entraînait dans le secteur.

Il a pris l'air contrarié. Il a émis l'hypothèse que dans notre cas l'amitié était à sens unique. Est-ce qu'il avait hésité une seconde quand je lui avais emprunté *L'interprétation de vos rêves* de J.W. Cripton?

« Bingo! Nous sommes des dieux. Ne devenons pas des épiciers.

– Tu es un sacré salaud. Tu as baisé ma sœur et maintenant tu me laisses tomber. »

Il s'est tourné vers moi. Il a regardé mes pectoraux que je n'ai pas très développés. Ensuite, ses yeux rieurs ont dérivé jusqu'à mon slip normalement gonflé, je trouve, pour cette heure matinale. On aurait juré qu'il fixait une cible.

« Balls! il a soufflé. Avec dix dollars, on peut faire pas mal de choses. S'acheter une tranche d'hippo. Des oreilles de zèbre ou une cuisse d'autruche. Quelle fête! »

Il m'a fixé de nouveau à hauteur du slip.

« Si je ne gagne pas le Marathon de New York, je reviendrai à la dope. Avec Cathy, est-ce que tu avais essayé?

— Non, ai-je répondu en adoptant un flegme au-dessus de l'ordinaire. J'ai un tel sens du péché, que je n'ai pas vraiment envie de mourir par ma main. »

Il a ri avec mépris. Comme si j'étais le genre de type qui découragerait n'importe qui.

« Pas étonnant que Cathy t'ait largué, mec! T'es trop nul dans ton ambition. »

J'ai pris l'air vexé et j'ai cherché un T-shirt sous mes livres. Je n'ai rien trouvé.

« Et ton fameux roman? a-t-il demandé dans mon dos. Qu'est-ce que c'est devenu?

— C'est en marche. J'ai soixante feuillets.

— Qui est le héros de cette merde?

— Un clown d'une beauté surhumaine. Un apprenti écrivain.

— Comme toi?

— Pire. Un type vraiment bizarre. Il peint en vert pâle tout ce qui bouge. Par angoisse. »

Bingo-Jim a fermé les yeux.

« Oh! shit! A quoi est-ce que ça peut bien servir? »

Il a regardé ailleurs parce que dès que je lui parle de moi, ça ne l'intéresse plus.

« What a pudding! il a murmuré. Pas étonnant que ma frangine soit sortie de tes draps en hurlant! Tu devais les tordre avant de la baiser! »

J'ai haussé les épaules. J'ai cherché mes lunettes. J'ai traversé la pièce en montant sur le lit pour ne pas à avoir à enjamber Bingo-Jim. En marchant, j'ai dit :

« Cathy Jones est une salope! Il n'y a que ce qui est vraiment bestial qui l'intéresse!

— Cathy a la gorge profonde. C'est elle qui a raison.

Le cul, c'est comme le courage ou la course à pieds, ça se mérite.

– Foutaises! Est-ce que tu lis le *New York Times* avec des gants de boxe?

– Je ne vois pas le rapport avec ma sœur, Petit Blanc! »

Je me retourne et je lui montre l'albuplast que j'ai encore en travers du dos.

« Oh! si. Ta foutue sœur MORD! Elle a voulu me bouffer pendant mon sommeil, figure-toi! »

Bingo-Jim Jones se tord aussitôt de rire. Il me fait le coup de la langue rose. Il se tape sur tout ce qu'il trouve : les cuisses, le ventre et même le front. Il pleure des larmes anormales et j'en ai marre de voir sa putain de luette qui bat la rythmique.

« Je ne vois pas ce qu'il y a d'immédiatement drôle dans ce banal cas d'anthropophagie. »

Entre deux hoquets, il me répond que si, parce que ça lui fait repenser à l'histoire de son arrière-grand-oncle, Abraham Jones, dont on raconte dans la famille qu'on lui a sucé les doigts après sa mort. Il essuie ses yeux.

« Prête-moi dix dollars et ne sois donc pas *rétrograde*. Nul n'a raison de refuser la nécrophagie plus que les chemins de fer, l'inceste ou la publicité. »

Je me sens vieillir de colère. Je crie :

« Tu oublies que ta damnée frangine a voulu me bouffer *vivant*!

– Arrête tes conneries, Andrew! me dit Bingo, et ses yeux charbonnent un mauvais anthracite. Ce matin, je n'ai pas envie de nourrir tes névroses.

– Merde! je m'étrangle. Ta frangine est une chienne! Nous avons connu l'amour pendant cent quatre-vingt-onze heures et dès que la neige a fondu dans les rues, elle s'est taillée avec un Porto-Ricain.

– Ça va, mal blanc. Tous les printemps qui reviennent, les femmes doivent réapprendre à perdre leur chair de poule. Cathy étudie le soleil, voilà tout. Après, elle reviendra. »

Il s'est approché du placard et j'ai eu un mauvais goût dans la bouche. J'ai dit :

« Déjà huit jours qu'elle est partie. »

Et comme Bingo-Jim allait ouvrir le foutu placard, j'ai dit très vite :

« Cinq dollars, est-ce que ça te suffirait ? »

Il a suspendu son geste. Il a fait la satanée grimace qu'ils font tous dans cette famille. Lui, son petit frère Whopper Junior et elle, cette salope de Cathy Jones. La lippe qui lappe et le blanc des yeux qui coule.

« Je préférerais dix dollars si ça ne te fait rien. Et encore, tu as de la chance, parce que j'allais t'emprunter ton blazer bleu. »

Il a cligné des yeux. Il a tourné sur lui-même. Smurf, en tournant sur la tête, il a annoncé :

« Ce soir, je sors Patsy Boon, merde ! »

Un boudin noir avec une Cadillac rose. Vraiment pas de quoi user ma meilleure veste. J'ai tendu la main vers mon portefeuille et je l'ai ouvert.

Il a pris le billet avant que je l'ai sorti tout à fait. Il a dit :

« Merde ! Quand même, ça me fait drôlement chier pour Jesse Owens ! Un type qui avait remis en place Hitler dès 1936. Est-ce que tu te rends compte ? Rafler toutes les médailles aux Jeux olympiques ! »

Il a laissé filer ses yeux vers le placard. Il a ajouté :

« C'est comme pour Cathy. Je me demande bien où elle est passée...
— Pourquoi me regardes-tu en disant ça ? Elle doit être à deux rues d'ici, avec ce foutu musicien.
— Comment tu l'appelles, déjà ?
— Bao-Bao. Il tient un sambodrome chez les squatts de la 4e Rue.
— C'est bien ça. Je l'ai rencontré hier, figure-toi. Il dit que, s'il avait baisé Cathy, il s'en souviendrait dans les jambes. Il dit qu'il a toutes ses forces intactes. Elle est pas chez lui. Ni sous son ventre. D'ailleurs, j'ai insisté pour regarder... Balls !

— Tu me suces le mental, Bingo. Arrête le processus. Même avec une paille, j'ai tout le cerveau qui vient.

— Bon. Tu t'en tires bien, mal blanc... Allez, prête-moi ton blazer, Andrew-boy. »

Il m'a regardé entre les yeux. Là où je n'aime pas qu'on le fasse, parce que vos pupilles chassent sur le côté. Obligatoirement. J'ai dit :

« D'accord. »

Mais je préférerais qu'il ne regarde pas dans le placard. J'ai dit :

« Allume ça. »

Et j'ai montré la chaîne.

Il s'est retourné. J'ai entrebâillé la porte et j'ai pris le blazer sur son cintre. Très vite. La musique a fait son entrée dans la pièce et ça a enlevé entre nous de mauvaises ondes qui ressemblaient fort à de l'agressivité réciproque. J'ai regardé du côté du pot de peinture qui était caché sous le lit. Bingo Jones a marqué le rythme avec son pouce. Il a demandé :

« Qu'est-ce que c'est que ce truc?

— Clash, j'ai répondu sans commentaire. Voilà, avec ta sœur, ça a commencé comme ça. La musique, je veux dire. Depuis, Cathy vit avec un danseur mais ça n'a aucun rapport, et c'est impossible de l'avoir au téléphone ni rien. »

Bingo-Jim m'a pris le blazer des mains. Il est allé jusqu'à la machine à écrire. Il a tapé avec un doigt le prénom de Cathy. Il a dit :

« Depuis quand as-tu peint cette foutue machine en vert pâle, écrivain? »

J'ai avalé ma salive.

« Il y a huit jours, j'ai dit. J'ai trouvé que ça changeait d'une Underwood ordinaire.

— Et ton lit, a demandé Bingo. Le putain de lit n'était pas vert, il y a deux jours.

— Ça m'amusait. Avec une bombe, c'est assez facile. Il vaut mieux repeindre son lit en vert que de passer la Chine au collodion. »

Bingo-Jim Jones a pris l'air pas tellement amical.

Moi, je devenais de plus en plus nerveux à mesure. C'est vrai que j'avais repeint la porte en vert. Et aussi tous les murs. Et cette chaise, pardi! Et aussi le placard. D'ailleurs, tout est peint en vert. Je trouvais ça d'une nécessité apaisante et curative. Et pour moi, ça vibrait.

Il y a eu un silence. Le temps s'est mis à passer n'importe comment. Il n'avait pas de durée. Aucune consistance. Il était seulement vert pâle.

Alors, Bingo Jones s'est frappé le front du plat de la main.

« Jésus-Christ! Quel pudding! »

Et il a marché sur le placard sans me demander mon avis.

En attendant l'eau chaude

A Howard Buten

Pas plus tard qu'hier, j'ai bien cherché la maladie. J'aurais voulu qu'elle m'emporte. Tant pis, même au cimetière. Tellement j'en avais marre d'attendre l'eau chaude et qu'elle n'arrive pas jusqu'à moi.

C'était à Paimpol. Au coin d'un troquet qui respirait sur le port. Une dizaine de chaluts faisaient la grosse poule sur l'eau va-et-vient du bassin. Il y avait PL 19233, un petit rouge, et PL 92109, un vert avec un gros ventre. Et tous leurs copains. Des PL qui ne sortiraient pas ce jour-là. Derrière eux, genre cumulus hérisson, le ciel faisait le ramonage. Il avait de la suie entre les sourcils. Une fâcherie de force 8 et ça décoiffait sur nord Bretagne.

Je suis resté longtemps sous une gouttière qui perdait pas mal de pluie. C'était pratiquement intenable de recevoir toute cette flotte glacée derrière les épaules. Par l'échancrure, elle dévalait sous le pull Jacquart avec une lune devant, celui tricoté par Mammy Angèle, et tellement la peau ça ravinait, que je sentais une rigole de glace jusqu'à la raie de mes fesses qui ne claquaient pas de plaisir. Mais je voulais mériter ma pneumonie. Qu'elle serve à quelque chose de vraiment révolutionnaire. Que je sois tellement épouvantablement malade – un an à l'hôpital, peut-être deux – que cette agonie temporaire me permette d'enjamber toutes ces années qui ne servent à rien tant qu'on ne dispose pas de l'eau chaude pour aimer les filles. Un stade tellement inutilisable que j'ai décidé de le sauter.

En restant sous cette gouttière, je crois bien aussi que je voulais faire le plus de peine possible en une seule fois à mes parents, pour qu'ils cessent de m'apprécier seulement comme un type avec un Q.I. nettement au-dessus de la moyenne et qu'ils m'aiment tout simplement comme un connard de mon âge. C'est pour ça que j'étais sous la gouttière. C'est pour ça que je voulais revenir avec ce foutu point de pleurésie dont ils me menacent chaque fois que je cours en T-shirt sur le quai et que j'oublie de remettre le sacré Jacquart avec la lune devant, en arrivant sur le pont du *Bel Henri*.

Mon père et ma mère habitent sur un bateau. Je m'appelle Henri. Le bateau fait onze mètres. Et moi, j'ai dix ans. C'est un âge où ils disent qu'on a le cul entre deux chaises, parce que je vais bientôt avoir la capacité de rentrer au lycée en avance, et que ça va leur poser des problèmes de navigation, ce qui est faux dans mon cas – le cul entre deux chaises, je veux dire – parce que, sur un bateau, il n'y a pas de chaises. Il n'y a pas de chaises sur un bateau. Alors, j'ai une cabine-couchette à l'avant. Et, eux, ils ont une cabine-couchette à l'arrière. Entre nous, même dans la plus stricte intimité, il y a une table amovible, des banquettes écossaises et le coin cuisine. On ne se sépare pas sur un bateau. C'est le gros avantage pour ceux qui souhaitent pas qu'on s'ignore, mais dans mon cas, enfant maritime attendant l'eau chaude, c'est plutôt une obsession et même, ça me donne des gaz.

Souvent, quand ils ont ri vulgairement dans le noir, Paula et Jacques – ils veulent que je les appelle par leur prénom – se font des douleurs de plaisir. Ça leur arrive principalement quand ils croient que je suis endormi. Ils deviennent alors carrément médiocres et toute leur énergie passe dans leur grossièreté.

Elle, dont ça n'est vraiment pas le genre d'habitude, fait des va-et-vient rauques avec sa gorge. Elle glousse plusieurs fois, même sa voix qui change, et j'ai du mal à reconnaître ma mère derrière toutes ces supplications de souffrance. En général, elle va jusqu'à dire qu'elle est une traînée (ce qu'elle ne voudrait sûrement pas qu'on pense d'elle dans la vie ordinaire), dans le but d'obtenir une trempe sur les fesses par mon père, et à partir de ce moment-là, charmante, il faut croire qu'elle fait tout ce qu'il veut entre ses mains. Je ne l'entends presque plus. Elle se contente de respirer fort.

Lui, c'est plus simple. Plus athlétique. Il se contente de courir sur son ventre. Il court, il court. Et à la fin, quand il se présente à l'arrivée, il est tellement pressé qu'il perd son souffle et qu'après, il a du mal à le retrouver. Ça ne dure pas trop. Il y a un silence. Ils se remettent à bouger. Ma mère soupire de contentement parce qu'elle a obtenu l'eau chaude. Mon père grogne. Et moi, je me demande comment je vais dormir après ça.

Evidemment, tout ce que je raconte se passe avec plus de mystère. En fait, depuis ma couchette, je ne vois rien. Comme je l'ai dit, je suis de l'autre côté de la table amovible. Il y a les banquettes écossaises et le coin cuisine. Et à bâbord, c'est les cabinets. Ils disent qu'on est bien équipés de ce côté-là. Mais ça ne m'amuse plus ces temps-ci qu'ils aient un broyeur. Pas plus que de savoir que le *Bel Henri* possède un foc à enrouleur ou la quille rétractable. Ça m'empêcherait plutôt d'être heureux.

Quatre ans de navigue! Je ne sais pas si vous voyez le poids que ça pèse sur un type de mon âge! Et ça n'est pas les langues étrangères que vous parlez, les poissons volants qui vous ont accompagné par nuit chaude, ou les plages de Tahiti, qui peuvent rattraper les inconvénients de votre solitude. Je vous jure que c'est drôlement astringent de ne pas avoir de copain plus d'une heure d'affilée ou de passer votre temps à dire adieu aux gens du ponton – avec du whisky, comme ils font – dès que vous commencez à les connaître un peu. J'ajouterai que, si la situation d'enfant maritime est déjà difficile quand elle a lieu entre deux parents dont vous n'arrêtez pas de recevoir les conseils avec juste onze mètres pour les éviter, elle devient franchement insupportable quand ils ne s'entendent pas. C'est ce qui est en train de leur arriver. Elle l'a giflé à Gibraltar. Il n'est pas entré de la nuit à La Rochelle.

Ce matin, à Paimpol, ils ont remis ça.

C'est Paula qui a commencé à propos de l'Américaine. Celle qui a un mari semblable à J.R. à la télé. Elle a dit que pas seulement mon père se servait de l'accueil de ses vieilles fesses, mais aussi tout l'équipage de leur ketch. Ils sont cinq marins dont un Chinois. Un grand bateau, comme on peut voir. Mon père a traité Paula d'un nom de poisson. Elle a voulu le frapper, il a bloqué son bras et c'est elle qui a valdingué sur la table amovible. Elle s'est fendu la lèvre, ça saigne beaucoup à cet endroit-là.

Je suis sorti de ma couchette à quatre pattes et je leur ai conseillé de divorcer. Mon père m'a ordonné de rester à ma place. J'ai pris l'air le plus grave possible et j'ai répété :

« Si vous ne vous entendez pas, vous n'avez qu'à divorcer. »

Mon père a dit :

« Petit crétin. Si nous ne le faisons pas, c'est pour toi. »

Et il a allumé nerveusement une cigarette.

« Ne vous gênez pas pour moi, j'ai dit. J'aime mieux être un enfant privé de soutien. »

Mon père a dit petit con et il a pris son pull-over blanc. Ma mère a dit qu'il aille rejoindre sa poule, puis elle m'a coupé les cheveux pour se passer les nerfs. Quand elle a eu fini de me dégarnir la nuque avec excès, je l'ai regardée dans les yeux. Elle m'a attiré contre elle, et elle avait de gros seins comme je les aime. C'était vraiment confortable et ça ne m'était pas arrivé depuis longtemps de me reposer le front entre ses doigts. Elle m'a caressé la tête un bon moment. J'ai embrassé ses gros seins l'un après l'autre. Ils sortaient du maillot de bain qu'elle ne quitte plus. Je l'ai fait le plus près possible de leurs bouts. J'ai redemandé au sujet de l'eau chaude, quand est-ce qu'elle viendrait. Elle m'a répété avec patience ce que tante Thérèse m'avait raconté à un moment où ça l'amusait encore, sans avoir la trouille en chemise de nuit, que je lui touche le ventre par défi de neveu qui aime bien venir dans le lit des grandes personnes, que mon seul problème était de fermer les yeux et d'attendre un développement paisible de mon corps qui ne manquerait pas d'arriver quand j'aurais treize ans.

C'était encore loin mais j'ai fermé les yeux avec confiance. Quand je les ai rouverts, ma mère pleurait en travers de leur lit. Elle était tellement enfermée dans sa peine, que j'en ai profité pour fracturer le tiroir du secrétaire. J'ai pris la moitié des billets qui s'y trouvaient. Après, j'ai compté, ça faisait deux mille balles. J'ai pris mon canif de la marque Gimel au Violon, ma guimbarde pour faire de la musique et mon sac de sous où j'avais tout préparé.

J'ai grimpé l'escalier du rouf. J'ai sauté sur le ponton et après ça glissait tout seul vers la liberté. Dehors, ça me paraissait une vie large avec des tas de gens que j'allais enfin connaître. Ce jour-là, le soleil résistait pas mal au vent. Une belle matinée en somme, et, si le bon Dieu pouvait reprendre la pneumonie que j'avais ardemment souhaité qu'il me donne hier, j'étais prêt à ne pas attraper le moindre rhume en attendant l'eau chaude.

Pour être complètement en mesure d'exercer mon émancipation, je suis allé consulter un avocat. Je voulais être en règle avec leur société. Sinon, on ne réussit rien de bon quand on est mineur. Il vous foutent des bâtons dans les roues pour avancer sur les routes. Vous êtes sans cesse emmerdé par les gendarmes, papiers par-ci, papiers par-là, et moi, couper à travers bois et salir mon froc, ça n'était pas mon style, je trouvais.

L'avocat était une avocate. Elle m'avait fait pas mal attendre pour mon âge. J'ai tenu le coup au fond d'un fauteuil, en remuant la jambe. J'étais coincé entre une potiche peinte de nombreux Chinois et une dame dont je n'aimais pas le chien. Ça s'entendait à ce qu'il grondait quand je lui tirais la langue. La dame lisait *Paris Match* où mon père dit qu'on exploite trop le sang humain. Elle n'arrêtait pas de croiser et de décroiser les jambes. Elle le faisait dans un froissement agaçant pour un type dans mon état. Je me sentais énervé comme le jour où madame Stella Zicopoulos à force de décroiser ses jambes au soleil a fini par m'attirer les yeux au fond de sa grotte et que j'ai pris les jumelles de mon père pour être plus près de son mystère et qu'elle m'a piqué, attentif à plat ventre, caché derrière les hortensias, à rentrer par effraction grossissante sous le crêpe de Chine de sa robe à vomir, où les cuisses deviennent si blanches par manque d'habitude de la vie au grand air, qu'elles sont gravées une fois pour toutes dans votre tête, au point de pouvoir y repenser dans votre lit aussi clairement que ce jour-là où nous prenions le thé, et de les ressortir comme une vision colorée avant de vous endormir difficilement, parce que vous attendez l'eau chaude.

Au bout de cinq minutes d'énervement supplémentaire pendant lesquelles la dame a crissé jusqu'aux cuisses, j'ai quitté le fauteuil pour un pouf. Une fois en face d'elle, j'ai constaté qu'elle n'avait pas de culotte, mais c'était trop mystérieux pour comprendre quoi que ce soit. Elle avait bien embrouillé les choses avec ses poils et d'ailleurs, elle a été appelée par la porte entrebâillée parce que c'était son tour d'aller se plaindre chez l'avocate.

Maître Duvailler-Mauricourt s'appelait Monique. Je l'ai tout de suite mise à l'aise en l'appelant par son prénom. Au début, ça lui a fait plaisir de voir un petit homme qui savait ce qu'il voulait dans la vie.

« Alors ? Pourquoi viens-tu me consulter, Henri ? »

J'ai éternué à l'improviste, ce qui est toujours humiliant si vous faites envoler une feuille de papier. Je l'ai ramassée.

« Je viens pour un divorce. »

Comme elle n'avait pas l'air de piger le coup, j'ai ajouté :

« Je veux divorcer d'avec mes parents. »

Monique s'est retartiné un peu de rouge à lèvres. Elle a fait bouffer ses cheveux alors que ce n'était vraiment pas le genre de geste provocant que j'attendais d'elle. Et elle m'a demandé mon nom de famille. Je lui ai donné. Seulement alors, elle a commencé à prendre l'air d'une juriste qui fait son boulot. Avec ses lunettes myopes, elle écrivait tout. Elle m'a questionné sur mes parents. Elle a noté les circonstances de notre désunion. Elle a écouté mes griefs, c'est le mot qu'elle employait sans arrêt, griefs. Et j'ai déballé toutes les histoires de cabine-couchette. Elle avait l'air passionnée, surtout par les détails infimes.

« Au Danemark, je crois qu'on peut divorcer, j'ai dit.

– Je pense que c'est en Suède, m'a-t-elle répondu. Mais est-ce que tu ne te sens pas un peu trop jeune pour le faire ? »

J'ai dit non. Que j'avais mûrement réfléchi. J'ai éternué à nouveau. J'ai repensé à la gouttière. J'ai demandé :

« Alors ? Est-ce que vous pouvez m'arranger ça ? »

Monique s'est levée. C'était une grande perche avec une froide détermination. Elle s'est déplacée derrière moi et elle m'a caressé la tête à rebrousse-poil.

« Mon pauvre Henri ! Ton malheur, c'est qu'en

France on ne divorce pas d'avec ses parents! La loi ne le prévoit pas.

– Même avec du pognon? »

Et j'ai montré les deux mille balles.

Plus tard, quand j'aurai l'eau chaude, je serai un type impénétrable. Monique s'en est rendu compte à ce moment-là. Elle a sifflé d'admiration.

« Ben, mon petit lapin! » elle s'est exclamée.

Et j'avais beau ne pas vouloir devenir son petit lapin parce que mon père dit qu'il ne faut pas mélanger les affaires et le sentiment, j'ai senti que j'avais l'air assez content de moi.

Là-dessus, Monique a réfléchi. Ça s'entendait au silence qu'elle mettait entre nous. J'ai fait bravo avec mes cuisses et elle l'a remarqué pour la troisième fois.

« Est-ce que tu n'aurais pas envie d'aller faire pipi? » m'a-t-elle demandé poliment.

J'ai dû reconnaître que c'était une préoccupation en ce moment.

Elle m'a ouvert une porte avec précipitation et dans le couloir, elle m'a recommandé de tourner deux fois à gauche avant d'entrer dans la salle de bain.

L'éclairage indirect y était merveilleux. D'un coup, vous vous seriez cru chez des milliardaires. Le lavabo, la baignoire, toute la céramique étaient noirs. Et par-dessus tout, Monique possédait de nombreux flacons de parfum. Dès que j'ai été débarrassé de ma préoccupation qui n'en finissait pas de vider mon ventre, j'ai débouché une jolie bouteille. Elle prévenait par étiquette qu'elle était *Chant d'arômes*. Mon nez est très sensuel à ces respirations-là, comme me l'a souvent reproché ma mère. Personnellement, c'est une ivresse que je n'aime pas empêcher de m'atteindre parce que je la trouve agréable et fertile en comparaisons.

J'ai retroussé mes manches et à l'aide du pulvérisateur, je me suis secrètement procuré un échantillon de chaque odeur. J'ai lu sur une autre étiquette qu'on pouvait aussi dynamiser son visage avec quelques gouttes de fluide énergisant. Je me suis dynamisé. Après, comme ils le recommandaient sur un autre flacon, je suis allé « plus loin dans l'hydratation ». J'ai ajouté un peu de crème de jouvence à tout ce que j'avais déjà étalé. Je me suis lavé les mains. Enfin un coup de crayon anti-rides, et je me suis retrouvé dans le couloir.

Juste comme j'allais entrer sans frapper dans le bureau de Monique, j'ai entendu qu'elle parlait au téléphone. Elle le faisait avec la capitainerie du port. Elle disait qu'elle avait un petit fugueur sous la main et qu'il faudrait naturellement prévenir ses parents qui habitaient sur un bateau. Qu'en attendant elle allait amuser le tapis et que j'avais les yeux fiévreux.

J'ai rebroussé chemin. Elle ne m'a pas eu avec sa ruse de la boisson chaude, du coup de grenadine ou de Dieu sait quoi avec une paille. J'ai récupéré mon sac à dos dans la salle d'attente. J'ai cassé son foutu vase exprès, et après m'être assuré que les nombreux Chinois étaient partout sur la moquette, je me suis retrouvé à courir dans la rue.

Si vous êtes un fuyard, il faut avoir l'esprit de décision. Je n'étais pas assez bête pour aller à la gare et essayer de prendre un train. Parce que c'est sûrement là qu'ils tenteraient de me piquer en premier. Tandis que chez une pute, les enfants de mon âge, c'est pas si courant.

Amélie Béguin habite derrière le port. Une fois qu'elle a sa coiffe, elle a l'air d'une bonne crêpe. Mais, comme disait oncle Loïc, le mort mari de tante Thérèse, « sous la dentelle, se cache le froid qui brûle ». Tonton savait de quoi il parlait. Il était épatant. Il arrêtait pas de se brûler avec le froid des domestiques, Amélie première servie, enjambée vive à dix-huit ans, dans la buanderie à ce qu'il paraît, à même le linge de famille. Tante Thérèse préférait regarder ailleurs quand on lui parlait de ça. Tonton cavalait, bon. Elle priait. Ça pouvait toujours servir. Total, c'est tonton qui a cassé sa pipe.

Pour en revenir à Amélie Béguin, à cette époque-là, même décoiffée, elle connaissait pas encore ses possibilités financières. Elle débutait. C'est petit à petit que les gens sont venus lui proposer l'eau chaude. Elle a fini par céder. Avec la clientèle qui se formait de bouche à oreille, plus besoin d'être blanchisseuse sur lieu. Elle n'avait plus à sortir de sa petite maison que son père marin lui avait laissée un soir de naufrage. Elle attendait que le soir tombe. Elle allumait sa lanterne. Calme comme une motte de beurre, elle se postait derrière le rideau. Elle tricotait des pulls marins. Des torsadés avec l'ancre dessus.

De temps en temps, on frappait au carreau. Elle finissait son rang. Elle posait son ouvrage. Ils entraient, les mains gourdes. La casquette à la main. Marins ou capitaines, parfois un équipage. Ils apportaient un tacot pour le chat. Des ormeaux pour Amélie. Ils jouaient aux dés l'ordre dans lequel ils passeraient dans ses bras. Le premier à utiliser l'eau chaude payait le gros plant, une bouteille de vin qui était la patience des autres. Et ainsi de suite le muscadet, Amélie avait plus qu'à ouvrir les cuisses dans ses draps bien frais. L'argent était sur la table, près du sucrier. Et hop là! c'était du bon temps pour tout le monde.

Ce jour-là, quand j'ai frappé chez elle, Amélie se défendait pas mal. Trois marins fumaient sur des chaises en attendant leur tour.

Dans la pièce voisine, un gros Hollandais faisait trembler la maison en retombant sur le lit. Amélie faisait tout « pour le faire reluire », c'est ce que m'a expliqué François la Quincampe en m'ouvrant la porte avec un air circonstancié et sa cravate à palmiers. En tant que clientèle de passage, ce Hollandais-là était intouchable. Tout le monde était bien d'accord pour supporter ses coups de reins. Parce qu'il était un riche armateur qui faisait rentrer des devises en dollars inespérées et « qu'il donnait une prime chaque fois qu'il déjantait ».

François la Quincampe est la moitié de crêpe d'Amélie. Enfin il ne l'est pas vraiment, mais il profite du beurre. C'est un presque mari sans les inconvénients. Il ne diffère en rien des autres à part son physique qui est plus jeune que celui d'Amélie et ses costumes pas vraiment sport pour la saison. Les affaires de François sont à Paris. Elles ont de plus en plus de volume. Amélie se plaint qu'il vienne de moins en moins respirer l'air pur de la Bretagne sauf quand celui de Pigalle devient trop malsain.

François me connaît bien. Il rit avec sa dent en or. Il connaît l'histoire de mon oncle. Il n'a donc rien contre mon âge qui s'instruit en rendant visite à Amélie. Au contraire, il dit que je suis un gamin qui ne perd pas de temps. Ce qui me contrarie, parce que j'aimerais en perdre le plus possible pour qu'il m'en reste moins à passer avant d'avoir treize ans.

Aujourd'hui, François a mis un costume ridère. Ridère veut dire élégant au cas où vous ne le sauriez pas. François ne parle pas exactement le français. Il préfère le jaspiner. De cette façon, il emploie des mots d'une plus grande variété que les Bretons d'ici. Des mots arbres, avec des tas de branches, je trouve. Et ça m'intéresse bien d'apprendre le plus de vocabulaire possible de sa part parce que ça peut me servir pour plus tard pour être encore plus impénétrable quand je distribuerai l'eau chaude. L'autre jour, par exemple, devant une bouteille de muscadet, la Quincampe a essayé en cassant ses fruits de mer de m'expliquer la différence entre une vrille ou gougnote et une caroline ou gerboise. J'ai à peu près pigé bien que ce soit difficile à imaginer. Une vrille, à mon avis, est une femme qui n'a envie de creuser *que* les autres femmes. Et tant pis pour l'eau chaude. Elle y renonce! Tandis qu'une gerboise est un garçon mal placé qui n'y renonce pas. Simplement, il ne l'obtient qu'avec l'autorisation arrière d'un autre garçon. Celui qui recule devient alors une caroline.

Le soir de ces explications, Amélie a poussé une colère.

« Arrête tes conneries, petit hareng, elle a vitupéré contre François. Henri aimera que les vraies femmes. Hein, mon Toto? »

Son Toto a dit oui. Et après, pour nous distraire, Amélie a effectué un strip-tease jazz et tango. Ça valait le coup de pas payer pour voir ça. Et j'ai chaud à l'aine quand j'y repense.

Ce soir, François m'a fait entrer dans la salle à manger. Elle n'a pas beaucoup changé depuis le naufrage du père d'Amélie. Une preuve qu'il faut se méfier du temps parce que, dans certains cas, il est capable de s'arrêter. Quand ça arrive, le passé s'entretient, même les odeurs de cire, et c'est mauvais pour le présent qui déguste. Ainsi, il paraît qu'Amélie pleure chaque fois qu'elle passe devant la maquette de bateau qu'avait commencée son père. Ça lui fait mal entre les seins. Une douleur d'angoisse à ce qu'il paraît. Total maintenant, ils bouffent à la cuisine.

« Elle commence à vioquir », a dit ce fumier de François.

Il s'est contemplé dans la glace. Il a dit :

« Demain, je remets les voiles sur Paris. Là-bas, y a du pain sur le trottoir. Des chevaux frais. »

Il a fait le ménage de sa dent en or. Il a fait mousser sa pochette. Moi, j'ai éternué et un grand frisson m'est monté jusqu'au cou.

Après le Hollandais, les trois marins locaux ont pas duré trop longtemps. J'ai pu embrasser Amélie et je lui ai rien caché au sujet de moi comme enfant en cavale de la société. Amélie a pris l'air grave. Elle a viré un cartahu de la Marine nationale qui voulait faire un viron sur son ventre malgré l'heure tardive. Elle a fermé les volets. Elle a dit :

« François, je ferme le bouic, Henri a besoin de moi. »

Elle a éteint la lanterne. On a bouffé des œufs coque et François a pas mal picolé.

Après, ça n'a pas été une soirée ordinaire. D'accord, j'étais pas mal barbouillé à l'intérieur, mais c'est surtout François la Quincampe qui est monté sur la scène. Il s'est mis à nous raconter comment mômineau, quand il portait des pantalons blancs, il était devenu tueur de pigeons à gages pour un marchand d'oreillers. Il disait qu'il était un gamin à l'ardeur quasi bénévole parce que de toute façon, ces bestioles, il pouvait pas les piffer. Elles faisaient fiente sur les carrosseries des bagnoles et rien que pour cette raison, il les aurait persécutées gratis. A courir sur les toits après ces engeances, il en avait bien étranglé trois cents. Et c'est pas autrement qu'il s'était découvert cette fameuse aversion pour la plume. (Une véritable phobie. « Avec p, h », il a dit.)

« Ça t'a pas empêché de vivre avec des poules », a dit Amélie Béguin.

Elle a lancé un programme à 65° sur la machine à laver la vaisselle.

« Cause pas de ce que tu comprends pas, l'a remise en place François. C'est une aversion pathologique qui m'habitait. Elle m'a plus quitté, figure-toi. »

Il a frotté sa bague avec un air trop absorbé et il a redemandé pas mal de muscadet.

A ce que m'avait raconté Amélie un soir de tempête, c'est avec des mots compliqués qu'il l'avait eue, François. A cause du vernis, il épate. Cinq ans plus tôt, à force de porte-à-porte, Quincampe avait débarqué chez elle à l'heure du dîner. Son costume brillait aux coudes. Il proposait une encyclopédie par l'image en trois volumes, reliés skaïvertex. Et rien qu'à lui raconter la lettre C, il l'avait dégommée.

« Tu te rappelles? » elle l'interrogeait en minaudant féroce.

La Quincampe se marrait.

« Ouais », il faisait sobrement.

Il se penchait sur elle. Il rempilait séducteur pour faire plaisir à la grosse.

– « Cénesthésie », il lui soufflait dans l'oreille. « Ensemble de nos sensations internes, thermiques, viscérales, respiratoires et circulatoires... »

Il feuilletait un bouquin qui n'existait pas. Elle gloussait. Il posait la main sur son genou.

« Oh! toi! elle consentait.

– « Cénobite », il lui susurrait en la dardant dans le bleu des yeux. « Moine qui vit en communauté... Personne menant une vie austère... »

– Tu parles! » elle gloussait.

Il ébouriffait l'encyclopédie. Il revenait en arrière. Tiens, toujours le hasard, il lui prenait une totoche dans la main. Faisait l'étonné.

« Pas devant le petit, elle se défendait.

– « Cenelle », il proposait. « Fruit de l'aubépine ».

Et il redemandait du muscadet.

Le soir dont je vous parle, comme Amélie pouvait plus lui en fournir, il est passé au casse-poitrine. C'était du 47°. Un truc musclé qui sortait d'alambic. Le genre qui facilite les idées fixes. Preuve : la Quincampe a rembiné sur les oiseaux. Histoire de poursuivre dans la plume, il a mis le cap sur la marée noire. Dans le genre catastrophe nationale, il disait qu'elle avait pas mal contribué à la destruction de ses ennemis héréditaires. Parce qu'elle les engluait de bitume. Pas un macareux qui s'en tirait. Mais le naphte et mazout ont pas eu l'effet escompté. Amélie s'est mise à chialer dans le sucrier. C'était à cause de son père. Il était mort avec cinquante et un autres dans l'explosion du *Bételgueuse,* au sud de l'Irlande, à Bantry Bay.

C'était une histoire que je connaissais par cœur parce qu'elle était usée jusqu'à la corde.

« Tu vas pas nous raconter le décès de ton père, a prévenu la Quincampe. Je supporte plus les naufragés. »

Dernière des choses à dire. Amélie, vexée, s'est mise

au tutu. Elle épongeait comme un buvard. Une contrariété d'encre. J'avais beau essayer de l'arrêter, verre après verre, elle buvait à sa perte. C'était surhumain l'épaisseur du cafard qu'elle pouvait trimbaler dans ces moments-là. Plus fort qu'elle, il fallait qu'elle dégoise.

Elle nous a regardés avec ses yeux du malheur et tout y est passé : la longueur du pétrolier, 281 mètres. Son fret, 121 000 tonnes de brut. Sa provenance, Ras Tanoura, Arabie Saoudite, où il avait chargé. Un raffinement de détails qui n'en finissaient pas d'empirer. Une litanie cruelle comme un *De Profundis*. Et que je t'égrenne. La voix sourde, le regard poché, les mains gonflées par l'alcool. Elle s'est mise à nous réciter le rosaire des tankers disparus.

« *Olympic Bravery, Texaco Massachusetts*, ça donnait. *Alva Cape, Princesse Irène, Circi*, elle disait. *Corinthos, Univers Leader, Silja*, elle reprenait. *Gulf Oil, Amoco Cadiz, Torre Canyon* », elle lancinait.

Jusqu'à ce qu'elle s'écroule sur la toile cirée.

Le temps d'un ronflement, la Quincampe s'est levé sur ses gommes.

« Bon, il a fait, la v'là pion comme à Noël. »

Il a contourné la table pour tâter le pouls d'Amélie. Ça lui a filé la grimace.

« Collapsus de ventilation et tout le tintouin, il a diagnostiqué. L'outil de ses fesses inutilisable pour quinze jours, il a musiqué. Dans ces conditions, je remonte à Paris... Paname, Paname! » il a chantonné.

Il a raflé tous les sous qu'il a trouvés. Et les dollars, miam miam, pareil. Il est monté faire sa valoche.

J'ai embrassé Amélie sur ses petits cheveux dans la nuque. Ça m'embêtait pour elle qu'elle soit mate. J'ai pris une aspirine parce que j'avais mal à la tête. J'ai enfilé mon sac à dos pour être prêt à partir avec François. Je me suis mouché à fond, même que c'était pas du luxe. Je me suis fait un mal de chien derrière l'oreille – une narine après l'autre – ils le disent.

73

Et en attendant l'eau chaude, j'avais drôlement mal à la gorge pour avaler.

François la Quincampe a pas fait de manières pour m'emmener.

Il m'a simplement demandé si je savais où aller en arrivant à Paris. J'ai hoché la tête, oui, oui, oui, tu parles, et j'ai baratiné une histoire toute prête de tante à moi qui habitait du côté de la tour Eiffel. J'ai ajouté qu'elle adorait l'ail et Mozart qui est un jeune musicien pour grandes personnes. Avec des détails pareils, je croyais avoir peint suffisamment de vérité autour d'elle pour qu'on ne discute pas de son existence. Au lieu de ça, Quincampe a tiré son œil vers le bas. Il a dit que c'était bidon mais que ça ne le dérangeait pas du moment que je ne restais pas un enfant à charge dans ses pattes.

Et on a pris la direction de Saint-Brieuc.

J'étais renversé vers l'arrière sur le cuir pourri de sa D.S. La pluie s'est mise à tomber. Les essuie-glaces ne suffisaient pas, à cause de leur maigreur, à faire du bon boulot quand on croisait des semi-remorques. François disait merde ou des choses que je comprenais pas chaque fois qu'on recevait un baquet d'eau sale. Il ralentissait jusqu'à ce qu'on distingue de nouveau la route et pendant deux cents kilomètres, en suivant les lignes blanches, il a parlé des femmes. Il a dit qu'elles étaient de constitution creuse. Et qu'elles passaient leur temps à attendre qu'on les remplisse. Il m'a confié aussi qu'il les haïssait pour « leur incurable besoin congénital, stupide et insatiable, d'être comblées ». Je trouvais qu'il disait principalement des conneries sur le sujet, mais je n'avais pas assez d'autorité pour l'empêcher de postillonner sur moi – toujours la même joue qui trinquait – en me parlant.

Il a cherché un paquet de cigarettes et j'ai vu qu'il avait un gros revolver dans le vide-poche. Personnellement, à cause de la gouttière, je me sentais pousser une fièvre pas normale et j'avais peur d'être entraîné rapidement par l'exagération de mon imagination qui s'emballe chaque fois que je couve une sacrée maladie. La Quincampe a remarqué ma mine à faire peur.

« Qu'est-ce qui t'arrive ? il m'a demandé, tu ressembles à un chewing-gum mâché trop longtemps. »

J'ai même pas répondu. D'ailleurs, il m'emmerdait.

Il a essayé de remettre ça avec les femmes mais il a vu dans mes yeux que c'était un sujet qui débordait. Je lui ai tourné le dos, avec nonchalance, j'espère. Il a voulu aborder le chapitre de l'école. Savoir de moi des trucs pourris, du style où la Loire peut bien prendre sa source. Mais j'ai continué à regarder dehors. J'y ai mis une obstination d'autant plus grande que j'étais sacrément tourmenté par ma santé qui déclinait. Par exemple, même ma salive coinçait de plus en plus pour l'avaler.

La Quincampe a fini par tirer la gueule. Comme il avait toujours pas de cigarettes, il a trouvé un prétexte pour bifurquer vers une station-service. Avant la cartouche de Marlborough, il a décidé de faire le plein d'essence. Il s'est arrêté à Super marqué sur un volucompteur, et, pendant qu'il faisait le tour de la voiture pour faire le self-service de lui-même, j'ai piqué son revolver dans la boîte à gants.

J'ai mis mon sac à dos et je suis descendu. J'ai regardé François avec un regard épais.

Le vent lui avait enlevé sa moumoute. Il tenait le postiche à la main. Il n'était pas habitué à être un chauve de tous les instants. Ça se voyait à sa contenance qu'il perdait sur la piste. Malgré tout, le bas de son visage crispé par le froid, il essayait de la rattraper en me souriant. Il m'a demandé où j'allais comme ça. Je lui ai répondu que j'allais là où même les rois vont à pied. François m'a dit :

« Bonne branlette. »

Un con pareil, quand on a la tête comme un genou, j'ai pas regretté de lui avoir piqué son revolver.

Je suis entré dans la boutique-shop. J'ai reluqué les petites bagnoles pour enfants de mon âge. Je les ai trouvées trop chères. J'ai suivi l'étagère le long des accessoires auto, et, dans un renfoncement, j'ai fini par trouver la porte Gentlemen. Gentlemen était une appellation fausse à l'intérieur, parce que l'atmosphère sentait la crevette louche et qu'un gros type n'arrangeait pas l'état des lieux. Après un pet, il a craché dans le lavabo. En me voyant, il a opté pour un air distingué en se recoiffant. Il l'a fait devant la glace, un peu plié sur ses genoux, en mouillant son peigne sous l'eau du robinet. L'humidité l'a aidé à confectionner un cran à la mesure de son front. J'ai pensé que si la connerie avait été un fleuve, son visage aurait été majestueux. J'ai bâillé en le regardant. Du coup, il est sorti en vitesse pour courir vers une famille qui se contentait de lui, et, une fois seul, j'ai pu jeter un coup d'œil au revolver. Il était marqué « Arminius » sur le canon. Je me suis dit qu'avec le fric que j'avais en poche et la possibilité par balles de devenir un vrai gangster pour plus tard, je n'avais aucune raison de continuer à supporter la conversation d'un type aussi moyen que la Quincampe. D'ailleurs, j'étais parti pour un dix mille mètres et lui pour un soixante. Question souffle, nos routes devaient se séparer là.

Je suis ressorti. La boutique était pleine. La Quincampe était à la caisse, en train de payer son essence. Je me suis glissé dehors. Je me suis enfoncé dans l'obscurité. Le vent sifflait sur le drapeau de la British Petroleum. J'ai pensé au mât du *Bel Henri*, aux nichons de ma mère qui ne s'ouvriraient pas de si tôt pour reposer ma tête dans leur creux. J'ai avalé ma salive pour changer d'envie de pleurer. Et j'ai gagné le parking pour les camions. Les Berliet, les Unic, les Volvo, les Mercedes étaient nombreux. Ils étaient des mammouths qui attendaient d'enfoncer l'autoroute avec leur front. Je me suis avancé vers un routier belge en salopette. J'ai raconté qu'un enfant de salaud m'avait pris en stop et qu'il m'avait proposé, comme mineur, d'être une caroline de secours. Comme il ne comprenait pas, je lui ai expliqué autrement qu'un sale type avait essayé d'abuser de mon âge. J'ai investi dans des détails superlatifs pour qu'il admette que j'étais un enfant martyr voyageant dans des conditions difficiles.

J'ai pleuré juste quand il fallait. Le routier a pris l'air emmerdé. Il y avait beaucoup de vent autour de nous. J'ai éternué. Et j'ai placé l'histoire de ma tante de la tour Eiffel. Il m'a dit de monter dans le bahut et qu'il était fruits et légumes. A l'intérieur, ça sentait la soupe aux choux. Il avait une bonne radio et j'ai dormi sur la couchette. Au-dessus de moi, il y avait une pin-up. Elle me souriait dans le noir en remontant sa jupe. Quand on croisait un autre camion, la lumière des phares éclairait ses cuisses.

C'est là qu'était le mystère de sa vie.

Quand je me suis éveillé, la radio disait que le Coca-Cola décaféiné arrivait en France. Après, le speaker a annoncé qu'en Amérique un prisonnier condamné pour viol avait dû choisir entre trente ans de prison et la castration. il avait choisi la castration. Le Belge a fait ouille en faisant la grosse main autour de son zizi imaginaire, comme pour le protéger d'une grande douleur. Après, en se marrant, il a envoyé l'air comprimé dans ses freins. Le 48 tonnes a bronché le long d'un trottoir. Le routier international m'a dit aimablement que, porte d'Orléans, il valait mieux que je descende là. C'était près d'une bouche de métro, est-ce que j'avais de l'argent? Je me suis laissé prêter vingt balles. Je l'ai remercié comme bonne poire. Je l'ai remercié avec une poignée de main cordiale et j'espère que ça suffisait.

Une fois sur le trottoir, j'ai enfilé mon sac à dos. Le cafard me collait à l'intérieur des joues mais j'ai avancé comme si je savais où aller.

Les gens étaient nombreux. Ils marchaient tous

rapidement et leur vitesse m'aidait à faire semblant d'aller quelque part. En réalité, personne ne prêtait attention à un enfant avec les cheveux mouillés et un pull avec la lune devant. Je marchais sur fond jazz et tango. Une musique intime que je me jouais dans la tête pour essayer de tenir le coup.

A Paris, il fallait se donner du mal pour voir le ciel. Les rues étaient brillantes parce que la lumière était encore allumée. Elle ruisselait de partout. Elle éclairait une pluie fine, assez désespérante pour quelqu'un qui n'a pas de projets, mais je ne voulais pas perdre mon moral avant d'avoir été découragé par quelque chose de vraiment important. Je pense que dormir m'avait fait du bien. Sauf à la gorge. Elle empirait de plus en plus. Il y avait aussi un poids qui m'empêchait de respirer jusqu'au bout. Exactement comme ce jour pourri où un salaud de quinze ans s'est assis sur mes côtes pour me faire avouer que je n'avais pas encore de poils au zizi.

Devant une pâtisserie, j'ai décidé de boire du thé et j'ai acheté deux croissants sur demande à une serveuse qui n'avait pas beaucoup de temps à me consacrer. Les croissants étaient impossibles à manger pour ma gorge. J'ai sauté de mon tabouret. Je suis allé jusqu'à la glace biseautée qui couvrait tout le mur afin d'agrandir la boutique et je me suis tiré la langue. En posant le doigt dessus, j'ai aperçu mes amygdales. Elles étaient défigurées par la maladie. Rigoureusement aussi cryptiques et rougeoyantes que pour Mardi-Gras, quand le docteur Piriou a dit à Paula que je n'y coupais pas de l'opération.

Ça m'a déprimé secrètement. En refermant la bouche, j'ai décidé de changer les croissants contre une coupe Melba ou un machin Hawaï. J'ai demandé à voir les glaces et ils avaient tous les parfums. En montrant un billet de cent francs, ils m'ont servi une cinq boules avec du chocolat chaud dessus. En mangeant la pistache après le praliné, je me suis souvenu de l'eau de toilette de maître Duvailler-Mauricourt.

J'ai retroussé ma manche de pull-over et j'ai pu constater malgré mon nez bouché que ça puait encore assez bon comme souvenir. J'ai attaqué la boule de chocolat et j'ai demandé un supplément de crème Chantilly. J'ai décidé de m'acheter une montre à quartz en sortant d'ici parce qu'un aventurier divorcé doit avoir l'heure au bout du poignet. Je me suis regardé de profil dans la glace. C'était assez avantageux à part que j'avais encore du mal à décider comment je devrais occuper mes journées entières en attendant l'eau chaude.

A un moment, j'ai eu un flash. Je me suis vu entrer dans une bijouterie avec le revolver braqué sur tout le monde qui criait grâce. Mais j'ai repoussé cette idée. Elle était total ringarde. Pas conforme à mon vrai tempérament qui est de vivre avec des femmes moelleuses, tandis que si on vous jette en prison, vous promiscuitez par des hommes décidés la plupart du temps à se procurer votre eau chaude par tous les moyens. Et même, s'ils sont des assassins, ils se jettent sur vous dans la cellule.

Une fois ma cinq boules terminée, je me suis dit que si mon imagination recommençait à s'emballer, c'est que la fièvre m'avait repris. Est-ce que je ne ferais pas mieux de sauter dans un train et de retourner à Paimpol? Je me sentais juste assez d'énergie pour arriver en rampant jusqu'au ponton du *Bel Henri*. Je me suis clairement vu progressant mètre après mètre au prix d'un courage indomptable, tirant derrière moi mon sac rouge et trouvant juste l'ultime force adrénaline d'appuyer sur la gâchette du revolver pour attirer l'attention sur ma mort prochaine.

J'ai bouffé encore trois boules de café qui étaient les meilleures, et après, parce que le temps s'essoufflait et que la serveuse m'observait, j'ai demandé un Sundae Spécial. A dix heures du matin, c'était tellement particulier que la serveuse m'a conseillé de payer d'avance. Je l'ai fait pour qu'elle me laisse avoir la fièvre tranquille, mais j'aurais pu aussi bien lui braquer mon revolver sur le ventre. C'était une femme qui devait déraper pas mal question stupre. Le genre avec l'eau chaude triste dans un ventre trop large où tout le monde s'égare. Ou pas d'eau du tout, c'est bien possible.

Ma fièvre ne me lâchait plus. Elle me fermait les yeux ou me réveillait en sursaut. A un moment, j'ai levé la tête et dans la glace biseautée, j'ai vu trois rêves. Le premier m'attribuait la tête d'Humphrey Bogart à la dernière bobine du film, le deuxième, l'eau chaude à volonté, et le dernier me faisait découvrir par reflet une rouquine si attachante qu'elle me paraissait au-dessus de mes moyens. Je me suis retourné. Et elle était bien là. Elle faisait la queue dans le monde de la réalité, en jupe à mille plis. Elle attendait un pain chaud.

Je me suis obligé à rester calme. Pas d'erreur, elle m'avait souri. Ce n'est pas drôle d'être trouillard. Pourtant, au fur et à mesure qu'elle avançait vers la caisse, je commençais à me sentir assez sexy et tout le bataclan. Ses yeux pressions ne me quittaient plus. Elle avait un front bombé comme je les aime.

J'ai pris une cuillerée de crème Chantilly avec une désinvolture extrême et je l'ai mise par erreur dans ma joue. Ma bouche est restée ouverte. Et impossible de vouloir être impénétrable parce que la rouquine venait d'éclater de rire. Après m'être essuyé avec une serviette de papier, je me serais bien contenté de respirer calmement et d'avoir l'air d'un dur. Elle s'est approchée de moi avec sa baguette de pain à la main. Elle en mangeait de temps à autre un petit bout.

« Bonjour, m'a-t-elle dit. Mon nom, c'est Chloé.

— Ah? Moi, c'est Henri, j'ai dit d'un air blasé. Quel âge as-tu?

— Sept ans. Mais c'est un âge que je n'aime pas.

— Mes sept ans ne m'ont guère marqué non plus. Autant que je me souvienne, c'était assez désagréable à passer. »

Il y a eu un silence plutôt difficile à porter pour nous deux. J'ai demandé :

« Est-ce qu'une boule de glace te ferait plaisir?
— Non, a-t-elle dit en soupirant. Tu sais comment c'est, nous devons faire attention à notre ligne. »

J'ai essayé de montrer du mépris pour ses hanches.

« Est-ce que tu sais seulement embrasser sur la bouche? j'ai demandé.
— Pas couramment, a-t-elle avoué. Je trouve ça un peu sale quand on ne se connaît pas. »

Je suis descendu de mon tabouret. Elle m'arrivait à l'épaule. J'ai dit :

« Ramasse mon sac. Je vais te raccompagner chez toi. »

En se baissant, elle a cassé son pain. Mais elle a préféré dire un gros mot plutôt que de ne pas porter le sac. Quand on a eu passé la porte, je lui ai repris des mains parce qu'elle faisait traîner l'armature par terre.

« Donne ça. Tu n'es pas assez forte. »

Elle l'a admis. C'était sa force d'admettre.

« Pourquoi as-tu un sac à cette heure-ci? a-t-elle demandé.
— Parce que je voyage, j'ai répondu. Paris n'est qu'une étape. Business. »

Elle a incliné la tête.

« Tu viens de loin?
— Plus que tu ne crois.
— De Chartres? »

J'ai regardé nettement au-dessus d'elle pour lui faire sentir notre différence d'âge.

« Tu parles à quelqu'un qui a déjà fait deux fois le tour du monde », j'ai dit.

Elle s'est arrêtée au coin de la rue. Elle m'a mesuré dans ses yeux. Elle m'a toisé. C'était une toiseuse. Elle a dit comme une menace :

« La seule chose que je n'aimerai jamais avec toi, Henri, c'est si tu es un menteur. »

J'ai utilisé mon expérience en la mettant au service d'une apparence de type vraiment impénétrable. J'ai souri dans le vague. Je me suis appuyé contre le mur. Une épaule seulement.

« Je parle anglais. Je connais Tahiti. Et j'habite sur un bateau, j'ai persisté.

– Tant que tu auras cette attitude-là, je ne souhaite pas que tu m'embrasses, a dit Chloé. D'ailleurs, nous sommes arrivés devant chez moi et tu ne pourras pas me revoir aujourd'hui parce que je dois garder la maison et mon petit frère Albert qui a le malheur de percer ses dents. »

Elle a tourné les talons. De la voir partir, je me suis senti dans un sale état. A part ma pneumonie qui couvait, c'était même une sorte de colique de déchirement. Elle était soudain tout ce que je possédais de vivant à part moi. Je l'ai rattrapée et je l'ai retournée contre moi. Elle avait un ventre en avant dont je devinais la chaleur. De près, je pouvais compter ses grains de beauté. Elle était une vraie rousse de tous les instants. Le temps s'est mis à peser lourd. J'ai fait comme si j'avais une personnalité odieuse.

« Je te préviens, j'ai des copains dans le milieu, une amie qui se prostitue et une grande cruauté au fond de moi-même.

– C'est possible, a dit Chloé. Mais moi, c'est l'amour sincère qui m'impressionne. »

Alors j'ai craqué et je lui ai raconté que j'attendais l'eau chaude.

Elle a écouté tout ce qui s'y rattachait avec une intense curiosité. Cette fille-là, Chloé, elle avait des clefs dans les yeux. Elle vous ouvrait rien qu'en vous regardant. C'est un truc que j'ai déjà constaté dans mes expériences sexuelles, il faut des clefs. Sinon votre cerveau ne mousse pas. Vous ne risquez pas d'aboutir à l'eau chaude.

Alors que cinq minutes avant je me sentais encore d'une conversation sans intérêt, voilà que je lui déboutonnais toute mon intime conviction à commencer par celle que les enfants n'ont ni passé ni avenir, seulement leur présent. Et le mien était dans un état à faire peur.

J'ai tout déballé au sujet de ma mère qui souffrait de mon absence de père. Je ne lui ai pas caché ma recherche de pneumonie par l'eau froide et, dans ce fatras de vérités, j'ai abordé la blancheur des cuisses de Mme Zicopoulos, ma nécessité de divorce et le travail de ventre qu'Amélie Béguin faisait sur les hommes de son âge.

Parfois, Chloé souriait derrière sa main. Elle avait un bon sens de l'humour et des fossettes en haut des joues. On avait fini par se donner la main et on marchait à petits pas sous la flotte. On a fait trois fois le tour du quartier. J'ai parlé. J'ai parlé. Et bien que je ne me sois pas trouvé intéressant à entendre ni rien, elle en oubliait de manger son pain qui ressemblait à une éponge gorgée d'eau.

A la fin, elle s'est arrêtée et on était revenus devant chez elle. Elle a dit :

« Voilà donc pourquoi tu es si sacrément tourmenté, Henri. »

Elle a touché mon front. Elle a dit :

« Tu as fabriqué une grosse maladie exprès, n'est-ce pas?

– Oui. Au début je l'ai cultivée. Mais maintenant, même si je n'en veux plus, elle m'empêche de parler. »

Mes amygdales battaient le tam-tam. Dans ma poitrine, ça appuyait. Bon sang, j'étais si profondément fatigué.

« Tu ne sais pas où aller? »

J'étais si profondément fatigué, je vous dis.

« Est-ce que tu saurais grimper à l'arbre avec tes dernières forces? » elle m'a demandé.

On était entrés dans sa cour sans que je m'en aperçoive. Je ne m'apercevais plus de rien. On avait contourné la villa sans bruit pour que sa mère ne nous repère pas. On était au pied d'un poirier. Il arrivait par ses branches compliquées jusqu'à une fenêtre du premier étage.

« Les rideaux roses, c'est ma chambre », a dit Chloé. Je vais t'ouvrir de l'intérieur. Si tu arrives à entrer sans tomber, tu pourras te coucher dans mon lit et quand maman nous aura débarrassé le plancher pour aller travailler, nous serons entre enfants. Si tu veux, je t'apporterai un chocolat, du miel, des chamallows et on mettra Johnny Hallyday sur la chaîne pour que tu n'entendes pas Albert au cas où il percerait ses molaires. »

Bon sang! je ne sais pas comment je suis arrivé jusqu'au lit. Je me rappelle que j'étais si fatigué en montant sur l'arbre. Il y avait des passages glissants. La mouillure des feuilles était un handicap supplémentaire, mon foutu sac ne passait pas toujours entre les branches, et c'est le vertige qui m'ennuyait. Chloé m'a tiré dans sa chambre et c'est elle qui m'a déshabillé. Pendant qu'elle est allée congédier sa mère le plus vite possible et je reviens, je me suis glissé dans les draps. Mes dents ont commencé à claquer de manière impressionnante. Je ne pouvais pas empêcher mon squelette de le faire. J'avais beau me répéter que c'est la condition de l'homme qui veut avoir l'eau chaude et sa noblesse de faire plus qu'endurer, j'avais peur de ne pas triompher.

Jusqu'à ce qu'elle revienne.

Elle a tiré les rideaux. Elle a mis je ne sais quelle musique et elle s'est glissée dans le lit. Elle avait apporté sa chaleur. Elle a posé sa main sur mon ventre. Elle a commencé à me frotter et j'ai perdu la boule. Elle me frottait et plus rien ne comptait d'autre. Sa tête était sur mon épaule et elle inventait les trous dans la mer. Je ne pouvais même pas la regarder tellement elle était contre moi. J'ai connu personnellement des tas de plaisirs solitaires mais celui-là était sans comparaison parce qu'il venait de la part de quelqu'un d'autre. Chloé était une petite maman avec en plus une jeunesse du diable. Elle répétait que si nos deux personnes n'en faisaient plus qu'une, rien de mal ne pourrait m'arriver.

J'ai fermé les yeux et j'ai eu confiance. A force d'être frotté, j'étais devenu un arbre. Je le sentais se dresser vers la lumière. Je n'avais plus besoin qu'on m'aide. Plus besoin de revolver. Tout ce que j'avais à faire était d'attendre l'eau chaude. Bientôt, elle arriverait.

L'Espoir des Pouilles

A Gérard Mordillat

DIMANCHE dernier, les lumières de la salle omnisport de Clermont-Ferrand se sont éteintes si brusquement que je n'ai pratiquement rien senti.

Consciencieux comme je suis, dès qu'au travers de mon œil gauche, j'ai aperçu des ombres penchées sur moi, je me suis mis en garde. Un bon boxeur doit toujours faire croire à l'adversaire que, même après une défaillance passagère derrière les genoux, il a encore quinze rounds dans les poings.

J'ai montré les gants, comme je viens de dire. Une, deux, j'ai esquivé avec la tête, rotation, et j'ai dû avoir l'air d'un con, parce que j'étais déjà rentré au vestiaire. On m'avait étendu sur une table. L'œil droit ne voyait plus rien. De ce côté-là, j'ai nettement entendu remuer la gourmette en or de M. Paul Rafflezzi. Emballée dans du coton, sa voix haineuse m'est parvenue. Elle sifflait entre ses dents que c'était tout à l'heure, imbécile, qu'il fallait lever ma garde. Comme le mauvais état de ma santé m'interdisait d'argumenter, j'ai fait un signe au soigneur, je me suis compté dix et je me suis doucement désintéressé de mon manager.

J'ai revu le soleil un mois plus tard. Il passait sa tignasse blonde entre les lamelles d'un store. En sortant du coma, je ne savais plus très bien qui j'étais. Ça ne m'intriguait même pas de le savoir. Je ne me sentais pas de contours véritables, à part ceux d'une sale gueule qui ne m'inspirait pas confiance. Et pourtant, au fond de moi-même, j'avais la certitude de m'être bien connu.

Plus tard, j'ai fait des progrès lents. Pour m'encourager, les médecins n'ont pas cessé de me répéter que j'étais moi. En prenant leur temps, six mois environ, ils sont arrivés à me recentrer. Leur thérapie a consisté alors à me faire remonter sur le ring par la pensée. J'ai pas mal divagué entre les cordes avant d'admettre que j'avais été un poids moyen. Mais le médecin-chef n'a véritablement paru satisfait de moi que le jour où il m'a surpris en train de chercher mon protège-dents sous le lit.

Ce matin-là, il m'a fait passer un short absinthe et un peignoir. Bras dessus bras dessous, nous sommes allés regarder la télé dans une salle de l'hôpital où ils organisaient les loisirs.

La chouette de psychiatre qui est la seule à pouvoir me faire prendre mes cachets roses à cause de sa grosse poitrine est venue nous rejoindre et aussi toute l'équipe soignante. La psy m'a fait un sourire dénicheur et ils ont allumé le poste. Sur l'écran, j'ai vu le match de boxe le plus ringard du siècle. Tonny Martiano contre Benvenuto Cellini, dit « l'Espoir des Pouilles », K.O. au troisième round. Une défaite drôlement méritée parce que le rital était plutôt nul.

Ils ont continué leur programme en nous montrant Cellini à l'entraînement. Ce mec-là mouillait honnêtement son T-shirt devant le sac de sable, mais pas suffisamment pour m'intéresser. Je préférais essayer de m'approcher de la psy, Mlle Foxberger. Je l'ai regardée en profondeur. Même avec mon œil gauche, ça devait suffire vu la médiocrité de son visage sole et limande. Seul le reste d'elle m'encourageait à vivre, son intelligence au-dessus de la mienne et ses seins, comme j'ai dit. J'ai cherché à lui exprimer par communication muette les progrès qu'accomplissait mon report à son égard. Elle a glissé sa main droite dans la mienne. J'ai apprécié sa transpiration secrète. Elle a pris l'air charitable en me dévisageant. Elle m'a dit doucement :

« Il faut encore regarder la télévision. C'est un programme qui vous concerne. Vous n'êtes pas trop fatigué? »

Je l'étais plus que je ne saurais dire et la tête vide, mais j'ai voulu lui montrer que j'en avais encore dans les poings. Je lui ai serré la main.

Aussitôt, ils ont montré un autre match. King Crimson contre le même Benvenuto Cellini. Et Cellini a encore plongé. Les coups pleuvaient sur lui. Un ralenti insoutenable. Sa tête qui volait, ses joues qui prenaient des mauvais plis de pilote supersonique et des gouttes de sueur qui pulvérisaient la peur dans la lumière du ring. Le pire, je trouve, c'étaient les gens qui gueulaient dans le confort des gradins mal éclairés. Leur sauvagerie me faisait fermer l'œil et boucher les oreilles.

« Descends-le! ils criaient. Tue-le! »

Je me suis mis à trembler. Le médecin a voulu me réconforter avec une cigarette. Je l'ai repoussée aussitôt. Sophie m'a donné raison. Elle était contente de mon réflexe et c'était plus raisonnable pour mon souffle. Elle avait beaucoup de personnalité et toujours sa poitrine qui veillait sur moi.

Le médecin et elle surtout ont obtenu de moi qu'on regarde un troisième match. Ils disaient que ça pouvait m'être utile à condition que je me déshabille. Sophie est tombée très amoureuse de mes muscles dès qu'elle les a vus. Tandis que le médecin me retirait mon peignoir et que deux infirmiers me passaient des gants de six onces, je l'ai surprise la bouche entrouverte. Elle reluquait mes deltoïdes. Et visible, ça l'impressionnait favorablement.

Sur l'écran, c'est reparti. Cette fois, c'était Battling Duck, « le Canard de Chicago », qui s'apprêtait à donner sa leçon à ce ringard de Benvenuto Cellini.

Ce jour-là, torse nu dans sa culotte absinthe, Benvenuto-la-Poisse inaugurait une moustache fine destinée à faire mieux ressortir son physique méditerranéen.

J'ai jeté un coup d'œil vers Sophie qui remettait du rouge pétale sur ses lèvres. Après un sourire capucine, elle a dessiné un petit signe complice et m'a persuadé de regarder le combat.

Dès les premiers échanges, Battling Duck a fait reculer l'Italien dans les cordes. Il était terriblement mobile. Précis comme un pied à coulisse. Une deux. Une remise. Il a avancé. Esquive du contre, il a avancé encore. Il a doublé au foie. J'ai machinalement porté la main à mon visage et j'ai constaté que je portais une fine moustache. A la télé, c'était le cinquième round. Battling a bombardé l'Espoir des Pouilles. Il a essuyé une série assez éprouvante à la face. Il a éclaté de partout. Son œil droit était fermé. Son nez ressemblait à une pomme de terre trop cuite. Alors ce fumier d'Américain en a profité pour lui attendrir le foie, une vraie escalope milanaise. Quand il a triplé le coup, je me suis plié sur ma chaise comme une vieille chemise. Il venait de me faire mal. Le médecin et Sophie ont échangé un regard de triomphe quand je me suis dressé et que je me suis mis à sautiller à côté d'eux.

A mon tour, j'ai avancé. Direct du gauche, crochet du droit. Deux coups qui ont porté. J'ai frappé. Battling m'a pris en contre. Mon œil s'est fermé. J'avais le goût du sang dans la bouche. J'ai pris encore des coups. Je n'arrivais plus à me protéger. Une avalanche. Avant d'être trop soûl, j'ai regardé du côté de Sophie et du toubib. Ce salaud de Battling en a profité sur l'écran pour me frapper en plein bonheur. Je jure que ce salaud a cogné *après* le gong. J'avais déjà baissé la garde. Aux actualités, Cellini est tombé les bras en croix et moi, je me suis protégé la tête. Après, je ne sais plus bien l'ordre des choses. J'étais frileux dans mon short absinthe. Ils m'ont apporté mon peignoir. Je sanglotais, le front posé sur les genoux de mademoiselle Sophie. Elle me caressait les cheveux à l'endroit où j'ai des migraines. Je lui répétais que je ne voulais pas être Benvenuto Cellini et elle me conseillait d'accepter de l'être parce que comme ça mon amnésie serait terminée.

Le médecin était du même avis. Il m'a félicité d'avoir retrouvé ma personnalité et s'est désintéressé de moi. Ils m'ont gardé encore six semaines dans leur service, mais mademoiselle Sophie m'évitait. Elle recevait d'autres malades sur son canapé. J'ai eu un chagrin.

Après une série de piqûres qui m'étaient bien égal, l'administration a procédé à une enquête sociale pour savoir si j'avais de la famille. Comme je n'en avais pas, ils m'ont gardé au pavillon A.

J'ai une chambre avec Albert et quatre types moins doux que lui. Parfois, avec Albert, on se promène ensemble. On va jusqu'aux grilles du pavillon B. Il a tendance à me tenir par la main. Au dortoir, quand les autres se jettent sur lui et qu'il crie, j'ai si mal à la tête que je cogne sur eux avec mes poings. Albert rit. Ça le protège bien.

De temps en temps, quelqu'un en blouse blanche et avec un crayon s'arrête et me sourit. Je suis connu, c'est vrai. Mais le subterfuge ne prend pas. Cette personne-là, si elle prend cinq minutes pour me parler, me demande invariablement qui je suis. Elle vient de la part de l'administration, je le sais. Et bien sûr, elle ne me prendra pas en défaut. J'ai trop peur qu'on me jette dehors.

Je suis l'Espoir des Pouilles. Voilà ce que je suis. Trente-cinq combats. Dix nuls. Une victoire aux points. Et vingt-quatre défaites par K.O. Je me traîne en savates dans les couloirs de l'hosto. Et pas question que je baisse ma garde. J'avance. J'avance les poings levés devant moi. Une deux, je sautille. Je ne parle à personne parce que c'est déjà assez pénible d'être un boxeur sonné, un type avec un œil vide, des oreilles en choux-fleurs, et un futur de balayeur.

*Douze petits baigneurs
et qui savaient parler*

*A Claudine Lison
et Jean-Pol Baras*

Voilà ce que j'ai vu. Mais personne n'est obligé de le croire.

Il était attablé face à la porte et il essuyait. Il essuyait l'assiette que la serveuse venait de poser devant lui. Il essuyait les miettes de la table. Il essuyait ses couverts. Il essuyait le menu. Et il essuyait le revers de sa veste. Il essuyait même son crâne.

Il avait des mains énormes. Des poignets durs sortant de manches trop courtes. Sa tête carrée était vissée sur une nuque épaisse. Elle montait en droite ligne d'un dos rigide comme un blindage de coffre-fort. Il mangeait vite. Il pratiquait une mastication à petits coups brutaux. Ses lunettes loupes étaient brouillées par les dioptries. Un glacis de ce côté-là. Il était perdu de nourriture. Attentif à tout. Précis. Maniaque. Il essuyait. Il essuyait et surtout, il la regardait.

Elle était à la table voisine, une fillette avec un nœud dans les cheveux. Elle avait le front bombé d'un baigneur en celluloïd. De grands yeux bleus et pas de blanc autour. Comme c'était dimanche, elle était attifée. Une robe de taffetas, avec de la raideur.

Ses parents l'entouraient. La mère préférait rester voûtée plutôt que de paraître plus grande que son mari. Ses mains allaient se réfugier sous la table dès que c'était possible. Et les yeux bleus, c'était elle. Le père avait donné son front. Il était de stature frêle. Il se rattrapait par un air obstiné et furieux.

Ni l'un ni l'autre ne parlaient.

Voilà ce que j'ai vu. Personne n'est obligé de le croire.

L'homme qui essuyait a commandé une bouteille d'eau minérale. Et aussi une bouteille de vin. Il remplissait son verre aux trois quarts d'eau, il y ajoutait du vin et buvait. Il essuyait puis il remettait du vin et buvait. Il attendait un moment, il regardait la petite fille, il s'essuyait le crâne. Il remettait de l'eau. Du vin. Buvait d'un trait. Et recommençait à fixer la petite fille.

Elle gobait des escargots en renversant son front bombé vers l'arrière. Elle était à côté de ses parents mais séparée. Ce qui était entre eux ne se voyait pas objectivement. D'ailleurs, je l'ai peut-être inventé. Mais ce qui compte est là : chaque fois que la petite fille reposait une coquille vide dans son assiette, son regard croisait celui de l'homme en face d'elle. Elle n'exprimait rien. Elle ne baissait pas les yeux. Elle remuait sa jambe sous la table. Il se mettait à essuyer des miettes imaginaires sur la nappe. Des poussières sur son revers et de la sueur sur son crâne.

La petite fille gobait. Sa famille se taisait. C'était un dimanche de novembre en Belgique. Elle gobait. Elle le regardait. Ils avaient un fameux rendez-vous dans l'espace. Voilà ce que j'ai vu. Il essuyait. Personne n'est obligé de me croire.

Il essuyait.

Il était hypnotisé par la petite fille. Il buvait en son honneur. Il mastiquait pour elle. Il essuyait pour elle. Elle avait fini ses escargots. Elle semblait morte. Elle attendait la suite. Ou rien. Ou un mot de ses parents. Mais ils ne disaient rien.

Dehors, il pleuvait. Les camions passaient en éclaboussant les murs du restaurant. Parfois, un routier entrait et le vent et l'aigreur de la terre mouillée le suivaient.

Il saluait d'un signe de tête bref et allait se laver les

mains avant de s'attabler. Il revenait des lavabos en replaçant son entrejambe.

La petite fille a mangé une religieuse. Ses parents ont pris du café. La petite fille a murmuré quelque chose. Sa mère s'est penchée et a murmuré quelque chose. La serveuse est venue apporter une seconde religieuse. La petite fille a d'abord mangé le chapeau. Elle a essuyé la crème avec ses lèvres. Elle a remué ses jambes, rangées dans des bas blancs. Elle a regardé du côté de l'homme en appuyant sur lui comme si elle voulait le renverser avec ses yeux.

Il a essuyé beaucoup. Ça n'en finissait plus ce repas qui s'allongeait. Il a demandé son addition. Il a frotté son crâne. Il a regardé la petite. De nouveau, elle avait l'air morte. Ou abandonnée. Et ses parents bougeaient à peine.

Il est parti soudain. J'ai payé à mon tour et j'ai pris la route.

Voilà ce que j'ai vu. Personne n'est obligé de le croire.

C'était une grande nationale toute droite, fouettée par la pluie du nord. Les arbres se convulsaient sous la poussée du vent. Au bout de la route, une courbe. J'ai lancé ma voiture. Loin devant moi, une vieille camionnette dansait. Elle dansait en abordant la courbe. Il m'a semblé qu'elle tanguait juste avant de disparaître.

Quand j'ai pris le virage à mon tour, j'ai vu la guimbarde. Les quatre roues en l'air, elle commençait à flamber. Une roue tournait encore. Je me suis arrêté sur le bas-côté. Quand je l'ai ouverte, le vent a voulu arracher ma portière. J'ai couru pour secourir l'automobiliste.

C'était lui. Voilà ce que j'ai vu. Personne n'est obligé de le croire.

Il était coincé par la tôle. Ses yeux me regardaient sans lunettes, au travers des branches du volant. Je ne savais pas si c'étaient des yeux vivants ou des yeux déjà morts. Sa nuque faisait un mauvais angle avec son corps.

Dans le choc, il avait été submergé par le chargement qu'il transportait. Des boîtes de carton qui s'étaient ouvertes pour la plupart. Il en était sorti tout un peuple de petites filles roses en celluloïd. Elles étaient douze. Elles avaient toutes les yeux bleus. Toutes le front bombé. Elles étaient raides comme si elles n'avaient pas souffert.

Il en tenait une dans sa main crispée. Le feu léchait son corps. Son pouce, qu'il tenait pressé sur l'abdomen de la fillette en celluloïd, s'est relâché. Elle avait la jupe relevée sur d'adorables cuisses et elle s'est mise à faire pipi. Elle savait le faire. Et parler aussi, elle savait. D'une voix aigrelette, elle a dit :

« Je m'appelle Nicole. J'aime les bonbons et je ris. »

Elle s'est mise à rire. Elle l'a fait avec un bruit d'enfant qui imitait bien la joie. Elle a dit encore Nicole. Le ressort est arrivé au bout de sa voix intérieure. Elle s'est mise à brûler. Les autres baigneurs se taisaient. Douze petits baigneurs et qui savaient parler.

Les flammes ont fait un bond. Une déflagration, un souffle d'air brûlant m'ont obligé à reculer. Toute la sacrée bouzine qui était devenue un mugissement de feu.

Voilà ce que j'ai vu. Personne n'est obligé de le croire.

Une voiture s'est arrêtée derrière moi, en haut, sur le talus. C'était la famille du restaurant. La pluie redoublait. Derrière les essuie-glaces qui peinaient, le père est resté au volant. Il n'avait pas d'expression. Il se haussait sur son siège pour regarder. La petite fille est descendue la première. Ensuite venait sa mère. Elles ont fait trois pas raides sur l'herbe mouillée. Elles avaient les mêmes yeux.

La petite fille a essuyé son front bombé. Elle a

demandé à faire pipi. Elle l'a fait accroupie, en regardant l'incendie. On aurait dit qu'elle ne se décidait pas à se relever. Elle a tourné la tête vers sa mère. Le vent a dégagé son front. Elle a dit :

« Maman ? Est-ce qu'il est possible de tuer quelqu'un rien qu'en souhaitant sa mort ? »

Sa mère a caché ses mains derrière son dos. Elle a regardé méchamment du côté de son mari. Elle a dit :

« Mais non, bien sûr. »

Elle s'est reprise :

« Viens, tu vas gâcher ta robe. »

La petite fille a essuyé son front bombé. Elle s'est reculottée avec un coup de reins.

Et la camionnette a explosé.

Signé Bondoufle

Au docteur Moulères

Ces temps derniers, Tante Girafe avait un peu perdu la boule. C'était souvent une déviance passagère – des absences concentrées, pendant lesquelles ses yeux de porcelaine se perdaient dans le vague du jardin, ou bien au contraire, des bouffées d'enthousiasme inopinées qui lui coloraient temporairement les joues d'un peu de confiture de rose. Les premières la basculaient dans un passé lointain où elle jouait à la poupée et conduisait des ânes, les secondes la projetaient dans de hasardeux projets pour son âge. Mais, j'insiste, il s'agissait la plupart du temps d'une folie douce et nullement encombrante pour les autres.

Tante Girafe se plaisait infiniment aux Glycines. Cette maison dévouée au troisième âge convenait à ses goûts. Elle y avait une chambre à part meublée par ses soins. Si l'envie lui en prenait, rien ne lui interdisait de se mêler aux activités communautaires. Elle prenait volontiers ses repas à la salle à manger d'en bas, qui regardait le parc, et elle ne se faisait pas faute de régenter les plus passifs des pensionnaires, les entraînant, dès le café pris, dans d'interminables parties de scrabble où elle excellait.

Ce matin-là, alors que je la visitais, je la trouvai dans le hall où elle m'attendait avec impatience. Dès le début de l'entretien, je lui découvris un air fourbe de petite fille qui a caché du sucre dans le creux d'un fauteuil. Elle riait d'une manière subaiguë. Pour un rien, pour un oui. Elle arborait un drôle de nœud coque, noué crânement sur le côté pompadour de ses cheveux cendre à l'anglaise, un ruban rose et moiré, visiblement détourné de quelque boîte de chocolats fins.

Elle m'entraîna par le bras du côté de la salle des distractions communes. Malgré ses soixante-dix-huit ans, la malice lui tirait la peau. Elle souriait sans cesse. Nous fîmes halte derrière un philodendron. Au travers de l'écartement fenestré de la plante, je notai la présence du couple de paraplégiques. Sans nous perdre des yeux, ces deux-là feignaient d'aller à dame sur un échiquier de fortune. A leur gauche, un cruciverbiste mongolien comptait sur ses doigts. A tous, Tante Girafe souriait délicieusement.

« Ils sont jaloux », dit-elle avec du miel sous la langue.

Et déboîtant inopinément son long cou de sa fraise claudine à dentelles, elle se pencha dans un effort télescopique vers la gauche.

« Il est là! » susurra-t-elle en mouillant sa bouche maquillée en double file.

Elle ébaucha le geste d'applaudir, se reprit et se rongea un ongle.

« Regarde comme il a l'air triste, » s'inquiéta-t-elle.

Elle essayait de me faire voir un homme prostré sur une chaise. C'était un vieillard osseux avec un profil de médaille, des vêtements propres et des poings de travailleur noués l'un à l'autre.

« Monsieur Bondoufle est arrivé hier, dit-elle soudain. Je l'aime déjà.

– Qui te l'a présenté? » demandai-je avec un empressement volontairement inquisiteur.

A ma grande satisfaction, Tante Girafe prit aussitôt l'air biais. Rien ne pouvait lui procurer plus de ce plaisir acide dont elle raffolait que la suspicion de son entourage. Ah! Que m'aurait-elle donné, chère Tante Girafe, pour être mystérieuse!

« Qui te l'a présenté? » insistai-je.

Elle rosit de contentement trouble. En retapant ses cheveux, elle devint franchement impénétrable et lâcha comme s'il s'agissait de trois petites notes de musique :

« Je sais m'y prendre avec les hommes!
– Tu lui as parlé?
– Non, avoua-t-elle. D'ailleurs, il n'a adressé la parole à personne. »

Prenant appui sur le bac Riviéra, elle télescopa à nouveau son long cou et faufila son visage de poupée viennoise au travers de la liane épiphyte.

« Monsieur Bondoufle a de grands yeux tristes », se pâma-t-elle.

Elle ressurgit de l'imbroglio végétal et ajouta :

« Ce sont ses neveux qui l'ont placé ici. Les sagouins! Pour le faire mourir! Pour profiter plus vite de sa maison!

– Tante Girafe, ne t'emporte pas! Tu vas gâcher ton cœur pour la journée.

– Mon cœur! Ma journée! Ces neveux-là sont des assassins de personne âgée!

– On a les neveux qu'on mérite... tu...

– Je hais l'intempérance de la jeunesse! » trancha-t-elle.

Une tache de contrariété marbra son cou d'une nuance rosacée à hauteur de carotide. Alors qu'elle reprenait son souffle, elle posa sans aménité son regard sur un octogénaire qui gagnait le fond de la salle aux commandes d'une voiturette pour handicapé. Le géronte inclina la tête pour la saluer.

« Pchi! Le psychomoteur du fond du couloir essaie encore de me séduire, constata-t-elle, mais il n'a aucune chance malgré l'étendue de son vocabulaire et sa connaissance des femmes mûres.

– Qu'apprécies-tu donc chez M. Bondoufle? dis-je sérieusement. Personne ne trouve grâce à tes yeux.

– Sa grande dignité, rétorqua-t-elle aussitôt. Sa volonté de fer. Je l'aime parce qu'il est un *rebelle*!

– Contre qui se bat-il?
– Contre la terre entière, dit Tante Girafe et le feu monta jusqu'à ses pommettes. Contre ses neveux, les infâmes cochons! Contre l'administration. Contre la médecine... M. Bondoufle est de la race protestataire. »

Je jetai un coup d'œil du côté du vieillard immobile.

« Comment proteste-t-il? me risquai-je.
– Il se retient de pisser, dit gravement Tante Girafe. *Monsieur Bondoufle n'urinera plus*. Et je lui donne raison. »

Ayant ainsi parlé, Tante Girafe s'en fut dans le parc.

Je l'y rejoignis avec à la main une boîte de bonbons anglais de chez Smith Kendon qui, ordinairement, l'aurait jetée dans des transports de joie. Au lieu de cela, à petits pas, faisant et refaisant le tour de la pièce d'eau, nous arpentions les allées de graviers.

La vie avait pris les teintes imbéciles d'une carte postale en bromocolor. L'été embellissait les arbres. Un jardinier griffait les cailloux. Un tourniquet arômatisait la pelouse. Un merle sifflait une rengaine. C'était en tout point un calme après-midi de vieillards.

« Crois-tu que ce soit drôle? frissonna ma tante en regardant les arbres. Crois-tu que ce soit digne d'attendre la mort ainsi? En marchant sur des petits cailloux? Et le soir devant la télé? Plouf, jusqu'à ce que la tête parte en arrière! Bêtes comme des poules qui grattent la cour et pondent des œufs jusqu'au dernier moment! Est-ce que tu crois que je n'ai pas été mieux que ça? Plus rayonnante? Plus ambitieuse? Plus sauvage? Mets-le comme tu veux? Quand j'ai épousé mon premier mari? Et mon deuxième mari? Et mon dernier mari? »

Elle s'assit sur un banc et se désintéressa de moi.

Tandis que je respectais son absence et la nature intime de son voyage intérieur en faisant les cent pas, M. Bondoufle apparut sur la terrasse. Les mains nouées derrière le dos, il tenait une bouteille. Au bas de l'escalier qui menait à la pièce d'eau, il me sembla qu'il jeta un regard circonspect sur l'ensemble du parc. Ayant repéré ma silhouette à contre-jour de la pelouse, il se décida soudain pour un banc qui nous faisait face à quelque distance.

Un merle atterrit devant lui, poussa un gloussement furieux en le voyant au dernier moment, lâcha une fiente de frayeur rétrospective, et inclina la tête. Ensuite, s'habituant à la présence immobile du bonhomme, l'oiseau commença à siffler un tube pour jeune merle.

Tante Girafe avait relevé la tête. Elle souriait à M. Bondoufle. Le teint mystérieusement translucide, elle avait quitté cette pâleur languide si proche de l'abandon.

La vieille dame posa sa main sur la mienne.

« Paul, porte-lui les bonbons, dit-elle. Dis-lui que c'est de ma part. Il comprendra qu'il n'est pas seul. »

J'ai marché jusqu'à M. Bondoufle. Je me suis arrêté devant lui. Il a levé le visage. Je me suis acquitté de mon message. Il a posé la bouteille. Il a tendu la main sans rien dire. Il a refermé sa paume calleuse sur la boîte de toffees. Il a rebaissé la tête jusqu'à n'être plus qu'un béret. Précédé par le merle qui rouscaillait en voletant, j'ai rejoint Tante Girafe. Elle regardait l'oiseau noir qui s'était posé devant elle.

« Assez pour aujourd'hui, dit-elle. Rentre-moi, j'ai de quoi réfléchir. »

Le lendemain, à l'heure habituelle de ma visite, Tante Girafe n'était pas de vigie dans l'entrée des Glycines. J'allai jusqu'à sa chambre. Ayant frappé, j'attendis.

« Entrez, dit-elle au bout d'un long moment et j'entendis un bruit de faïence brisée.

– Entrez, répéta-t-elle d'une voix si haut perchée et si maniérée que je ne la reconnus pas.

– Ah!... C'est toi? » soupira-t-elle en me voyant franchir le seuil.

Outrageusement maquillée, elle était incapable de dissimuler sa déception.

« Tu attends une visite? »

Elle préféra ne pas répondre. Elle porta la main à sa gaine et essaya de ramasser les éclats d'un vase de Chine qu'elle avait fait tomber dans sa précipitation. Je me baissai pour l'aider.

« Comment va M. Bondoufle? chuchotai-je en me relevant.

Je l'embrassai comme à l'habitude. Elle présenta son front. J'y respirai la poudre de riz à l'eau de mélisse. Aujourd'hui, le nœud était vert.

« Il se retient toujours, dit sombrement ma tante. *Ils* lui ont donné toutes sortes de diurétiques. Mais *Nous* tiendrons bon. »

Je la considérai avec surprise.

« Je me suis solidarisée avec lui depuis ce matin, revendiqua-t-elle fièrement. Finis le thé de cinq ans et les queues de cerises. Plus de pipis au lit, voilà tout.

– Tante Girafe! Où cela te mènera-t-il? Pense à ton diabète.

– Pense à mon avenir. Pense à la tristesse des pas sur le gravier. J'ai décidé de me fiancer à M. Bondoufle. »

Elle avait un air de jeunesse infernale dans les yeux.

« Tu lui as parlé?

– Figure-toi que je suis la *seule* personne à qui Urbain adresse la parole depuis hier soir, dit la vieille dame en rougissant. Et je suis tout à lui.

– Que veux-tu dire *exactement*, Tante Girafe? »

Elle n'aimait pas que je la gronde. Elle a baissé la tête. Elle a joué avec l'ourlet de sa robe.

« Je ne me masturbe plus depuis qu'il est là, avoua-t-elle en me défiant du regard. Et ne prends pas l'air aussi choqué que cet imbécile de médecin pour vieillards quand je l'ai supplié de ne pas m'attacher les mains pour la nuit. Nous avons tous droit à une part de bonheur, il me semble. »

J'ai caressé sa vieille jolie tête.

« Parle-moi de M. Bondoufle, Tante Girafe. »

Elle a minaudé sur place.

« C'est un homme exceptionnel. Quand il ne sera plus obligé de se retenir, ni moi par solidarité d'amour, nous nous aiderons à prendre un dernier plaisir. Nous l'avons décidé ensemble. Nous en avons ri dans la salle à manger ce matin, et tout le monde nous a regardés. Mais notre tendresse l'un pour l'autre était si forte que nous ne sentions pas la bassesse des autres. C'est eux qui étaient seuls. M. Bondoufle m'a pris la main. Et c'est devenu notre force en un clin d'œil. »

Toute pivoine, Tante Girafe s'est tue. Elle avait le souffle aussi court que si elle venait de grimper un escalier. Elle a regardé ses ongles en soupirant.

« Tu veux en savoir plus sur la colère de M. Bondoufle après la terre entière? » a-t-elle demandé soudain.

Je lui ai proposé une chaise.

« Oui, j'aimerais bien.

– Très bien. Connais-tu seulement les collines d'Irancy? »

L'ai-je assez dit? Bonne Girafe perd la boule ces temps-ci. Le berceau de la famille est icaunais. Il y avait chez mes parents à Auxerre une admirable toile datée 1937 et peinte par Caillaud. Elle représentait cette zone de cultures fruitières qui domine la vallée de l'Yonne au sud de la ville. J'ai essayé de rafraîchir la mémoire de la vieille dame :

« Ce tableau, c'est toi-même qui l'avais offert à ma mère... »

Elle a paru réfléchir. Le menton bégu, elle a subitement retrouvé la vision de sa sœur aînée.

« Ah!... La maison d'Auxerre! s'est-elle émerveillée. Ton père qui était si bon médecin...

– ... Et nous allions à Irancy les dimanches, souviens-toi!
– Tu crois? »
Elle n'était plus sûre de rien.
« Nous allions manger des cerises.
– Non. Du raisin, dit-elle avec outrance. Tu oublies qu'il y a aussi des vignes, mécréant! »
Elle me regarda avec sévérité, exigeant par télépathie que nous quittions ce passé douteux où elle n'avait plus d'attaches, pour retrouver le présent qui la ravivait autrement.
« Je veux que nous parlions de ce qui m'intéresse, dit-elle. Si je te parle des collines d'Irancy, c'est parce que M. Bondoufle a dévoué toute sa vie au vin de cette région.
Elle prit l'air plus important encore.
« Je ne sais pas si tu as jamais goûté le rouge de la côte de Palotte? C'est un cru vif comme un danseur, et c'est précisément de lui que s'occupait M. Bondoufle.
– Il était vigneron?
– Mieux! Il était caviste. Il goûtait. Il pipait. Il étiquetait. Il comparait... Cet homme-là a cacheté plus de flacons que tu ne regarderas de femmes. »
Tante Girafe s'animait à mesure. La transparence de son teint était menacée par le sinueux courroux de veines bleues qui s'enflaient à fleur de peau de ses tempes. Elle m'a crocheté le bras avec force. Elle m'a forcé à m'asseoir auprès d'elle.
« Urbain Bondoufle a perdu le goût de la vie le jour où son patron a vendu la terre. Les neveux sont devenus les nouveaux propriétaires. Ils n'ont plus voulu de leur oncle entre les pattes. Ces jeunes parvenus! Ils ont dit qu'il avait la chinagre. Que ses mains étaient foutues par le travail. Ils l'ont renvoyé! Comme on réforme une charrue! C'était il y a quinze ans. Ils lui ont laissé la maison où il a toujours vécu. Et encore, vilains porcs! Maintenant qu'ils veulent la lui reprendre, ils l'ont jeté à l'hospice! »

Elle n'en pouvait plus. Bien longtemps après qu'elle se fut tue, elle a gardé une tonalité sombre dans le fond des yeux. Puis, peu à peu, les prunelles se sont éclaircies. Elles regardaient le ciel au travers des rideaux. Une candeur s'y installait. Le menton de Tante Girafe, livré à lui-même, s'est effacé lentement vers l'arrière, trahi par l'absence de dents. Son allant avait fait place à une vacuité douçâtre qui rabotait l'inquiétude de son visage, tandis qu'à son insu, s'agrandissaient démesurément ses pupilles, embuées d'un glacis d'hébétude.

Le balancier régulier d'une pendule ajoutait à l'hypnose. Il faisait chaud et monotone, une moiteur fade, en tout point comparable à celle d'une serre. Les vieillards et la terre des orchidées sentent le même jardin de la mort.

A l'improviste, elle a disjoncté. Ses yeux ont accommodé sur moi.

« Ce tableau par Caillaud, où est-il passé? demanda-t-elle.

— Il est chez moi, Girafe. Mère me l'a légué à sa mort.

— Je veux que tu me rapportes ce tableau immédiatement, exigea-t-elle. Je le veux. Je le veux. Il me revient de droit. »

J'étais en train de lui sourire quand on a frappé à la porte.

« Mon Dieu! » sursauta-t-elle en portant la main à son cœur.

C'était comme un élan de jeunesse. L'émoi la transfusait de couleurs nouvelles. Balayée sa fatigue! Tante Girafe, tout à la fois, tira sur ses bas blancs pour les tendre, assura ses pieds dans des chaussures à boucles déformées par les cors et moulina un geste impératif m'enjoignant de disparaître au plus vite.

Elle tint à ouvrir la porte elle-même, et, quand Urbain Bondoufle fit un pas en avant, vite, elle s'effaça de peur qu'il n'entrât pas commodément.

Les poings en ceps de vigne de l'homme tenaient

chacun deux bouteilles de vin de Bourgogne. En m'apercevant, il prit l'air gêné.

« Bonjour », dit-il le premier.

Ses yeux bleus tenaient du prodige. Ils étaient le ciel pur. Sa bouche, bien dessinée sous la moustache, ourlait une face à mille plis, sculptés par l'application au travail.

Il a souri à Tante Girafe :

« Je peux vous laisser ça là ? » a-t-il demandé en montrant ses flacons.

Et je suis parti, par discrétion.

Trois jours ont passé avant que je ne revienne.

Tante Girafe était devant la porte des Glycines. Elle m'attendait en se tordant les bras. Son cou était serré dans une guimpe noire. Tout son corps jeté sur le devant était un cortège de deuil.

« Urbain est mort, dit-elle brièvement. Un coup de revolver dans sa bouche. »

Maintenant, nous glissions sur le gravier des allées. Les tilleuls présentaient le sabre. Une fois le perron franchi, Tante Girafe a caracolé dans le hall de toute sa hauteur. Elle en a profité pour ne pas prêter garde à ses congénères qui la suivaient du regard. Nous avons patiné le long du couloir encaustiqué. Elle a ouvert la porte de sa chambre.

« Il n'a pas supporté la pensée qu'on allait reprendre sa maison et forcer sa cave », a-t-elle dit.

Elle m'a attiré vers elle. Elle n'avait pas très bonne haleine. Elle n'avait pas l'air triste. Ses yeux n'avaient pas pleuré. Simplement, elle avait pris un teint tellement translucide que je la sentais vraiment cassante.

Elle a rapidement jeté ses dernières forces dans la célébration de son dernier amour.

« J'ai été très heureuse, dit-elle. Je l'ai été pendant trois jours. A mon âge, c'est beaucoup de chance. Il faut aller très vite. Chaque battement de cœur compte. Hier, Urbain m'a embrassée sur la bouche. S'il avait vécu, je te l'ai dit, je comptais bien avoir des rapports. »

Sur le point de pleurer, elle a miraculeusement prêté attention à un oiseau qui sifflait à tue-tête dans le parc.

« Le merle », a dit Tante Girafe et ses yeux se sont agrandis vers le vague.

Une rumeur chaude, bruissante d'insectes, s'infiltrait par la fenêtre entrouverte.

Elle a éteint un sourire coincé et m'a tendu une lettre. Mon nom était inscrit sur l'enveloppe. D'une écriture large et scolaire, Urbain Bondoufle s'adressait à moi. Il avait utilisé une feuille de cahier et définissait ainsi ses dernières volontés :

Auriez-vous l'amabilité de charger les bouteilles qu'on va vous remettre dans votre voiture? Pourriez-vous les porter dans la cave de monsieur Bondoufle Urbain. J'ai marqué sur ce papier l'endroit où IL habite. C'est à Irancy. Au centre du village, en face de l'église, on ne peut pas se tromper. Une vieille maison avec des caves voûtées. C'est là qu'IL veut qu'elles soient enterrées. Avec les autres bouteilles de son urine. Quinze ans de sa vie. 32 850 bouteilles sorties chaudes de la vigne de son corps. Etiquetées. Millésimées. Bouchées.

Jugez-moi comme il vous plaît, mais qui vit sans folie n'est pas si sage qu'il croit.

Signé Bondoufle

Tante Girafe est allée jusqu'au tiroir de sa commode Louis XVI. Dix-huit bouteilles y étaient couchées, soigneusement bouchées. Elles étaient toutes emplies d'un liquide jaune d'or qui pouvait parfaitement passer pour du vin blanc.

Voyant mon étonnement, Tante Girafe a retrouvé pour un temps une expression espiègle.

« Nous avons seulement fait semblant de nous retenir, dit-elle. C'était mon idée. Voilà trois jours que nous faisions pipi dans des bouteilles. C'était un jeu d'amour, a ajouté la vieille dame en essuyant une

115

larme. Un jeu d'amour comme il n'en arrivera jamais plus, a hoqueté Girafe. C'est ce qu'aurait dû comprendre le médecin en nous surprenant hier dans ma chambre.
— Qu'a-t-il fait ?
— Il a tué Urbain, dit sérieusement ma tante. Il lui a confisqué sa bouchonneuse. »

Le voyage immobile
(de Kléber Bourguignault)

A Christiane Baroche

CE matin-là, comme n'importe quel autre, en levant le rideau de son négoce de photographe, Kléber Bourguignault se dit qu'il aimait sa femme.

C'était une sensation paisible comme le fleuve Loire. Une tendresse alluvionnaire et nullement convulsive. Le résultat d'un calme ensablement qui remontait à la jeunesse, c'est-à-dire quarante ans plus tôt, lorsque la future Mme Bourguignault, née Crapoulet Lucienne, avait franchi le seuil de la boutique, 6, rue des Pitoches, à Blois.

En robe d'été, la silhouette agréablement galbée par une gaine Charmereine, Lucienne avait vingt ans.

A la poursuite d'une cerise, un chardonneret à miroirs jaunes semblait vouloir faire le tour de son bibi en paille d'Italie. Elle était coquette sans afféterie. Les yeux doux. Un teint plutôt lis. Une bouche bien dessinée.

Ses dents nacrèrent un sourire de lumière dans le contre-jour où elle se tenait.

« Je viens d'Asnières, dit-elle, pour peindre la Montagne. »

Joignant un geste plein d'assurance à ces paroles sibyllines, elle ouvrit devant Kléber un album plutôt grand, qu'elle posa sur ses propres genoux. Le jeune photographe avait vingt-cinq ans. Il s'approcha.

« Feuilletez vous-même », dit-elle.
Elle sentait la violette double.

Deux pages plus loin, la jeune femme s'exclama :
« Tenez! Justement!... Voilà " La Montagne "! »
Leurs yeux se croisèrent. L'air était étouffant. Un après-midi d'août, avec des promesses d'orage.

Sur fond de papier peint à fleurs, Kléber soupira.

« La Montagne à Gavarnie » constituait avec quelques autres toiles représentant des paysages, le fleuron d'un catalogue édité sur pur fil par les établissements Chalandon & Boursoufle. Cet ouvrage de référence répertoriait des fournitures en tout genre destinées aux photographes professionnels. Outre un choix important de colonnes doriques, de vasques et de balustrades en stuc propres à faire poser les communiants, les jeunes mariés, ou les belles-mères, il proposait une série de décors interchangeables. Ces ruines, escarpements, sites exotiques ou contrées lointaines constituaient toute une gamme de somptueux chromos dont le pathos exemplaire avait vocation de fournir l'indispensable support coloré à des clichés réalisés en studio et bien dans le goût des familles françaises.

En acceptant de tourner plus loin les pages de l'album, Kléber tomba victime des couchers de soleil.

« Quelle merveille! Quelle paix! » s'exclama-t-il malgré lui en fixant un " Angélus sur la Beauce ".

– N'est-ce pas? l'encouragea Lucienne. Cet homme et cette femme qui prient à l'unisson en disent long sur le pouvoir des forces telluriques... »

Il la regarda. On était en 1929. A cette époque-là, on n'avait pas peur des mots.

Ils passèrent sans s'arrêter sur « Tempête à Ouessant », sur « Promenade au Sahara », et sur « Croisière en mer Baltique ». Leurs doigts se touchèrent à la page de la « mer de Glace ». « C'est, disait la légende au bas de l'image en question, dans ces conditions de laboratoire que l'artiste photographe, pleinement maître de sa lumière, peut le mieux sculpter le visage et les attitudes des groupes venus poser dans les grandes occasions de la vie. »

« C'est devant ces tableaux alpestres que la bourgeoisie des plaines se retrouve le mieux, compléta la mandataire de Chalandon & Boursoufle. Elle y trouve à bon compte un cadre aventureux et digne de ses ambitions immobiles.

– C'est un fait qu'on voyage peu à Blois, reconnut Kléber. A peine cycle-t-on le dimanche, les plus hardis en tandem, suivant les bords de la Loire. »

Sa voix lui parut blanche. Filet. Goutte. Inexistence. Il transpirait mal dans son col celluloïd.

Rosissant à point, il redressa le visage. La jeune fille le dévisageait de ses yeux noisette.

« Vous avez un tandem? » s'intéressa-t-elle.

Puis, reprenant aussitôt le fil de son argumentaire, elle battit des paupières et dit modestement :

« J'exécute moi-même ces peintures vivantes. Sur simple commande de votre part. »

Dehors, le temps s'épaississait à vue d'œil. Une nuée sombre et humide recouvrait peu à peu les toitures. Précédée d'un vent de pluie, jardin après jardin, elle gagnait. Déjà, en chahutant la cime des peupliers, elle installait la certitude angoissante que l'orage allait être d'une violence extrême.

L'image d'un avion modèle réduit ballotté par le ciel s'imposa à l'imagination de Bourguignault. Il se revoyait à quatorze ans, remontant avec l'index l'hélice d'un aéroplane en balsa propulsé par un élastique. Au creux de ses avant-bras, ses nerfs, aujourd'hui, étaient comme une torsade de caoutchouc. Prêts à libérer une force insoupçonnable. C'était, c'était comme si le cours de son existence future dépendait de ces quelques instants de tête-à-tête avec la jeune fille inconnue.

« Tout ce que vous aurez à faire, c'est d'acheter quelques accessoires, l'encouragea la voix flûtée de

Lucienne. Vous verrez le réalisme qu'apportent à peu de frais un piolet par-ci, un fusil de chasse posé à la saignée d'un bras, un casque colonial par-là, ou un ours empaillé...

– J'accepte! capitula nerveusement Kléber. Pouvez-vous me livrer trois de ces admirables sujets?

– Il vous en coûtera cent vingt-quatre francs par article », s'enflamma la jeune fille.

Elle sortit son carnet de commandes de son réticule, et, ce jour-là, la foudre tomba à trois reprises sur la cathédrale Saint-Roch.

Avec brosses et couleurs broyées à l'huile, la jeune élève des Arts décoratifs de Paris fit merveille. En moins de cinq matinées (l'après-midi étant réservé au tandem), elle exécuta une « Tempête à Ouessant » et une « Promenade à Tamanrasset », en tout point conformes aux modèles du catalogue.

« Vous avez une patte! s'exclamait Bourguignault. Et quelle vastitude! »

Le réalisme de la frange des vagues le disputait en effet à celui des grains de sable. L'oasis et la mer – c'en était fait du photographe. Il aimait Crapoulet. Il l'appela Lucienne.

Un matin, il prit sa menotte dans la sienne. Elle sentait la térébenthine. Une tache de brun Van Dyck qu'elle s'était faite à deux doigts de l'aile du nez, sorte de mouche de coquetterie, ajoutait un je ne sais quoi de trouble à son visage enfantin.

Il lui sourit.

Du lundi au mercredi suivant, elle ajouta cette « Corne d'or » qui figure encore aujourd'hui dans l'arrière-boutique. Un chromo si parfaitement chatoyant, avec un ciel dans les Ziem, qu'il mettait le Bosphore à la portée de toutes les bourses. C'est devant cette œuvre hérissée de minarets que Kléber commit l'irréparable. Je veux dire son premier cliché de Lucienne.

Il la fit asseoir sur le fauteuil du salon – ce Voltaire maintenant si solidement cloué au sol du studio – et la portraitisa. Ouverture 5,6 au 25ᵉ de seconde.

Dès le lendemain, en tirant l'épreuve sur papier Vérichrome, il eut sa grande inspiration. Celle qui allait le rendre célèbre. A genoux devant elle, les pommettes fiévreuses, il s'ouvrit de son ambitieux projet. S'il exécutait tous les jours de la vie de Lucienne un portrait d'elle, si elle prenait la même pose, devant le même décor éternel, à raison de trois cent soixante-cinq clichés par an pendant toute sa vie, et jusqu'à l'heure de sa mort, lui, Kléber, en filmant par la suite ces milliers de clichés, obtiendrait le plus bouleversant document du monde. Un film unique en son genre. Une bande qui, à raison de vingt-quatre clichés par seconde, traduirait le passage lisse et continu de la jeunesse éclatante d'une femme à celui de son mûrissement épanoui. Et plus tard, pourvu que l'expérience se poursuivît sans relâche, apparaîtraient sur le visage du modèle les stigmates avant-coureurs de la vieillesse. Quelle émotion! Quelle étrange sensation n'est-ce pas, de voir en raccourci le temps faire son usure! De présager le galop annonciateur du trépas!

Lucienne le dévisagea sous un jour nouveau.

« Tu me photographierais jusqu'à ma mort? (Ils se tutoyaient depuis la veille.)

– Jusqu'à la mort, mon amour!

– Mais... dit-elle avec une bizarre concentration dans le regard, pour cela, il faudrait que tu vives... à côté de moi.

– Avec toi, mon amour! Avec toi! Je t'épouse!

– Mais... dit-elle encore, pour que ce projet se réalise, il faudrait être sûr que tu vives au moins aussi longtemps que moi...

– Nous prendrons soin l'un de l'autre plus que n'importe qui! s'enthousiasma Kléber. Nous ne nous quitterons jamais! »

Assurée que son futur mari resterait fidèle et économe, Lucienne épousa Bourguignault.

Quand ce fut fait – maire et curé – elle entreprit une dernière fois le voyage d'Asnières. Elle donna son congé à Chalandon en présence de Boursoufle et visita ses parents afin de leur dire adieu. Puis, liés l'un à l'autre par ce pacte qui leur fixait désormais un rendez-vous quotidien devant Constantinople, Lucienne et Kléber s'attelèrent à la vie.

Ils réussirent assez bien dans leur partie. Et même, la jeune mariée devint rapidement une auxiliaire précieuse. Tireuse et retoucheuse admirable, elle donnait comme personne l'expression et la couleur qui convenaient aux photos les plus rebutantes.

Bonne cuisinière, ménagère à ses heures, elle accomplissait ses devoirs conjugaux avec une inspiration sans cesse renouvelée. C'était merveille de la voir s'ingénier. Et quel vice, caché derrière la vertu! A croire qu'elle lisait des polissonneries en cachette tant elle excellait dans l'inattendu. N'ajouta-t-elle pas, rien que pour le cours de l'année 1934, trois nouvelles postures amoureuses à la panoplie répétitive de son époux? Trois chefs-d'œuvre de dissymétries gestuelles, avec vaso-constriction par frottis et succions qui éclipsèrent pour longtemps les paresses sans péripéties de la posture dite du missionnaire, ordinairement pratiquée en Touraine.

Bref, de la pirouette d'amour colibri aux satisfactions strictement professionnelles, les Bourguignault de la rue des Pitoches étaient heureux jusqu'au bout des ongles.

Pour ce qui concernait le cours de leur aventure personnelle, dès 1930, Kléber instaura la pratique de deux clichés quotidiens. A huit heures du matin et à huit heures du soir, pomponnée recta, toujours vêtue de la même manière, le chignon fait, Lucienne s'asseyait dans le grand fauteuil Voltaire. Elle avait acquis une telle force dans l'habitude de sa pose, qu'elle prenait ses marques avec exactitude.

En face d'elle, cadré en légère plongée, se trouvait à demeure l'œil bleuté d'un objectif à baïonnette, vissé sur une chambre grand format. Cet appareil à soufflet était assujetti une fois pour toutes à un trépied excessivement stable. La rotule en avait été bloquée selon des repères gravés dans le métal. L'éclairage, toujours le même, était mesuré avant chaque séance, de façon à ce que nulle saute d'exposition ne vienne jamais altérer la pureté pendulaire de l'expérience en cours. Seul, le modèle avait droit à une part de versatilité, encore s'agissait-il d'une mouvance inconsciente. L'écume des jours, en quelque sorte.

Parfois, l'absence de sommeil, un bouton de contrariété, une mauvaise digestion, le flux menstruel ou, au contraire, un léger hâle dû au changement des saisons, nuançaient fugitivement le visage de Lucienne. Un cerne, une pâleur, une ride d'expression altéraient sa pureté le temps de huit ou dix photos et puis disparaissaient. Dix photos! A peine une demi-seconde de projection! Une ombre! Un rien. Une sensation diffuse.

Pour le reste, pour ce qui était contrôlable, modèle et photographe avaient opté pour une expression de bonheur paisible. Lucienne avait droit à un sourire imperceptible. Une sorte de flottement à la commissure des lèvres, très proche de celui de Mona Lisa si l'on veut, et cependant un peu plus lumineux. Avec une pointe d'enjouement supplémentaire. C'est ça. L'humour en plus.

La difficulté véritable de leur gageure leur apparut pour la première fois cette fameuse année de la grippe espagnole. Lucienne attrapa d'abord ce qu'ils prirent pour un influenza. Un rhume à répétition qui lui rougit le nez. Par la suite, son teint se gâta. Elle fut secouée par la fièvre. Ses yeux se mirent à briller d'un éclat maladif. Elle cessa de s'alimenter et dut s'aliter pour finir.

Kléber, effrayé par le verdict du médecin qui trouvait sa respiration sifflante, était prêt à suspendre les séances de pose. Mais, bravement, tout le temps que durèrent ces quintes spasmodiques, elle ne laissa point passer de jour, ne sauta point de rendez-vous devant l'objectif. Elle se traînait crânement de son lit au fauteuil, chignon fait et retour, forçant l'admiration de son conjoint.

Une seule fois, un jour de désespoir et d'abandon, la malade tourna son visage amaigri vers Kléber.

« Qu'arrivera-t-il, souffla-t-elle, si l'un d'entre nous doit mourir avant l'autre? »

En proie à une mobilité tragique, ses yeux agrandis par la fièvre guettaient la réponse.

« Fichaises! lui promit Kléber. Nous vieillirons ensemble, mon amour! Rien ne nous séparera. »

De fait, Lucienne reprit du rubicon. Ses poumons se séchèrent. Ses prunelles retrouvèrent des douceurs de velours. Ses seins rebondirent, ses reins se cambrèrent d'une force nouvelle et, dans l'élan de ses appétits retrouvés, la coquine, en goinfrant tout, trouva sa plénitude.

A trente et un ans, Mme Lucienne Bourguignault découvrit le plat en sauce, l'entremets Franco-Russe et le chocolat suisse. Elle acquit de la sorte une croupe Majestic. Ce n'était pas pour déplaire à son mari. Cette mutation pléthorique du modèle allait dans le sens de son expérience. En changeant de corps, Lucienne accédait à une grâce nouvelle. A une autorité pleine d'allure. Sa nuque en s'épaississant, son décolleté en s'arrondissant, sa carnation en s'empourprant, apportaient un piment supplémentaire au passionnant film qui était en cours. Au diable la pâleur languide et monotone! Les Bourguignault achetèrent une 402, voiture Peugeot, décapotable.

Là-dessus, la guerre éclata.

Kléber Bourguignault reçut sa feuille de route juste après le cliché du matin. Comme à l'accoutumée, Lucienne avait parfaitement réussi son sourire. Il était huit heures quinze. C'était un vendredi. Jour de marché. On avait sonné dans la boutique. Kléber s'en fut répondre.

Une sacoche... Des leggings. Un pantalon gancé tendu vers l'arrière. Un gendarme à deux sardines reluquait les 6 × 6 de chez Volklander.

« Tout de même ces chleuhs, raisonna-t-il sans se retourner, ils sont drôlement forts en optique! Pareil pour les jumelles, c'est fou ce qu'elles rapprochent! »

Une main sur les reins, le fonctionnaire se redressa dans un bruit de cuir.

« Bourguignault Kléber-André-Marie? s'enquit-il aussitôt en faisant glisser circulairement sa gibecière sur le devant.

— C'est moi, reconnut le photographe. Vous avez un pli?

— Voui. Et vous êtes un petit verni », fit remarquer le brigadier en lui tendant une carte postale taillée dans du mauvais papier.

Kléber pâlit.

Il était écrit dessus, à la plume sergent major pour remplir les blancs, que le colonel Durafour, commandant la 8ᵉ Région militaire l'invitait à rejoindre son corps. Son corps à Toul. 4ᵉ Biffe. Dans les plus brefs délais.

« Verni! se lamenta Kléber.

— Parfaitement, dit le gendarme. Ceux qui partent les premiers iront sur la ligne Maginot. Ils auront les pieds au sec. Et au moins, vous êtes sûr d'avoir un fusil. »

Ayant parlé, le pandore salua, pivota et partit.

Trois enjambées plus tard, Kléber fit irruption dans le studio. Devant le Bosphore, sa femme défaisait son chignon.

« C'est la guerre, chevrota le photographe.
– Fiche-nous la paix, dit Lucienne. Tu ne partiras pas. »

Il partit. Bel et bien.
C'était juste après la photo du soir. Ayant salué ses voisins, la tête haute, la valise de carton au bout du bras, et un cache-col dans sa poche, il partit.
Lucienne, sa presque veuve, pleurait en agitant un mouchoir de circonstance. Belle comme une Niçoise sur le calendrier des Postes, elle se tenait sur le pas de la porte, devant la boutique, 6 rue des Pitoches, offrant au quartier, l'image allégorique qu'on escomptait d'elle.
Au milieu de la nuit, elle entrouvrit le portillon qui donnait sur ruelle, derrière la maison. Une ombre grise filocha. C'était Kléber qui revenait de guerre.
Avec ses deux photos par jour, il avait mieux à faire que bouter l'Allemand hors de France. Et puis quoi? Le cœur n'y était pas. Fût-elle nationale, on n'abandonne pas le bonheur pour l'aventure.
Selon un plan établi par Lucienne, il se cacha donc dans la cave. Entre deux rangs de Gamay et un fût de vin d'Amboise, elle lui avait dressé son lit. C'est là qu'il resta tout le temps que dura la drôle de guerre. Et même un peu après.
Aux voisins, Lucienne disait des contes. Que Kléber se portait bien, merci. Qu'il était, le pauvre tringlot, du côté de Bitche, arrondissement de Sarreguemines. Une grande forêt wagnérienne, avec des brouillards d'opéra. Les mains crispées sur le Lebel, les yeux fixés sur la ligne, à entendre Lucienne, le sort des fantassins était peu enviable. L'onglée et la morve sous des bombardements incessants. Un homme aussi délicat que son Kléber, on imaginait. Ou bien, elle décrivait sa conduite héroïque, inventant des faits d'armes, faisant reluire son courage, astiquant sa renommée comme une ménagère sa douille d'obus de la Quatorze, posée

sur une cheminée. Au hasard de ses courses – chez le boucher, à la boulangerie – les anciens combattants se découvraient devant elle. Bérets bas, les rescapés d'ypérite. Médailles pendantes, on lui portait ses paniers.

Restait le gendarme. Il revint par trois fois. Il la pressait de questions. Elle finit par l'appeler Alphonse, pour arrondir les angles. Elle jura ses grands dieux que son mari était parti pour Toul comme le lui avait enjoint sa feuille de route. Avec des intonations dans l'aigu, elle assura que depuis le début des hostilités, elle était sans nouvelles.

Mais il la turlura.

« Les voisins disent qu'il t'écrit. Tu mens! » s'écria le pandore.

Ses yeux, petits d'habitude, fulminèrent et coton. Cet homme-là était capable comme pas un de darder par-dessus la moustache. Il était avantageux sous l'uniforme. Une autorité qui prestigeait dur sur la pauvrette.

D'un geste de cuir, il baudria du ventre. Elle se tordit les bras de douleur. Elle était belle dans l'outrance. Ses yeux. Ses grands yeux.

Alors, il la turlura davantage :

« Ton mari est un déserteur, diagnostiqua-t-il. On le passera par le falot! »

On ne l'y passa pas. Mais Alphonse enjamba Lucienne.

C'était un soir de lune. Un soir patriotique en somme. Une heure à peine avant la photo de vingt heures. Faut-il souligner le mérite, le sang-froid extraordinaire de Lucienne, qui sut écourter d'un coup de rein somptueux les transports du militaire? Il tomba du lit. Elle prétexta une migraine.

« Je reviendrai, promit le gendarme.
– A l'occasion », admit Lucienne.

Quand elle le jeta dehors avec son baudrier, il était

moins cinq à la pendule. Vite, elle se lava les mains et retapa l'essentiel. Dieu! Il était temps! C'est vrai, ai-je dit assez que deux fois par jour, à l'heure exacte, malgré les circonstances qui le tenaient enfermé, le reclus de la rue des Pitoches soulevait la trappe de sa geôle voûtée et retrouvait sa femme pour lui tirer la bobinette?

5,6 comme avant-guerre. Au 25e de seconde. Recta.

« On a eu chaud, dit Lucienne. Le gendarme Barentin est revenu.

– Tu connais son nom? s'étonna le mari.

– Houi, soupira l'épouse. C'est un Javert, en plus corrompu. »

Puis, oubliant l'adultère qu'elle avait perpétré par un pur esprit de sacrifice, cette femme admirable prit place devant les minarets.

Ce soir-là, comme tous les autres soirs de la vie des Bourguignault, le Bosphore resplendissait de reflets d'or.

Un calme indicible s'installa dans le studio, accord majeur entre les êtres.

Kléber mesura la lumière. Et Lucienne sourit. Ni trop, ni pas assez.

Toutefois, – était-ce la force de l'habitude? – au travers du dépoli, Bourguignault eut la vague impression que quelque chose d'imperceptible et de malsain s'était glissé dans les plis du quotidien. Ah mais! Qu'était-ce au juste? Une escarbille invisible? Un peu de buée sur l'objectif? Le poêle qui fumait? Ou alors cette langueur? Hein? Qu'est-ce qui?...

« Est-ce que tu ne regardes pas dans le vague? se risqua le photographe en suspendant sa visée.

– Non pas, mon ami, se reprit l'odalisque. Vois, j'accommode. »

Il visa. Elle sourit. Dehors, c'était l'hiver.

Alphonse Barentin ne reparut jamais. Les choses allaient si vite! Le front avait été enfoncé sur toute sa longueur. La Maginot, contournée. L'armée française perdait ses molletières en Champagne. Ça déroutait dans les états-majors. Les civils débandaient. Les autorités s'affolaient. Les Anglais rembarquaient. On se battait pour franchir les ponts de la Loire. C'était à qui courrait le plus vite vers l'arrière.

Le gendarme lui-même, au terme d'un exode vélocipédique des plus éprouvants, errait sans képi du côté de Villeneuve-sur-Lot. Et les Allemands, poussant devant eux bétail et fuyards de tout poil, submergeaient la terre de France du grondement des panzers.

Blitzkrieg! On signa l'armistice.

Frileux comme des enfants recroquevillés dans les plis d'un drapeau fraîchement abandonné, les patriotes cherchaient un père. A l'acclame et au soulagement général, un vieux maréchal nouvoila le premier ses services. Outre un fameux toupet, le respect dû à ses feuilles de chêne et une santé féroce, ce Philippe Pétain avait pour lui un profil de timbre-poste. Héros de la Quatorze, par surcroît. Verdun, vision de ce que vous savez. Ce cacochyme-là parlait au nom des morts. C'est dire assez les références. Essayer Pépère, c'était l'adopter. Il fit don de sa personne à la France. Il devint emblématique. On battit monnaie. On nicha à Vichy.

La suite est dans les livres. Une époque avec du crêpe autour des cornes. Un temps d'escargot. Rien n'avançait plus pour le pays. Une lenteur désespérante sous un ciel bas. Plus de beurre avec ça. On se tringlait la ceinture. Question bidoche, on couponnait. Le pain? De la sciure et du son. Et pour marcher, les tatanes en carton, les lacets en papier. A ce train-là, le civisme en prit un pet. On délatait son voisin pour un oui. Pour un rien, la police vous faisait descente. Hop, hop! Les mains en l'air! Que ça valse! Jüden! Terroristes! On vous déculottait. Patte blanche! Etoile jaune! Marché noir! A chacun sa couleur. A chacun sa débrouille. Système D. Bas peints en trompe l'œil sur les cuisses des élégantes. A l'Orée du Bois, on s'envoyait en l'air avec les Feldwebels. Ausweiss! Kommandantur! Ya, ya, mein Führer! Le françoze moyen, retourné façon III⁰ Reich, ne croyait plus qu'à la saumure, à l'ersatz, à l'acier Krupp. C'était le temps des rafles et de la riflette, des mots de passe et du succédané. Où était passé le courage? Où était le chemin? Même les intellectuels gîtaient dans la tourmente. Valsez saucisses! Pierre Blanchar tournait pour la Tobis. Arletty affichait cul international. Là-dessus, Ferdinand ferdina. Drieu à dia. Et Bardèche attigea. Mais, puisqu'on en parle, Travail Famille Patrie, en ces temps de gazogènes, de biscuits caséinés et de doryphores en tous genres, personne, hormis un général factieux, ne trouva le courage de dire tout haut que la francisque, après tout, était une arme à double tranchant.

On arguera que c'était une autre façon de ramasser l'Histoire. Mille fois raison! Tout était en miettes. Le grand Gaulle en prenant tout ce qui restait sous son bonnet deux étoiles n'était peut-être pas du dernier blanc-bleu. Orgueil? Ambition personnelle? Sens mystique de l'Histoire? Il y a toujours du périlleux à l'aube des destins qui poussent vers le Pouvoir. Souvent aussi à leur crépuscule. Mais, pour ce qui est de celui de Pétain, n'anticipons pas... Nous sommes en 1943.

Moyennant un contingent de jeunes gens voués au travail obligatoire dans les usines d'outre-Rhin, le Vieux négocia le retour des prisonniers. On ouvrit les stalags. Bourguignault en profita pour refaire surface. Hormis les quartiers bombardés, Blois avait peu changé.

On salua le Kriegsgefangener avec tous les égards dus à un héros. Il en avait pris toutes les apparences. Au fond de sa cave, il avait trouvé assez d'astuce pour sculpter une canne et pour laisser pousser sa barbe.

Comme il faisait ses premiers pas dans le quartier, les bonnes gens le harcelèrent de questions sur son camp de Poméranie (c'est là que Lucienne avait imprudemment situé sa captivité) et force fut à Kléber de faire rapidement l'acquisition d'un Atlas géographique. En moins de quarante-huit heures, il fut à même de broder sur les mœurs des paysans de l'Oder qui – comme il ne le savait pas jusqu'alors – est un fleuve et se jette en mer Baltique.

La Résistance, le débarquement, la Libération, les purges qui suivirent, la pénicilline, le bas nylon, la Craven A, la 4 CV Renault, Diên Biên Phu, Suez, l'Algérie, l'O.A.S., les Beatniks, les Hippies, 68, et même les aller et retour de Charles Grand-Gaulle entre Colombey et Baden-Baden, n'affectèrent en rien le train-train quotidien des habitants de la rue des Pitoches. Après tout, si les Français continuaient à se chercher un père, c'était leur affaire.

Les Bourguignault, eux, se concentraient sur leur bonheur. Bon an mal an, comme d'autres moissonnent le blé, ils récoltaient le sourire de Lucienne. Quoi qu'il se passât à l'extérieur, du début janvier à la Saint-Sylvestre, on impressionnait régulièrement sept cent trente clichés qui enrichissaient la collection du photographe.

Répertoriés, numérotés, ces portraits en rejoignaient d'autres, eux-mêmes classés chronologiquement dans une série d'albums dont la tranche mentionnait le millésime de leur cueillette. Au bout de quarante de ces recueils, le voyeur-de-sa-femme calcula qu'il possédait vingt-neuf mille deux cents photos, ce qui le mettait – à raison de vingt-quatre images par seconde – à la tête d'un documentaire de dix minutes.

On était en 1969. Kléber avait soixante-cinq ans. Lucienne en avouait soixante. A part un tourbago qui le taquinait les jours de pluie, il se sentait encore bigrement alerte. A part une tendance à l'embonpoint, elle avait conservé son teint de velours.

« Je t'aime, je t'aime, mon amour », répétait inlassablement le photoseur.

Et, selon un rite biquotidien, il embrassait sa femme devant Constantinople.

« Pourvu que cela dure », minaudait Lucienne.

Elle rectifiait son chignon, prenait place, cherchait son maintien. Elle le trouvait en général après quelques oscillations de poupée russe. Ses hanches, son fessier se lovaient tout naturellement au creux du Voltaire sculpté par l'usage – crins et ressorts.

Au travers de sa nouvelle chambre Broncolor à obturateur mécanique, l'artiste visait. 5,6 au 25e. Quarante ans de fidélité au même diaphragme. A la même petite vitesse. La vie coulait, sérieuse comme du lait entier.

A triple menton, Lucienne souriait.

Jusqu'à ce jour imbécile où Lucienne trouva Kléber au bas des escaliers. Cul par-dessus tête, dix-huit marches s'il vous plaît, le photographe avait dévalé n'importe comme, un bras ici, la nuque à l'équerre, une jambe en grand écart, à bout de tonneaux, tout au fond du placard à balais. Du sang lui coulait sur le visage. C'était impressionnant.

« Un étourdissement, ce n'est rien », la rassura le rescapé.

Mais au plus secret de lui-même, il savait qu'il était perdu.

Depuis bientôt deux mois, sournoisement d'abord, ouvertement ensuite, il avait ressenti les coups de poignard d'un mal carnivore. Une bête sans contours. Passion, pas. Juste la méchanceté de faire mourir. C'était fait, intime conviction, la salope était là. Laide comme une serpillière, elle lui décapait les intérieurs.

Secrètement, il s'en fut consulter. On le fit revenir plusieurs fois. Des liens s'établirent entre cet homme énergique et ses médecins. Ils étaient des types sans préjugés. Colletés à la vacherie. Ecopant jour après nuit. Parcourant le naufrage des hommes comme unique océan. Ils marchaient dans le blanc, les traits tirés par la fatigue.

Il les coinça un jeudi, au bout d'un long couloir, une porte battait. C'était devant leur cantine. Crudités. Steak grillé. Yaourt nature. Et deux mandarines.

« Dites-moi tout, exigea-t-il du chirurgien. Les examens ?

— Le pancréas est pris. Des métastases se développent à hauteur du côlon. Le sigmoïde ne vaut guère mieux. Si je vous opère, nous avons une chance de retarder le mal.

— Pas question d'opérer, dit Kléber.

— Comme ça, vous en avez pour trois mois », dit le carabin.

Il avait les yeux bleu Californie au-dessus de son masque qu'il n'avait pas retiré.

« Je suis condamné ? »

L'autre attendit avant de répondre.

« Vous savez, finit-il par dire, les bourreaux aussi sont des hommes. Nous y passerons tous. Regardez-moi. Je tripote la merde et l'abjection à longueur d'année, et pourtant je bouffe des carottes râpées. Vous avez une explication à ça ?

— Oui, dit Kléber. Les carottes permettent de voir le bout de la nuit. Question de dignité. »

Tandis qu'il rentrait chez lui à petits pas, le malade passa devant une pharmacie. Il ne la remarqua pas particulièrement. Mais, indubitablement, il avait enregistré à son insu l'image de cette officine. La preuve en est que, lorsque Lucienne, qui le guettait sur le pas de la porte, l'entreprit sur le sujet de sa santé, il eut une vision colorée. Il revit clairement la devanture surmontée d'une croix verte.

« Il faut faire plus attention à toi, le gronda sa conjointe.

– Oui, fit-il distraitement.

– Ces temps-ci, tu as l'air fatigué.

– Oui, fit-il distraitement.

– Et puis, tu n'as pas le droit de mourir, plaisanta-t-elle en relevant sa mèche de vieux petit garçon.

– Oui, fit-il distraitement.

– Rappelle-toi. Tu l'as promis, insista-t-elle. Sans toi, qui prendrait des photos de « bibi »? Hi?

– Hi », fit-il distraitement.

Il lui sourit machinalement. Pourquoi diable visualisait-il les rayonnages de l'allopathe de la place Saint-Roch avec tant d'acuité? Hein? Kléber n'entendait plus son épouse. Il était ailleurs par la pensée. Evaporé. Absent. Parti. Terriblement concentré. Qu'est-ce qu'elle disait?

« Qu'est-ce que tu dis?

– Si de nous deux quelqu'un doit mourir, c'est à moi de partir la première », soupira Lucienne.

Alors, soudain, il accommoda sur elle. Elle prit l'air effrayé.

Et Bourguignault vit tout son plan.

Ce matin-là, comme n'importe quel autre, en levant le rideau de son négoce de photographe, Kléber aimait sa femme.

Même si jour après jour, il l'assassinait à la strychnine, il l'aimait. C'était une sensation paisible comme le fleuve Loire, et, malgré l'horreur que lui inspirait son geste, il n'avait aucun doute sur la justesse de ce qu'il accomplissait.

Lucienne s'affaiblissait doucement. Calmement. Semaine après semaine, elle perdait ses forces. Elle n'était plus étanche. Une langueur. Un effritement intime. Sa complexion qui se fanait. Une sorte de paresse insidieuse qui la cadenassait sur son lit.

Il entra dans leur chambre en portant le plateau du

petit déjeuner. Ce mardi-là, il lui trouva un teint à faire peur. Des cernes sous les yeux.

« Bientôt huit heures, dit aimablement Kléber.
— Je sais, mon ami. Cette nuit n'en finissait pas. J'ai cru que je ne verrai jamais le jour.
— Fichaises, mon amour. Et notre photo? Y as-tu songé?
— C'est vrai, fit-elle avec un geste lent sous les draps. Il y a notre photo... Donne-moi mon café. Après, j'aurai la force. »

Il l'aida à boire. Elle était docile. Un peu molle! Une enfant retrouvée.

« Comme ce café est amer, dit Lucienne. Je le trouve de plus en plus âcre. Du fiel.
— C'est du Colombie, dit Kléber.
— On dirait de la chicorée, geignit-elle. Ou alors, j'ai un mauvais goût dans la bouche.
— Voudras-tu du thé pour changer? Un petit thé de Chine fumé? Hein? Qu'en dis-tu?
— Je ne sais pas. Je ne sais plus, soupira Lucienne. Je suis toute mate. Ma vie qui fout le camp.
— Mais non, l'encouragea Kléber. Lève-toi, ça ira mieux. »

Il l'aida à se vêtir. Voilà déjà un mois qu'il lui administrait la mort-aux-rats. Il avait beaucoup tâtonné pour trouver la dose juste et prenait soin de l'augmenter insensiblement chaque jour.

Il aida Lucienne à se rendre jusqu'au fauteuil Voltaire. Elle avait maigri mais pesait encore bien cent cinquante livres. Elle se cala devant les minarets.

« Est-ce que mon chignon goguette?
— Non, mon amour. Tu as ton beau visage.
— C'est l'été et j'ai froid. De la glace au bout des doigts. »

Il l'embrassa. Son haleine était pestilence.

« Je t'aime, je t'aime, dit Kléber.
— Pourvu que ça dure », dit Lucienne.

5,6 au 25e. Elle trouva la force de sourire.

Kléber n'en pouvait plus d'avoir mal.

Le mois de juillet avait profité à la serpillière. Elle étendait son étoffe grise et cassante à tous ses intestins. Il saignait tous les matins.

Parfois, il s'arrêtait devant le calendrier sur lequel il avait coché la date hypothétique de sa propre mort : 15 septembre. Un trait rouge à ne pas dépasser.

Fin juillet, Lucienne ne bougea plus du fond de son lit. Elle parlait peu. Mangeait nibe. Vomissait tout. De plus en plus légère, le corps nacelle, kilo après kilo, elle lâchait du lest. Fichait le camp. A croire que ses yeux démesurés prenaient de plus en plus de distance. S'éloignaient des contingences. De tout ça. De la terre. Des bidules et caetera, autant d'inutilités notoires qui aidaient soi-disant à vivre. Bonbons, cerises ou pêches au vin. Liqueur de Dantzig, pourtant! Et même la lecture. Que de choses ne s'encombrait-on pas ici bas! Elle élaguait tout. Ne se consacrait qu'à un geste à la fois. Tellement il lui fallait trouver de ressources en elle, rien que pour remuer un bras. Rien que pour sourire. Pour soulever les paupières. Elle en était arrivée à une économie parfaite. Ses prunelles voilées en permanence d'une sorte de taie d'indifférence, s'allumant seulement si Kléber entrait dans la chambre.

« Je te fais du tintouin, hein, mon pauvre mari? soufflait-elle avec un sourire las.

– Mais non, je te jure », mentait Kléber.

Soudain, il se retournait. Feignant la surprise. Prenait l'air gai. S'écriait :

« Tiens! Regarde qui est là!... Ah! Lucienne!... C'est le docteur Grandier qui est venu te revoir!... »

Le vieux généraliste qui la suivait depuis toujours se penchait sur elle.

« Alors, madame Bourguignault? Où en sommes-nous?

– Bof, je suis morte dans le dos. Peux plus me bouger... »

Elle cherchait à deviner sur les visages. Ne trouvait rien.

« Et sur le devant, reprenait-elle, j'ai l'estomac qui se retourne comme un gant. Toujours ces brûlures. A croire que je distille.
– Et l'appétit?
– Je n'en ai pas.
– Prenez-vous vos fortifiants?
– C'est tout ce qu'elle avale, intervenait Kléber.
– Bien! Très bien », encourageait le praticien en scrutant sa patiente. Et au mari : « Doublez la dose. »

Une autre manière d'aider Lucienne à mourir. Le docteur Urbain Grandier était de la vieille école. En prescrivant de l'extrait de noix vomique, il se faisait le complice involontaire de Kléber.

La mort campait rue des Pitoches.

Un jour, Lucienne ne fut plus assez forte pour se mouvoir elle-même. Désormais, Kléber la porta jusqu'au fauteuil dans ses bras.

Photo après photo, il enregistrait les griffures, les souillures, les marbrures qui ravinaient le visage exsangue de sa bien-aimée.

« Fais ta photo, Kléber, dit un jour la malade. Dépêche-toi. Est-ce que le chignon goguette?
– Non, ma mie.
– Fais ta photo, Kléber. Je ne souffre plus. »

5,6 au 25e. Il appuya sur le déclencheur.

Elle était morte en souriant.

Kléber pleura en une seule fois.

Il baissa le rideau de sa boutique et photographia la trépassée. Plusieurs fois.

C'était un 18 août.

C'est alors que commença une étrange période. L'avènement d'une nouvelle clandestinité, un broussailleux maquisard dans lequel Bourguignault s'enfonça sans s'en rendre vraiment compte.

Plus seul qu'un ténia, le sourire biais, errant dans la pénombre de sa maison, c'était comme s'il n'arrivait pas à se séparer de Lucienne. Il la laissa dans la posture où elle se trouvait. Pâmée devant Constantinople. La mort lui avait écarté les cuisses. Le vieil homme s'accroupit pour inspecter le fond de cette grotte mystérieuse où jouait un reflet de lumière électrique. Il resta longtemps devant la friche de ce ventre qu'il avait si bien connu. De remords pas. Plutôt un sentiment de vacuité. Il éteignit la lampe de Gallé. Privée du reflet orangé, celle qui se trouvait devant lui n'était plus tout à fait sa femme. L'ombre buvait Lucienne. Elle était juste une enveloppe abandonnée.

Il ne déclara pas le décès.

Au début de ce nouveau mode de vie, Kléber entrait dans le studio dès qu'il avait un moment de libre. Il s'asseyait en face de la défunte et lui parlait doucement. Il la tenait informée de toutes ses activités. N'était-elle pas tout ce qu'il avait jamais aimé?

Il lui racontait que tous les albums étaient en ordre. Qu'il était maintenant occupé à filmer image par image chaque portrait. Il utilisait une caméra Baulieu. Une caméra d'un modèle ancien, mais en laquelle il avait toute confiance. Pour chaque prise de vue, même angle, même grosseur de plan, même exposition. Il fallait que le passage d'un visage à l'autre se fît de la manière la plus lisse possible. Son travail progressait régulièrement. Il n'envisageait plus de sortir. D'ailleurs, il avait pris toutes ses précautions. Des conserves, du surgelé et un stock de riz. Au reste, le jeûne restait sa meilleure arme contre la progression de la serpillière.

« Je l'affame, confiait-il à Lucienne. La pieuvre! »

Il éclatait d'un petit rire de piano-punaise – sec et

désaccordé. Ses yeux dérivaient sur les eaux du Bosphore. Sur les mâts de felouques. Sur les burnous rouges des mariniers. Sur les toits embrasés des mosquées.

« Ah! murmurait-il, comme j'aurais dû voyager pour de bon. »

Mais cette projection tardive dans un futur impossible l'arrêtait court. Vite, il revenait au passé. C'est là qu'il se sentait le mieux : prendre Lucienne à témoin et dévaler leur bonheur à rebours.

Pour émailler ce long monologue d'un semblant d'action, à moins que ce ne fût pour masquer sa douleur – sans doute aussi pour céder à des automatismes qui remontaient à quarante-cinq ans en arrière – il continua à prendre deux clichés de la morte, chaque jour. Il avait calé son corps avec des coussins et l'avait liée par des sandows au dossier du fauteuil. Le sourire de Lucienne ne se démentait pas.

Un jeudi toutefois, il lui sembla qu'un œil avait bougé. Au fond de l'orbite – imperceptible – un léger tassement du globe oculaire avait eu lieu.

Et puis l'odeur l'alerta.

Par ces chaleurs confinées, la décomposition faisait son œuvre. Dernier cheminement. Ultime mouvement du corps pour retrouver la terre ogresse.

En prenant six clichés par jour, Kléber s'aperçut qu'il arrivait à capter la translation de Lucienne vers le néant. Alors, au mépris de la maladie qui le rongeait, le photographe entama une nouvelle période d'intense excitation. Il prit huit, dix puis douze photos quotidiennes. Lucienne était aspirée vers le bas. Peu à peu, les yeux se vidaient de toute substance. L'os frontal apparut le premier, suivi par le maxillaire droit. Les pendentifs qu'elle portait aux oreilles se détachèrent comme des fruits trop mûrs. Le réseau sanguin apparaissait aux meurtrières de la moindre déchirure cutanée. Kléber tenait le studio fermé par peur des mouches. Miraculeusement, sa santé lui laissait une sorte de répit. Il menait de front le tournage du film, l'exposition des nouveaux clichés et leur tirage immédiat.

Le 15 septembre arriva. Puis le 20. Il était toujours en vie. Ereinté mais vivant.

Vers la fin du mois, il avait complété son ouvrage. Lucienne s'était totalement déshabillée de sa chair. Elle était un squelette blanc, tassé dans un fauteuil. Son collier de perles restait pendu à ses cervicales. Elle avait une ossature gracile.

Quand tout fut filmé, Kléber fit un paquet de la pellicule impressionnée. Il le ficela avec grand soin. Il ressortit à la lumière du jour pour la première fois depuis plus de cinq semaines. Il faillit suffoquer à force d'oxygène. Il s'en fut à la poste centrale.

Il envoya les bobines à développer chez Kodak, à Sevran. En recommandé, je vous prie. En exprès aussi, parce que ses forces déclinaient à vue d'œil.

En revenant, sur le trottoir, il eut un vertige. On le ramassa. On l'assit dans une boulangerie. Autour de lui, les gens continuaient à venir acheter leur pain. C'était un pain qui sortait du four et qui craquait sur les présentoirs en cuivre. La boulangère exigea qu'il bût un kirsch fantaisie. Il recouvra un semblant d'énergie. Il acheta un rocher pour remercier la commerçante. Il se retrouva dans la rue et balança le chocolat dans un égout. Il prit bien vingt minutes pour rentrer chez lui.

Maintenant, c'était l'angoisse qui prenait le dessus sur la souffrance.

Il fallait compter dix jours avant que ne revînt la précieuse pellicule du laboratoire de développement. Le projecteur était prêt dans la salle à manger. Et si Kléber n'allait pas être au rendez-vous du facteur? Il sentait au tréfonds de lui une poigne de plus en plus assurée qui lui tordait les tripes. Sur la lunette, il n'osait plus pousser. Toute une boyauderie qui se nécrosait en chaîne. Viande lisse en poire blette. Déconfiture. Flétrissure. Exhalaison méphitique. Quelle défaite, le corps! Lui, Kléber, vieil épouvantail en chaussons. Traînant savate le long des murs. Usé jusqu'à la corde. La trame. Le noyau. Plus rasé. Jamais propre. Crachant dans les tiroirs. Pissant où n'importe. Ballotté par la peine. Foutu. Déchiré. Bon à jeter. Haillon d'homme. Guenille, loque et délabre. Se postant chaque matin, assis sur une chaise dans l'humidité du couloir d'entrée, pour voir si de la bouche de la boîte à lettres jaillirait enfin le paquet tant attendu. Les quinze minutes de toute une vie de bonheur...

... Mais rien. Niet. Pas. Que des prospectus pour un charter cinglant vers l'Amérique. L'Amérique! Il répétait : « l'Amérique! » et épluchait le reste du courrier : une note de gaz qu'il ne paierait jamais. Le journal qui ne l'intéressait plus. Trois guerres, un viol, une ratonnade. Et un catalogue de la Redoute, qu'il jeta au panier.

Le 10 octobre, Kléber Bourguignault mourut sur sa chaise. Le 11 octobre, le colis dégringola dans la boîte à lettres. A l'intérieur du papier kraft, se trouvait une bobine de film développé. Un technicien de l'usine de Sevran, nommé Bardinet Marcel, y avait joint une note écrite au stylo Bic sur une feuille verte. A la rubrique « Observations », il avait griffonné hâtivement : « Négatif entièrement voilé. Cause probable : mauvaise étanchéité du boîtier de caméra. »

On enfonça la porte du 6 rue des Pitoches le 30 octobre à dix-huit heures.

Pour solde de tout cœur

A Tamburini

En 1940, le maillot de bain Roussel en Airolastic à tricot poreux assurait une fraîcheur constante autour des hanches de ma mère. Elle avait quarante et quelques années de moins. J'en étais amoureux. Papa vivait encore pour six mois. Jusqu'à ce bombardement de la forêt de Bitche, arrondissement de Sarreguemines. Papa vendangé par des obus de 105. Ecrabouillé comme un chasselas. Bu par la terre. Cul sec. Au revoir, papa. Parlons plutôt de l'été 1939.

Un Kodak Rétina fixait le dernier bonheur de mes parents sur pellicule Vérichrome. Près d'eux, aux terrasses de café, les couples heureux buvaient de la Quintonine. Les pilules orientales raffermissaient les seins. Le thé mexicain du docteur Jawas amincissait les formes. Si vous allez par là, on se parfumait avec *Shocking* de Schiaparelli ou *Shanghai*, parfum de chez Lenthéric. Avant, en 1938, il y avait eu le soutien-gorge Arista, tricoté en forme, sans couture, et à plaque stomacale. Il avait longtemps nourri mes rêves.

En ce temps-là, j'avais six ans, l'âge de regarder par les trous de serrure.

Je me souviens d'une amie de la famille, venue huit jours en mai, pour se reposer à la campagne. C'était une jeune femme dans l'embonpoint de ses trente-six ans. Elle me fournit à son insu un matériau mitoyen que je n'étais pas prêt d'oublier. Nue devant la glace, elle fumait des cigarettes Balto, goût américain. Les paupières closes, les narines pincées, elle s'enrobait d'une fumée qui sentait le miel.

Alpiniste débutant, j'escaladais son mont de Vénus par la face ombragée. Je foulais par la pensée une cambrousse dense et ébouriffée aux reflets plutôt roux. L'on n'imagine pas la force des images qui traversent la tête d'un jeune promeneur clandestin. Je tiens à témoigner que ces temps étaient encore rubéniens, archaïques quant à la conception de la lingerie fine, et que la prémonition du bikini était inenvisageable.

On visitait la Belgique. Ostende et Blankenberge. Les bas Gui faisaient les jambes jolies. On tressait des louanges aux tricots tulle, à la gaine Charmereine. Décades éblouissantes! Femmes indémaillables! Un seul grain de Vals suffisait à régulariser doucement vos fonctions digestives! *Transparence* de chez Houbigant, *Caravane* de chez Bienaimé, *Iles d'Or* de chez Lenthérie, comme la guerre allait abîmer maman! Comme l'après-guerre a été cruelle!

Voilà où j'en suis...

On ne se connaît pas. Mais quand bien même nous aurions l'occasion de sucer la paille du même peppermint, je ne pense pas que je vous plairais des masses. Trop en retard pour mon âge. Cette raie par le milieu. Mes cheveux gominés. Ma mère qui vit toujours. Et je porte des bottes de caoutchouc en plein été.

Vous êtes au bout du bar. Vous riez. Vous riez à tout ce qu'on vous dit. A Denise, qui est votre prénom. Aux platitudes que vous débite ce type à la santé infernale. Chemise caïman, et le même âge que moi.

Je vous regarde. Hé! Je vous regarde!

Je suis derrière la plante exotique. Le palmier plumé. Phoenix des Canaries, il me semble. Mais vous ne me voyez pas. On ne me voit jamais. Ou alors, juste le temps de me rendre ma monnaie. Des trucs comme ça. Je suis trop gris. Trop beige. Trop insignifiant. Mais moi, je vous ai remarquée. Distinguée. Choisie, Denise. Cet après-midi, belle enfant. Sur la plage. Pour votre bikini, votre crème à bronzer, votre teint de blonde. Et parce que vous avez le ventre de ma mère. La même nature de peau.

Ce soir, je vais vous tuer.

1/3 de Noilly-Prat. 1/3 de Guignolet. 1/3 de je-ne-sais-plus-quoi. Un doigt d'Angostura. Et un zeste de citron. Cocktail en votre honneur, mon petit ventre. Vous aimez Saint-Tropez? J'y viens depuis trente ans. Trente ans de solitude! Est-ce que vous imaginez? On n'imagine pas le désespoir des seuls!

Où en étais-je? Ah! oui. Le chapitre des vacances. Autant que vous sachiez, je n'en prends pas vraiment. Un jour par an. Celui-ci. Le jour qui va nous réunir. Celui de votre mort, mon petit ventre.

Après, je reprendrai le train de nuit. Je retrouverai maman. Je lui raconterai votre bikini. Votre splendeur ambrée. Votre ventre de vingt-deux étés. Maman dans mes bras. Rêveuse à m'écouter. Nous vivrons tranquillement, jusqu'à l'année prochaine. Et vous y serez pour quelque chose, je vous jure.

Le visage de maman devient lisse quand elle est apaisée. Chaque année, j'efface ses rides. Le reste n'est qu'imagination, vous savez. Et vous n'aurez pas le temps de peler sur le nez. Pas le temps d'avoir de vergetures, Denise.

Glaçons. 1/3 de Lillet. 1/3 de gin. 1/3 de Martini dry. Un trait de Bols bleu.

Je m'appelle Martin. Un nom étriqué comme du prêt-à-porter de province. Et pendant trois longues heures épuisantes, cet après-midi, j'ai enjambé les gens, ici, à Saint-Tropez. Je vous cherchais, Denise. Trente ans que je cherche à comprendre!

Vous venez encore de rire, Denise. Je n'aime pas cette hystérie mal contenue. Elle vous taille la voix dans l'aigu. Tout cela n'est pas bon pour moi.

Lundi, je serai à mon travail. Laborantin. Un type effacé. Blouse blanche. Profil fuyant. Dosages minutieux. J'aime assez ce que je fais. La biologie permet bien des manèges. Une goutte d'eau sous un microscope et vous prenez l'Orient Express. J'ai toujours apprécié cette sorte de vagabondage par la pensée. J'ai toujours mené ce genre d'existence micrométrique. Oh! Dieu. J'ai adoré faire des études!

Des idées, Denise, n'allez pas vous faire. Il m'est arrivé aussi de regarder du côté des autres. De m'intéresser au monde extérieur. La modernité, tenez. La communication. L'automobile. L'électronique. Tout, je veux bien. Tolérant comme on voit... Mais le droit à l'exode d'été! Pourquoi? Hein? Pourquoi? Etrange plaisir mérinos, vous admetterez. Tropisme dégradant, je trouve. Le derrière des cons posé sur le visage des gens que vous aimez le mieux. Jolie maman graissée comme un fusil. Toute une bidocherie rôtie au soleil. Intimité par forci-pressure. Des ventres qu'on n'envisage même pas d'habitude. Sur des plages à caillasses. A se refiler la bêtise par la bouche. Merci bien. Merci beaucoup. Et caetera, des imbécillités notoires.

Vous voudriez que je retire mes bottes?

L'Homme, je veux dire la Femme a toujours voulu apprivoiser le soleil. A croire que faire entrer la chaleur du ciel dans un ventre femelle, c'est déjà donner signe de vie. Sorte de préchauffage biblique. Prémisses de l'envie de procréer. Le bronzage comme aguicherie supplémentaire. Filtres magiques, écrans numérotés, graisses et excipients. Tout un arsenal. Antichambre de l'amour. Appetizer. Le bikini zakouski, en quelque sorte. Dyonisiaque, mon cher Stetson! A ce jeu solaire, j'ai tôt compris que s'il convient de protéger sa tête, il est dégoûtant de réduire le bas.

Comprenez ma révolte. Maman avait cinquante-six ans quand j'ai vu son ventre pour la première fois.

Dans son cas, qui a bouleversé ma vie, le bikini venait trop tard. Et j'ai détesté l'inventeur. Paresse abdominale, sangle relâchée, il y a des géographies molles qui abasourdissent l'entendement. Ma mère était vieille comme une pomme oubliée dans un grenier. Et, quand j'ai découvert au-dessus du triangle minimal, cette ptôse jusqu'alors insoupçonnable – enfermée, secrète, ordinairement enveloppée de jupes portefeuilles, de drapés, de volants, de ramages – j'ai su que je lisais soudain à ventre ouvert tout l'abandon de cette femme, tout son renoncement. Pas de doute possible. Maman arrivait trop tard sur la plage. Elle ne serait plus jamais belle. Plus jamais désirable. Et j'ai pleuré.

A deux pas de sa défaite, Ursula Kubler bronzi-bronzait dans les bras de Boris Vian. Elle était belle et longue comme une éclat de trompette. Vadim mignonnait Bardot d'une queue de cheval et Dieu créait la Femme. Bonjour Tristesse, c'était celle des années 50. Sagan roulait en cabriolet Triumph.

Cet été-là, j'ai rangé mes maillots de bain. J'ai enfilé mes bottes. Et j'ai empêché maman de sortir.

Elle ne sortirait plus. Elle l'a promis. Je me suis arrangé pour qu'elle le fasse.

Depuis, chaque été, dans notre trois-pièces de la place Paul-Verlaine, derrière nos volets clos, assis sur un vieux Smyrne repeint par Bonnard, nous faisons ensemble le voyage du bikini à rebours. Nous remontons le temps. Maman pose sa tête sur mes genoux. Je parle doucement. Toute la nuit. Toutes les heures de la nuit. Et je lui raconte l'histoire de son corps...

... En 1940, il était une fois le maillot de bain Roussel, en 1939, papa vivait encore six mois. Un Kodak Rétina. La Quintonine. Les pilules Orientales. Le thé mexicain. Et ainsi de suite, jusqu'en 1936 où mademoiselle Danielle Darrieux, la vedette la plus aimée du public, portait des bas Cornuel.

Et cessez ce rire de gorge, je connais le numéro de votre chambre, Denise. Au fond de la poche de ma veste, je serre dans mon point le manche d'une alêne de cordonnier.

Ce soir, je vais vous percer le ventre, mon petit ventre.

Beau fixe

A Denis Fernandez-Recatala

Par où commencer?
Le 9 juillet, Toufik Ouannès est mort. Clamsé béton. Flingué fin du guidon par un caractériel mou. Balle anonyme. Cité dortoir. Barres. Cent quatre-vingts fenêtres de devinette.
Toufik avait les dents du bonheur. Dix ans de la tête aux pieds. Zonard importé, deuxième génération. Vachard avec les cons. Rieur avec ses potes. Poli avec sa mère.
Il était vingt et une heures lorsqu'il a trouvé un œillet rouge sous sa chemise. Une fleur de douleur qui faisait carabosse à la place du sang. Ça pissait. Ses doigts se sont crispés. Il a dit :
« J'ai mal. »
Et il s'est mis à courir.

La chaleur du soir allait encore un train d'enfer. La ville achélème était en mélasse. Du sucre entre les doigts.
Toufik courait. Bâtiment A. Bâtiment C. Bâtiments à lettres. Des cubes. Des alvéoles par où les gens passaient la tête comme des guêpes. Toufik courait. C'était encore loin pour aller mourir sur la dalle de ciment.

Les femmes des « 4000 » disaient :
« Ça devait arriver. »
Une rumeur traçait poudre et méandre dans les couloirs de la cité. Virgules de merde. Graffiti. Lucette suce Brahim. Même colère. Même anéantissement. Même peur endémique. On disait, on répétait :
« Si on est maghrébins, on nous tire dessus. »

Toufik était étendu sur la dalle. Des gamins comme lui l'entouraient. Farid et Béchir. N'Doula et Pierrot. Et même le fameux King Domino. C'était comme une fois, sur le quai de la gare, quand toute la famille avait fait semblant de partir en vacances à la mer. Toufik se souvenait. On avait pris tout le bataclan. Le plat à tajine. Les maillots et les raquettes de tennis. Manquait plus que l'argent des billets. Et maintenant, c'était exactement pareil, tous les mecs étaient là. Sauf que ce coup-ci, Toufik se sentait partir pour de bon. Les autres allaient rester mais pas lui. Ça se voyait à leur tristesse.

Ah! Ce que c'était dur! Les yeux surtout. Ses yeux, mon vieux, tu peux pas savoir, pour les rouvrir, c'était tout un opéra.

Les femmes des « 4000 » disaient inlassablement :
« Ça devait arriver. »
Et après que Toufik fut mort et que la nuit-poisse se fut refermée, les femmes d'Algérie, celles de la Guadeloupe et celles du Sénégal répétaient toujours que ça devait arriver.

Les jeunes disaient :
« Il faut foutre le feu pour faire sortir tout le monde. On trouvera le fusil qui a tiré. »
Ils disaient encore d'autres phrases beaucoup plus désespérées!
« Dans le temps, on mettait tout sur le dos des Juifs et, maintenant, on accuse les Arabes. »

Ils disaient, ils répétaient que l'assassin était peut-être un Français.

La police est venue. Gyrophares bleus. On s'est écarté. Ceux du S.D.P.J. de Bobigny et ceux de la brigade criminelle. Des vedettes en Ray-ban. Tu les reconnaissais à ce qu'ils avaient vu des films.
Les gens d'ici, ceux qui savent la musique, les voisins ont dit :
« Ils ne trouveront pas l'assassin. »
Quelqu'un, protégé par la foule, a même lancé :
« Ils s'en foutent. »
Les jeunes ont dit :
« Il faut fouiller les soixante appartements pour trouver le salaud. Tout mettre à sac. »
Ceux des « 4000 » ont dit :
« Ils ne le feront pas. »
Et il ne l'ont pas fait, parce qu'on ne peut pas perquisitionner après vingt-deux heures.
Un commissaire a dit :
« Ce n'est pas légal. »
Mais ici, les hommes ont demandé :
« Qu'est-ce qui n'est pas légal, mon frère ? »
Personne n'a répondu. Il faisait trop noir.

Les hommes d'ici ont pensé à Toumi Djaidja, blessé par le maître chien Patrick Besnard aux Minguettes. Et à d'autres. Des Algériens, des Maliens, des Martiniquais qui avaient payé de leur vie des gestes de révolte. Quoique pas forcément. Parfois, il suffisait de se trouver là pour prendre des balles orientées de haut en bas. Beaucoup de policiers trébuchaient quand ils tenaient une arme de service. Et même en civil, ça leur arrivait.
Les femmes d'ici, les jeunes aussi et les hommes ont eu l'impression que Toufik Ouannès était un nouveau

mort pour rien. Que les choses ne changeraient plus. Et le bruit courait qu'un planton du commissariat de la Courneuve aurait dit :
« Ce n'est qu'un bougnoule de moins. »
Alors, la rage était dans les cœurs.

Pulsar à Vierzon

À Gary Hemmings

Jack Kerouac est mort. Mort aussi Brautigan. Il ne me reste que plus que moi, Tom Dean, un bison égaré, avec des yeux posés sur l'Amérique de jadis.

Partis, Ken Kesey et ses Merry Pranksters! Finie depuis vingt ans, la nuit occidentale! Adieu vaches nocturnes du Kansas! Good bye farewell villes de boîtes de biscuits, « avec une mer au bout de chaque rue »! Dans le lointain des sixties, le cadavre de Frisco bouge encore à peine. Quelque part au bord de l'Océan, le compteur de vitesse de ma Volkswagen Coccinelle est bloqué sur 120. Les guitares, les juke-boxes, les Remington portables se sont tues. Où sont passés les fous? Les junkies? Cette fille blonde qui rappliquait du Maine? Roxie qui marchait à mes côtés les jours où l'héro lui laissait une chance d'aimer les hommes. Piqûres dans les joues, piqûres sous la langue. Plus une place à louer. Trois ans de glissades sur les falaises de Big Sur et après, Tijuana. Un livre de poèmes. Deux recueils de nouvelles. Quelle merde! Du sang, de la chiasse à chaque ligne. Des cavernes et de l'alcool. Un gâchis de beauté. Dieu! Comme nous avons saccagé l'essentiel!

L'autre jour, c'était un mardi, j'étais au soleil.

Mon gros bide de soixante ans séchait en face de l'Annapurna et ça ne me dérangeait pas de puer dans mon froc, parce que l'air est si pur à huit mille mètres. Douze bouteilles de whisky venaient juste de m'arriver à dos de sherpa jusqu'au village de Pokhara où j'habite avec Erika. Ma compagne du Népal était dans l'atelier. Au travers de la baie vitrée, je la voyais évoluer devant son chevalet. Par rafales subites, elle foutait des coups de couteau géniaux sur une toile qui déroulait l'impossible. Parfois, les couleurs se fondaient ou bien c'en était une seule qui prenait le dessus. Un mauve cru par exemple, qui se mettait à exercer une fascination vibratoire sur Erika et plus rien d'autre ne comptait pour elle.

Les jours de rendez-vous avec le mauve, la saloperie de couleur pompait quatre-vingts pour cent de l'énergie du monde. Elle ne laissait plus que vingt pour cent pour le reste. Pour la vie quotidienne et pour votre serviteur, ce vieux débris de Tom Dean, le survivant le plus pourri des écrivains de la côte Ouest, le has been du « primitivisme fondamental », celui dont même les mouches ne raffolent pas question odeur. Et si je n'étais pas content de mon sort avec elle, Erika suggérait de temps à autre que je retourne bouffer les haricots rouges de Market Street. Que j'aille me soûler la gueule avec le vin italien de l'Embarcadero ou que je finisse mes jours dans un asile de Mission Street. C'était la Loi. Erika m'avait habitué à ce partage inégal. Je m'effaçais dès qu'une couleur enflait sur la toile. Quinze ans déjà qu'elle s'évertuait à peindre les Himalaya. Quinze ans que je bouffais la merde de ses manigances colorées!

Ce foutu mardi dont je parle, je me disais en me grattant les couilles au soleil, bon Dieu! pourquoi est-ce que cette putain de femelle allemande essaie encore et encore? Hein? Pourquoi prendre une fois de plus le chemin de la perfection? Pourquoi s'y risquer? Sûrement pas pour m'épater. Erika a fait depuis longtemps le tour de ma vieille queue. Elle ne croit même plus à mon talent d'écrivain. Elle me laisse avec mes cahiers et mes joints. Elle m'appelle bison aux yeux mous. J'ai un ulcère qui saigne de temps en temps. Quatre jours sur sept, je me demande si je vais mourir sur un trottoir ou sur un lit d'hôpital. Et ça ne l'empêche pas de se battre contre les plus grandes montagnes du monde. Des montagnes si blanches. Elle dit qu'elle veut coincer sur la toile toute cette pureté exterminante qu'elles cristallisent autour de nous.

Quand j'ai eu fini de me gratter, j'ai craché rose sur une pierre. J'ai commencé à picoler et j'ai écouté la cloche du temple bouddhiste, en prenant bien soin d'étendre les jambes pour être sûr de ne rien faire d'autre.

Par la fenêtre, Erika m'a crié qu'elle s'approchait d'un mauve particulièrement aigu. Ce n'était pas la première fois que ça lui arrivait depuis ce matin.

D'où j'étais, je la voyais se démener. Palette en main, elle couvrait. Elle recouvrait. Grattait. Intensifiait, se repentait. Humble. Butée. Usée. Brûlée jusqu'à l'os. Même en admettant qu'elle s'acharne davantage pendant les cinq ans que je lui donne à vivre, il n'y a pas de raison, dans sa catégorie de mauve, qu'elle atteigne en intensité le bleu d'Auvers-sur-Oise. Il appartient uniquement à des types mystiques comme ce Van Gogh. Un genre de cri qui ne se pousse qu'une fois par siècle. Vous êtes Dieu pendant la durée d'un tableau. Et c'est impossible à supporter.

A mon avis, Erika pressent qu'elle va au-devant d'un échec. Ses forces la trahissent. Elle continue à peindre, mais elle est déjà moins près du sommet qu'il y a seulement trois ans, quand nous baisions encore après chaque repas, ce sacré jour de Noël par exemple où j'ai cru, en l'attendant sur le lit avec ma queue en érection, qu'elle avait trouvé le mauve clair qu'elle cherchait, exactement. Celui, dit-elle, qui va « si près du blanc des glaciers qu'il se confond avec le ciel quand le soleil devient aveuglant ». Quinze ans qu'Erika s'esquinte les yeux sur ces putains de sommets. Quinze ans qu'elle reste un peintre moyen. Pauvre chère Erika ! C'est l'alcool qui a fait le plus de chemin sur son visage. Et dans le fond, tant pis si elle recule, ailleurs, elle avance.

En tout cas, mardi, j'étais au soleil et je n'attendais rien. Je n'avais même plus besoin de patience. Dans le fond du ciel, l'Annapurna faisait le boulot en solitaire. J'avais un crayon dans la bouche. De temps en temps, j'essayais de rebrousser chemin à l'intérieur de moi-même. Je voulais savoir avec précaution si une telle démarche allumait des souvenirs. Parfois, j'y voyais clair et ça n'était pas à mon avantage. Parfois, je me contentais de poser mes yeux sur l'Amérique de jadis et il me venait l'envie d'écrire une page. Je buvais un coup de Jim Beam et j'écrivais une page.

Le type est sorti du coin de la maison. Je ne l'avais pas entendu venir. A contre-jour, il s'avançait. Et quand il a pris le soleil pour lui tout seul, j'ai levé les yeux. Je ne comprenais pas pourquoi il me regardait avec sympathie.

« Hey? Qui êtes-vous? » j'ai dit.

C'était tout à fait le genre de question qu'il pouvait s'attendre à se voir poser, parce qu'il fallait remonter à Abraham Lincoln pour trouver quelqu'un qui soit venu me regarder de si près. Avec l'accent français, il m'a appris qu'il arrivait tout droit de Paris. Il a ajouté qu'il s'appelait Raphaël et un nom que je n'ai pas retenu. C'est après que suivait l'essentiel de ce qu'il avait à dire. Il avait lu tous mes livres, il jurait que j'avais du génie et qu'il avait l'intention, si je le permettais, de les éditer en français.

Au fur et à mesure de son laïus, le type avait beaucoup changé à mes yeux. Il était même si unique dans son genre après toutes ces années, que je me suis demandé s'il n'était pas mon mauve à moi. Et je lui ai suggéré poliment de s'asseoir, Raphaël.

Nous avons bu plusieurs scotches sans trop rien nous dire qui puisse détruire la grâce entre nous. Nous avons regardé les foutues montagnes et il est convenu avec moi que la beauté est ce qu'il y a de plus difficile à comprendre. Je lui ai montré cette saloperie d'Annapurna et j'ai essayé un sourire aimable sur lui.

« Putain ! Voilà quinze ans que je suis en face de cette île flottante qui est réputée la plus belle du monde, et je ne sais toujours pas quoi en penser. »

Il a pris l'air démesurément intéressé et m'a demandé :

« Vous n'écrivez plus ? »

Encore une fois, je lui ai désigné la plaine liquide du ciel où perçait l'indicible blanc. En se tournant sur son fauteuil d'osier, il a vu comme moi les cimes éclaboussées d'un ressac de nuages, la consternante perfection de leur lenteur éternelle, lambeaux et déchirures, un ralenti savant qui n'en finissait pas de se tordre et de rugir en silence.

Nous nous sommes observés avec un demi-sourire crispé. J'ai dit :

« Je suis venu me foutre en face de ça qui est totalement parfait et je ne vois pas pourquoi j'essaierais de l'abîmer avec des mots.

— Vous avez sans doute raison, a-t-il admis, mais vous êtes un grand écrivain. Vous n'avez pas le droit de vous taire, monsieur Dean. »

J'ai incliné la tête et en tendant le bras je suis arrivé à mettre Raphaël et l'Annapurna dans un verre de whisky.

Je jure qu'à cette minute, Raphaël était mauve.

D'ailleurs, Erika l'a senti. Elle s'est penchée à la fenêtre. Elle avait du bleu au bout de son couteau à peindre.

Elle a crié :

« Tom ? Qui est la merde d'homme à qui tu parles ? »

J'ai souri. Je pense que je faisais plaisir à voir. J'ai dit :

« C'est Raphaël. Il veut que j'écrive un nouveau recueil de nouvelles. »

Erika s'est penchée à l'intérieur. Elle a réapparu par la porte. Elle fumait un *beedy*. Elle s'est approchée de la table. Elle s'est accoudée dessus et ses bras croisés ont fait gonfler ses miches.

Après avoir mesuré Raphaël avec ses yeux de Prussienne, elle a parlé de lui, lui accordant aussi peu d'importance que s'il était sa propre reproduction en poupée gonflable.

« Il est assez bien proportionné, m'a-t-elle dit. Est-ce que tu me le laisserais essayer dans notre lit, Tom ? »

Bon dieu, elle pouvait bien. Surtout si elle y trouvait un quelconque avantage pour sa foutue santé. J'ai pris mon verre. J'ai dit à Raphaël :

« Ne vous gênez pas pour moi. Servez-vous. »

Le Français est passé d'une hanche sur l'autre, pas sûr d'être encore au monde. Il a fait mine de s'éclaircir la voix. J'ai pris l'air aussi enthousiaste que possible pour l'encourager. J'avais bigrement envie qu'Erika soit heureuse.

« Avant d'avoir personnellement connu l'Annapurna, ai-je dit, j'étais convaincu que les fesses d'Erika étaient ce qu'on peut voir de plus beau. Je vous assure, Raphaël, qu'il y a de la neige éternelle dans leur cas. Récemment, elles ont beaucoup moins changé que l'Amérique. »

Raphaël hésitait encore. Ça ne m'a pas échappé.

« Vous voulez imprimer mes foutus livres ? j'ai gueulé. Alors, fuck your mother ! Montrez-moi que vous êtes un alpiniste courageux ! Grimpez la foutue femme ! »

Erika lui a fait un clin d'œil approprié dans le sens de la marche et l'a précédé dans la maison. J'ai entendu l'eau qui coulait. L'Annapurna ne bougeait pas. De sa majesté, je n'avais toujours rien à dire. J'ai bu encore un peu pour m'en persuader. J'ai évité de faire le moindre bruit dans le soir qui installait la transparence de Dieu sur les montagnes. Cachés derrière l'écartement digital de leurs racines, les banians assombris ont commencé à devenir grimaciers. En nombre pair, un vol d'oiseaux a traversé le coin du ciel le plus rose. Ils étaient suivis à distance par trois retardataires. Le dernier oiseau se donnait un mal fou pour dominer sa névrose. Après son passage heurté, j'ai reconnu aux cris aigus qu'elle poussait que Raphaël escaladait Erika par la face sud.

Il est resté quinze jours à la montagne. Il me trouvait toujours aussi génial. Ça m'aidait à moins saigner de l'estomac. Il est reparti avec mes manuscrits et il m'a dit qu'il allait apprendre au monde entier à scander mon nom.

Au bout de six mois, il a envoyé un billet de première classe par Air France. Il s'excusait de ne pas pouvoir me faire voyager « un mètre devant l'avion », parce que c'était assurément la place que je méritais à cause de la cohérence de mon œuvre. Dans un télégramme envoyé la veille, il avait beaucoup exagéré en disant que le Paris des Lettres n'attendait que moi.

J'ai atterri à l'aéroport de Roissy. Il était seul avec un photographe. Comme j'avais un feutre noir et mes bottes par Charlie Dunn – celles qui sont ressemelées treize fois – le type a pris plusieurs clichés. Il m'arrivait à l'épaule et il puait l'after-shave. J'étais en veste noire avec mes jeans. Erika avait tenu à les repasser. Le petit type tournait autour de ma taille et m'inondait avec son flash.

Quand j'en ai eu assez de lui et de sa lumière, j'ai débouclé mon ceinturon pour lui montrer mes ornements. Comme il était prêt à tout photographier, même mes plus vieilles amies, j'ai remballé leur calibre devant les gens qui s'arrêtaient et je suis parti droit devant moi. Ils m'ont rattrapé sur mes foutues jambes arquées et ils m'ont collé dans un taxi.

J'ai trouvé que Raphaël avait pris pas mal d'assurance avec moi. Il me tripotait les avant-bras avec l'exagération, je trouve, de mains potelées qui avaient couru sur les fesses d'Erika. Il avait prévu deux interviews à l'hôtel, une séance de photos au bord de

Seine – « *Dean is alive, I met him in Paris* » – et principalement, une émission de télévision très en vogue chez les Français, qu'ils appelaient « Apostrophes ».

Raphaël n'arrêtait pas de répéter que l'avenir des livres se jouait là – nulle part ailleurs – et pas tellement leur qualité qui importait peu, finalement, mais plutôt la manière dont les auteurs se composaient un visage. Il me recommandait de bien bouger devant les caméras, me conseillait néanmoins d'agir avec prudence. Il fallait montrer, d'accord, que j'étais « JE », un vieux bison de la « beat generation », avec ma subjectivité désarmante et ma nature débridée, mais aussi rester dans les normes qui étaient celles de la bienséance. Il m'a cité l'exemple de Bukowski qui avait bu devant le public et posé ses sales pattes de vieux branleur et de postier sur les genoux d'une femme auteur, comme s'il avait envie de forniquer à la première occasion. J'ai dit que ça me faisait plaisir, Chinawski, d'avoir de ses nouvelles. Et aussi de savoir que tous les écrivains n'étaient pas rangés derrière une cravate et un gilet. Il s'est mis à faire la gueule une partie du chemin, tellement il redoutait le pire avec moi.

Ma veste me serrait sous les bras. Je n'arrêtais pas de penser que je n'étais pas loin de devenir un cheval à réclamer qu'on emmenait au paddock pour le présenter à des éleveurs. Je sentais monter le vice dans mes sabots. Une envie de ruer tout à fait galopante.

« Vous devriez me faire courir avec des œillères », je leur ai conseillé.

Ils n'ont pas compris le sens caché de mon hennissement.

On est arrivés à l'hôtel qui se trouvait rue du Maine, à Montparnasse. D'après Raphaël, cette taule avait suffisamment de passé littéraire avec Henry Miller et quelques autres disparus pour se permettre d'être sale et bon marché.

Nous sommes montés dans la chambre 18 et je me

suis jeté tout vif sur le lit. Il a pas mal rebondi. J'ai sorti ma bouteille de Jim Beam et j'ai commencé à m'abîmer. Je me sentais triste sans l'Annapurna. Ses neiges me collaient à la peau. Je leur ai dit. Raphaël a demandé si je ne buvais pas trop en attendant ce soir. J'ai roté uniquement par commodité de non-recevoir. Mes oreilles, occultées depuis l'atterrissage, ont brusquement débouché le champagne. Le téléphone s'est mis à sonner trop fort. Quand Raphaël a raccroché, il avait les yeux cernés. Il a dit que l'assistant d'« Apostrophes » voulait être sûr que j'étais bien arrivé. Le photographe a écrasé son troisième clope dans le lavabo. Il a pris des photos de moi sur le lit. Il a commencé en même temps qu'il actionnait le ronronnement insupportable de son appareil à remonter le moral de Raphaël. Il lui disait au chapitre des conneries, qu'avec les besicles de mon grand-père, ma natte et mes moustaches tombantes, j'allais vendre beaucoup d'exemplaires de *Ding Dong jusqu'à San Diego* et il a commencé à me gratter. J'ai soulevé mon chapeau et je me suis gratté. J'ai remis mon chapeau. Et il me grattait encore plus. Je me suis levé et je lui ai collé mon poing dans la gueule. Il n'a pas refusé de saigner du premier coup.

Après, je suis descendu dans la rue sans demander l'avis de personne. Raphaël m'a coursé. Je lui ai demandé s'il voulait que je l'ouvre aussi. Il m'a dit de me calmer et que l'essentiel était que je sois ce soir sur le plateau de télévision.

J'ai dit :

« D'accord. Annule toutes les autres clowneries. » Et j'ai suivi le trottoir.

Au bout de huit cents mètres, je l'ai poussé contre un mur et je lui ai fait peur en lui ouvrant le nez avec un coup de boule. Il a trouvé la force de pleurnicher avec du sang dans la bouche qu'il comptait sans faute sur moi ce soir.

A force de continuer à marcher, j'ai trouvé la Seine. J'ai suivi son cours parce qu'elle devait bien se débrouiller pour sortir de la ville. J'avais brusquement une telle envie de forêts que je me méfiais de moi. J'avançais beaucoup comme un éléphant qui va vers son cimetière. J'ai allumé un petit joint et j'ai regardé Paris. Le brouillard arrangeait un peu les choses mais tous ces gens pressés me donnaient quand même une mauvaise opinion de moi. J'ai croisé les yeux d'un jeune type et j'ai senti que j'étais périmé.

Dans une rue longeant les docks, un grand black ravivé Rasta m'a proposé assez de poudre pour rebasculer dans le camp de la défonce. Je me suis ravitaillé comme pour tuer un mort. Je lui ai acheté sa cuillère et une shooteuse qui allait avec.

Je me sentais mieux d'être harnaché et j'ai tourné mes bottes vers la sortie. Près d'une autoroute, j'ai levé le pouce. C'était comme un film en arrière. Tout rajeunissait. J'allais entendre l'appel d'une vie neuve. J'allais reprendre la route de mon éternité, comprendre l'inévitable nécessité d'aller vers quelque part, et filer droit comme une flèche vers les Rocheuses ou le Nebraska. Tant pis pour la direction, une vraie chasse pour traquer les accords détonnants reprenait de plus belle. Tom Dean l'infatigable marche sur ses rêves! Dope, trains maraudés, nuits d'acide au coin du feu. Le passé m'enfumait. Uta, Nora, Collie, Bernie, tous mes petits jupons allaient revenir. J'ai ciblé mon attention sur le souvenir de leurs culs. Que ça. J'ai Bogarté des joints sur ce sujet-là jusqu'à la fin de l'après-midi. J'aurais pu écrire mes plus belles pages si j'en avais eu la force.

Un brontosaure semi-remorque a fini par s'arrêter. Ne me demandez pas quelle tête avait le gars qui conduisait. Il était plus tramé que Greta Garbo dans un close-up en noir et blanc. Je me souviens seulement qu'il a essayé de me parler au début. C'était un gars qui en avait besoin. Je l'ai laissé déballer son sac au sujet de sa femme qui vidait des tubes de valium tous les soirs pour éviter de le rencontrer dans ses rêves. Il a pleuré à gros bouillons, à moins que ce ne soit moi.

J'ai dormi sur son biceps où voguait une frégate, et après, j'ai gerbé sur le tableau de bord arc-en-ciel. On a écopé une partie de la nuit et quand il a eu marre de nager dans les kleenex et les œufs en gelée de la compagnie Air France, il m'a demandé de sauter dans le vide.

On avait fait pas mal de chemin. En suivant l'herbe mouillée, je suis entré dans une ville. Sur un panneau, elle était marquée VIERZON.

A trois heures du matin, Vierzon était le cimetière le plus satisfaisant que je connaisse pour un éléphant. Il y régnait un vent assez cruel. Les rues étaient vides et les habitants dormaient tous pour ne pas rencontrer l'inhabituel. Un sacré cimetière. On aurait pu venir y mourir à plusieurs. Des baleines, des éléphants ou des bisons. Il y avait largement la place. Et personne pour regarder. Fenêtres closes. Rideaux baissés. Ici, on pouvait agoniser drôlement proprement. Les traces ne seraient découvertes que le lendemain matin, une indifférence bien pratique pour prendre son temps. Comme je n'avais plus rien à fumer, j'ai ramassé six beaux mégots. Je les ai tassés dans ma pipe qui ne me quitte jamais et, pourvu que je me fredonne *Birth of the cool*, j'ai pu maintenir dans mon cerveau une sorte de fraîcheur spirituelle.

J'ai poussé la porte de la gare. C'était le seul endroit ouvert. J'ai traversé la salle d'attente. Les lumières étaient bleues. Et une fois dehors, sur le quai, ça vivait à peu près. C'étaient surtout des yeux de couleur qui regardaient la nuit. Entre cyclopes, ils clignaient des signaux de connivence, verts ou rouges, selon leur humeur. Le brouillard appuyait sur les réverbères de sorte que la lumière était obligée de glisser sur un enchevêtrement de rails humides. Dominés par des caténaires chevelus, on pouvait espérer partir n'importe où vers les destinations électriques. Qu'on soit une marchandise ou un homme on serait toujours expédié vers quelque part. Ça donnait confiance pour envisager le départ. Plusieurs trains sont passés dans le lointain, dont un à reculons.

J'ai marché sur le quai jusqu'à ce que la gare ne s'occupe plus que des marchandises. Près d'un hangar on avait empilé des caisses cerclées de fer. Elles avaient un haut et un bas. J'ai posé mon bas sur le trottoir de ciment et mon haut m'a suggéré que c'était l'heure des retrouvailles. J'ai sorti mon matériel et j'ai retroussé ma manche. En face de moi se trouvait un wagon constellé d'étiquettes. Ses portes coulissantes étaient ouvertes et j'étais sûr qu'on finirait bien par l'accrocher à un train en partance. Seulement alors, j'ai remarqué le chat. Il se tenait à l'entrée du hangar et observait un point situé entre lui et moi. Il louchait. Garrot. Tirette. Le sang aspiré a remonté par le canal de l'aiguille crochue de la seringue en plastique. Il s'est mélangé au nectar de l'héroïne. Le chat ne bougeait pas. Un train a hoqueté un hurlement. Les feux ont changé. J'ai suivi la fusion du rouge qui pénétrait le poison limpide. Pulsar à Vierzon, le sang et l'héroïne s'embrassaient sous les réverbères. J'ai pensé à Gary Hemmings. A sa dernière cordée dans le parc national du Wyoming. Injection. Langue de feu. Flash! La poudre est bonne. Instantanément se creusent de profonds remous. Quelle chaleur! Le chat est immobile. Le wagon de marchandises m'attend pour m'emmener. Soudain, passionnément, la nuque se serre. Le cœur, le cerveau, les jambes sont assiégés. Les endroits de résistance sont renversés par la magie de la puissance. Forêt! Il n'y a plus d'ulcère. La fraîcheur climatique envahit la matière lourde du corps. Les nœuds cérébraux s'ouvrent. Les nerfs se dévitalisent. Ils jouent de la harpe avec une agilité surprenante. Difficile de tenir une comptabilité. Les trains s'accélèrent. Un feu passe au bleu. Le chat creuse ses reins. Je sais ce qu'il guette. Un rat. J'ai vu ses yeux rouges au détour d'une caisse. Il rampe sur le plancher. Une paille, il s'arrête. Il mâche rapidement. Encore les trains. Le chat se fait oublier. Nausée de l'injection. Elle s'amplifie. Se démultiplie. Perce. Je vais vomir. Je pense à la pureté. Je pense à Gary Hemmings. Je suis dans un hôtel. Je tire la chasse d'eau. Je le vois pour la première fois. Nous sommes en 1964. Jamais vu un type d'une élégance pareille. Le Beatnick des Neiges vient de sauver des gens dans les Alpes. Toute la nuit, nous buvons. Il est tellement soûl qu'il perd ses dents sur le plancher. Gary porte un dentier. C'est un peu de sa mort qui traîne sur le sol. Il ramasse le claquoir. Il glisse le goulot de la bouteille entre les dents de porcelaine. Il verse à boire à la prothèse. Ça coule par terre. La bouteille est vide. Le dentier a soif. Nous l'encourageons pendant toutes les bouteilles qu'il boit. Douze bouteilles, il s'enfile, le dentier. Et après, toute la nuit, nous avons si soif. Je tire la chasse d'eau. Le sang remonte à l'intérieur de la seringue. Je repousse le piston. Nouvelle injection. Je ferme les yeux. A Paris, ils ont éteint les sunlights. Tom Dean est une vieille merde d'écrivain qui vient de rater le train de la célébrité. Derrière la caisse, le chat becte le rat dans un cliquetis déshonorant de chair crue et d'os broyés. Je retire la seringue. Une goutte de sang perle aux lèvres du vénéneux trou. Pas froid. Pas faim. Envie de rien. Désir nul. Plus de mémoire. Congé chimique.

En face de moi, l'Annapurna envahit tout l'écran. Il est d'un mauve tellement renversant que, quand je tombe sur le ciment, Dieu est au rendez-vous.

Un silence d'espadrille

Lucette, garder ses bas, elle n'en avait rien à foutre. Simplement, le Sarde du mardi dix-neuf heures aurait pu s'excuser de les avoir filés. Et puis, embrasser sur la bouche, elle n'aimait pas cela.

Elle se dégagea.

« Tu me chatouilles avec ta moustache. »

Elle fit semblant de rire. Elle tourna la tête de côté. Offrit son cou. Sa veine.

Le type se mit à poser des baisers sur sa vie qui battait par là. Il répétait des bêtises. Des insanités au sujet d'une autre femme. La sienne. Il disait que Julietta était une pute. Une salope. Et mille autres noms en italien. Qu'elle baisait avec ses frères. Dieu sait quoi. Avec le chef des carabiniers aussi. Des tas de choses ordurières.

Lucette ne se sentait pas concernée. On peut prêter son corps et pas ses sentiments.

Elle laissa le bonhomme reprendre son va-et-vient. Elle garda un doigt machinal dans le trou qu'il avait fait dans son bas noir. Juste en haut de la cuisse. Encore une paire de foutue. Elle dit :

« Que tu gardes ton pantalon, c'est ton affaire. Mais tu pourrais quand même retirer ce que tu as dans tes poches. »

Il ne répondit pas.

Elle ouvrit les yeux et regarda le plafond. Elle

soupira. Déjà deux ans qu'Eusebio Spanno venait sur son ventre.

Au début, il venait par hygiène. Maintenant, c'était par désespoir. Il avait perdu son entreprise de carrelages. Chômeur, le Sarde! Elle se demanda où il trouvait le fric pour continuer à venir.

Le soleil couchant faisait une irisation sur le lustre. Sur la rose qui ornait le lustre. Il devait être dix-neuf heures trente. L'habitude.

Le type était reparti pour un tour.

Elle posa sa main droite sur ses reins. Un geste doux pour le guider. Elle sentait sa chaleur augmenter. Elle émit une plainte de courtoisie pour l'aider à conclure. Au lieu de cela, il s'arrêta net. Il décolla son visage en sueur du cou de la jeune femme. Il la regarda de ses yeux rougis.

« Ne dis rien, dit-il. Zé veux bien payer plou cher. Ma zé veux pas t'entendre.

– Bon, comme tu voudras. Mais finis vite. »

Le type reprit sa danse au fond d'elle. Il avait dans les cinquante balais. Une technique de vieux montagnard. Il s'arrêtait parfois. Essoufflé. Elle pouvait sentir battre son cœur.

Il reprenait. Il soufflait. Elle laissait faire.

Elle était ailleurs.

Elle pensait à l'homme du train. Elle pensait à lui. A ce type blond, avec un rire pas possible. Des chemises Lacoste et son pull-over jeté sur le dos – les manches nouées autour du cou comme un cache-col. Vachement désinvolte. Le taper d'une cibiche, elle avait pas pu se retenir. Les yeux qui se croisent au-dessus d'une flamme, qu'est-ce qu'on y peut? C'était comme dans *Confidences*, il riait avec les dents du bonheur.

C'était il y a deux mois à peine. Train Bleu en revenant de Nice. Lucette était bronzée. Tout le mois de septembre, elle avait lu *Elle*. Vacances avec sa fille. Minouche une fois par an, elle y avait droit, je pense.

Le matin même, elle avait ramené la petite chez sa nourrice. Grosse-Mamma-Lune, quartier Saint-Charles à Marseille.

Elle se sentait presque neuve, Lucette. Le luisard et la mer, à vingt-huit ans, excusez-moi, ça décrasse. Les passes en studio, ça se voit presque pas. D'ailleurs, dans cinq ans, elle raccrocherait. L'amour tirelire, finish! A trente-trois piges, elle oublierait. Elle achèterait un petit magasin. Un Prénatal. C'était dit. Le paysage défilait en hurlant. Elle imaginait des layettes. Rien que du rose et du bleu, elle avait pas peur. Lyon-Perrache, une vie toute simple. Et cinquante cent, je vous remercie. Elle épouserait un vieux gentil pour donner un nom à sa fille.

Pour quelques heures encore, Lucette était Marcelle. Marcelle Bourdelin. Elle était habillée en blanc comme une personne. Elle était à elle. Rien qu'à elle. Et sur la banquette en face, vrai salaud, il riait avec les dents du bonheur.

Il l'avait sautée dans les chiottes. Debout dans les. Pas romantique en somme. Mais franchement, ils n'avaient rien vu d'autre que leurs corps. Les amants ont les yeux entièrement tournés vers l'intérieur d'eux-mêmes. Ils avaient pris la direction d'un interminable vertige. Elle aurait voulu qu'ils n'en finissent pas de voyager l'un dans l'autre.

Quand il la prit, en gare de Vierzon, une minute d'arrêt, ce fut une note si juste, qu'elle aurait voulu cesser de vivre plus loin. « C'est la première fois que j'aime », se dit-elle. Et elle eut envie de forcer les limites de sa témérité.

« Aime-moi », lui dit-elle.

Le jeune homme resta immobile. Cierge. Il la regardait bizarrement. Son sourire s'était figé. A mi-chemin de la gaieté, il lui restait en bandoulière du visage une crispation artificielle. Elle donnait l'illusion du bonheur, mais tout son regard disait le contraire de la lumière.

Le train repartit.

« Depuis quand as-tu cela? » demanda-t-il en palpant son sein gauche.

Il n'accomplissait pas un geste d'amour. Ces gestes-là sont improbables et fortuits. Le sien était plutôt un palpé. Le pouce et l'index étaient précis. Accompagnés par le médius. Le regard était clinique. La sensation sous la peau était glace et douleur.

Perdue dans les ténèbres, Lucette ne comprenait toujours pas.

« Cette grosseur? Depuis quand? insista le blond au sourire éternel. Je suis médecin... Tu ne t'es aperçue de rien? »

Deux mois déjà.

Depuis, elle était devenue quelqu'un en rêve. Elle refusait cette autre elle-même, différente et amoindrie. Elle n'irait pas à l'hôpital. Au seuil de la nuit, elle avait choisi le vide. Elle s'était mise à détester sa chair vulnérable et corruptible. Théâtre de cruauté et d'ignominie. Elle s'empiffrait. Des glaces, du chocolat, et encore des glaces. Elle mangeait de la crème. Du beurre. Des bonbons. Une boulimie d'acharnement. Pour vivre. Pour profiter. Pour éloigner la trame monstrueuse du complot. De la mort et de la charogne.

Les mots ne lui faisaient plus peur.

Soudain, le Sarde se laissa tomber sur elle. Il était épuisé. Il se mit à sangloter. Par petits râles. Un chagrin d'impuissance contre son oreille.

« Tu veux que je t'aide, Eusebio? » chuchota-t-elle.

Elle posa sa main sur la nuque de l'homme. Elle passa ses doigts dans ses cheveux. Ils étaient ses enfants dans ses moments-là.

« Non! Zé veux y arriver tout seul. Et zé veux que tou la boucles! » s'énerva-t-il.

La colère, l'humiliation cabrèrent ses épaules. Il se redressa. Il ôta brusquement son pantalon. Sa chemise. Il portait une croix autour du cou.

« Avec Zulietta, z'y arrivais, Spanno! Z'y arrivais trois fois! Quatre! Pourquoi elle écrit plou? »

Il se mit à nouveau à bouger en elle. Il était plus brutal. Il lui faisait mal pour se faire du bien. Un bien désespéré. Tout proche de la mutilation.

« Eh? doucement, dit-elle. Je ne suis pas un sac de sable. »

Il continua. Il se jetait contre elle. Il faisait comme si son sexe était une arme. Il prenait son élan. Il la perçait.

« Tu entends? dit-elle encore. Faudrait pas me prendre pour une poupée gonflable. Je suis un être humain. »

Il ne répondit pas. Il était concentré sur lui-même. Seulement sur l'afflux de son sang. La tête lui faisait mal. Il vint en elle à force de colère. Elle était restée froide. Il tomba brusquement en cendres. Il redevint chiffe et moins que rien. Mollesse. Fatigue extrême. Il avait les traits tirés. Il éprouvait le besoin d'exprimer sa délivrance. Les hommes sont si rassurés quand ils ont lâché leur semence.

Il posa sa main sur sa hanche.

Une fois, elle se souvenait, il avait apporté une bouteille de Valpolicella. Pour arroser son premier chantier comme patron.

« Merci », dit-il à côté d'elle.

L'obscurité les protégeait l'un de l'autre. Pas de comptes à rendre. Pas de formes à leurs corps.

« Merci pour tout », répéta-t-il.

Elle sentit qu'il se levait.

Elle entendit le froissement des billets de banque qu'il posait sur la table de chevet.

Elle devina l'éclair blanc de ses fesses qu'il rentrait vivement dans son pantalon. Il enfila ses espadrilles debout. Il passa son visage à l'eau. Il avait un peigne dans sa poche arrière. Il posa avec soin sa casquette sur sa tête bouclée. Il lissa ses moustaches en regardant la ville.

« *Piove*, dit-il d'une voix rauque. Si tou es triste, il pleut toujours. »

Elle l'entendit à peine partir. Un glissement dans le couloir. Un silence d'espadrille.

Elle ouvrit la bonbonnière et ferma les yeux. En rêve, pour quelque temps encore, la vie était un jeune homme blond avec les dents du bonheur.

Le pogo aux yeux rouges

A Gilles Béhat

Qui était-il? D'où venait-il? Pourquoi m'avoir choisi plutôt qu'un autre?

Un matin, à l'heure où les bouches sentent le café noir, il s'est approché de moi dans la rue.

« Paie-moi un coup, môme La Fayette, a-t-il dit. Tu ne le regretteras pas. »

Le bord de ses paupières semblait fardé de rouge. Vous ne pouviez pas le regarder sans avoir l'impression que vos propres yeux allaient se mettre à saigner. Il était en smoking, un habit dont la jaquette était lustrée par l'usure. Le pantalon gancé était rentré dans une paire de bottes en caoutchouc. Des bottes à l'Aigle, il a précisé. Inusables.

On s'est dévisagés. Paris au mois d'août, il faisait une chaleur d'enfer. Nous, au bord du trottoir. Lui, les mains pendantes. Le sang au bout des doigts. Ça aurait pu durer des heures. Il ne bougeait pas. Une patiente mélancolie s'était mise à suinter de son regard d'alcoolique. Il attendait que je me décide. Il souriait presque.

« Je sais que les cargos qui traversent l'Atlantique transportent aussi des mouches, a-t-il fini par dire, mais moi, ce que je trimbale est autrement plus lourd. Je te jure que c'est énorme! Enorme! Et t'as drôlement intérêt à m'écouter. »

A cette époque-là, vingt-trois hivers à peine soufflés, j'étais jeune journaliste. J'aurais donné n'importe quoi pour être un glaïeul. Gagner l'étape. Avoir une peau à neuf vies. Etre Jack London. Sucer du Pulitzer. Ou faire la pige à Ring Lardner. J'étais doué d'une personnalité assez entreprenante en somme. J'étais plutôt teigneux sur le métier. Rien ne me rebutait.

J'ai baissé les yeux sur ses bottes. Ce type-là, je sentais bien, malgré la merde qu'il puait à la chaleur, avait la blancheur sucrée du lait maternel. Parole, j'avais confiance en lui. Il contenait quelque chose.

« D'accord, j'ai fait. Je veux bien m'asseoir à la même table que vous. Mais ne me demandez pas de boire dans votre verre.

– Bien vu, môme La Fayette, a-t-il apprécié, je porte sûrement en moi assez de microbes pour couler un porte-avions, mais ça n'est pas ça qui doit arrêter ta gourmandise. »

Il a émis une sorte de ricanement désaccordé. Chez lui, la gaieté n'avait pas de résonance intérieure. Elle affichait juste un aspect physique. Elle retroussait les joues, comme c'est l'habitude pour exprimer la joie et d'autres sentiments du même acabit, mais elle s'assortissait d'un peu d'écume blanche au coin des lèvres.

« Tu verras, journaliste, a-t-il promis, quand je t'aurai raconté ma merde, tu penseras plus à t'essuyer. »

Il a ramassé brusquement le sac de voyage qu'il avait posé près de lui. Il a fait floc dans ses bottes de caoutchouc et s'est apprêté à traverser la chaussée au milieu des bagnoles.

« Eh bien, je t'attends, mother fucker », il a dit.
Et il s'est tendu comme un athlète qui prend ses marques.

Devant lui, le macadam fondait. Déjà mélasse, malgré l'heure matinale. C'était l'heure des bureaux.

Les rues étaient en crue. Ça déferlait sur le trottoir d'en face. Rien que des secrétaires.

« Je t'attends de l'autre côté, il a dit. Et si t'es pas là dans un quart d'heure, je ne te parlerai plus jamais. »

Il s'est jeté dans le courant de la circulation. Et alors là, les automobilistes, ça n'a pas traîné. Ça bitonnait dans tous les sens. Mais c'était à ces gars-là qui faisaient de la vitesse et qui avaient des situations de se faire de la bile. Pas à lui. Parce qu'il était juste un putain de pogo aux yeux rouges, il ne cherchait pas à les éviter.

Une fois à pied sec de l'autre côté, il s'est posé devant un snack-bar qui affichait Filet O'Fish, Cheese Burger, et Big Mac à toute heure. Il m'a regardé prendre le passage clouté. Il a haussé les épaules avec un réel sentiment de commisération et il est entré dans le rade sans m'attendre.

Je l'ai retrouvé en haut d'un tabouret. Il était déjà comme chez lui. Le nez patate, mouillé de sueur dans ses fripes, il a fait un clin d'œil mortel au garçon :

« Vivons un peu au-dessus de nos moyens, Mac, lui proposa-t-il. Sers-moi donc une grande bière belge et verses-y un verre de schnaps. »

Pendant que le loufiat s'escrimait devant sa glacière, il s'est tourné vers moi. C'était comme s'il m'évaluait pour la première fois à ma juste valeur.

« Trois jours que je te suis, il a dit. Et c'est toi que j'ai choisi. Ne me déçois pas. »

Le haut, la chemise Lacoste et la veste lui ont paru passables. Par contre, mes pantalons de toile pochaient un peu aux genoux. Ça n'a pas eu l'air de lui faire tellement plaisir.

« Est-ce que tu as de l'argent, au moins ? a-t-il demandé. Parce que nous allons en dépenser un peu. »

Sans me demander mon avis, il a plongé sa main dans ma poche intérieure. Il en a sorti mon portefeuille et il l'a ouvert avec dextérité. Il en a extrait quelques billets de cent et les a transfusés dans sa poche. A part les ongles noirs, il avait des mains de harpiste.

« Je te taxe, il a dit. C'est pour ton bien. Parce que je ne voudrais pas commencer à te déballer mon histoire et que tu m'interrompes au beau milieu en me disant que tu n'as plus les moyens de me payer la moindre bière. »

Il a englouti la moitié de son demi sans fermer ses yeux rouges, pour bien me montrer de quoi il était capable. Il m'a souri délicieusement pour sa laideur. Il n'a rien fait autour de ses lèvres pour que la mousse cesse de lui faire la gueule d'Al Johnson. Il s'est regardé furtivement dans une glace et, comme s'il perçait ma pensée, il a demandé :

« Sais-tu seulement où est né le jazz ? »

Il tombait mal. Jimmy Noone, Albert Nicolas et Johnny Dodds sont mes copains de la Louisiane.

« A Storyville, j'ai répondu. 1208 Bienville Street. Dans le quartier des maisons closes. »

Il n'a rien remué sur son visage. Mais j'ai vu dans sa façon de finir sa bière qu'il était touché en dessous de la ligne de flottaison.

« Dis-moi qui est Buddy Bolden, il a fait, et je reprends une bibine sur-le-champ.

— Le roi des cornettistes, j'ai dit. Et après lui, la couronne est passée à Joe Oliver.

— Ah ! » il a fait.

Il a refait ah ! en mettant la main sur son cœur.

« Ah ! Merci, fils ! il a fini par dégoiser. Tu me raies la tête de bonheur ! Dis à la lune qu'elle vienne ! Je crois bien que je vais aboyer ! »

J'ai prié le Ciel pour qu'il ne le fasse pas. Il n'en a pas eu l'occasion parce qu'il s'est noyé la tête trois fois de suite dans son breuvage infernal. Il avait les yeux un peu plus glaireux, mais le tour de ses paupières était toujours d'un beau rouge vif.

« Tu verras, La Fayette, il m'a rassuré, le schnaps, c'est un investissement. Ça ne se voit pas dans ton verre de manière objective, ça dénature à peine la couleur, mais ça essore bien tout ce que tu as de vital à l'intérieur. Le foie, tu vois, ça le tord proprement. Et si tu as la patience pour encore une bibine, je vais sûrement te donner toute satisfaction et étaler toute ma merde au grand jour avant qu'il soit longtemps. »

Il a bu encore un demi-litre de dynamite et il a tenu parole. Il est allé tout de suite à l'essentiel. Il a dit avec un sérieux épouvantable :

« Pour l'état civil, je suis un type mort depuis bientôt dix ans. »

On a bu encore treize consommations en changeant trois fois de bar. Il a cassé la gueule du gérant d'une station-service où j'ai dû abandonner ma voiture pour échapper à un chien-loup. Et une heure après, on s'est retrouvés devant sa tombe.

On avait pris un taxi à mes frais. C'était plus économique. Il a trouvé le cimetière assez gai pour la saison. Les arbres, il faut dire. Paisibles ombrages. Des merles qui rouscaillaient à tous les carrefours parce qu'on les dérangeait. Des allées. Des divisions. On a tourné à main droite, puis deux fois à gauche. Il a eu un geste triomphant en s'arrêtant au pied d'un if. C'est là qu'il était enterré. Il a fait remarquer qu'il était à l'ombre le matin. Il venait se rendre visite de temps à autre.

La dalle était spacieuse. Il aimait assez les petits anges de chaque côté. C'étaient Jim et Bob. Ces deux-là avec leurs bras potelés lui faisaient penser à une réclame de lait en poudre.

Jim et Bob tenaient une banderole. En lettres d'or son nom était gravé dans le marbre. Il s'appelait Alphonse Tourpe.

« Maintenant, je m'appelle Zacharie Blue », m'informa-t-il.

Il était né en 1933. Il avait été ravi à l'affection des siens le 17 mai 1975.

« C'était un mardi pourri, précisa-t-il. Pluie et tempête. Dieu qu'il pleuvait! Personne étanche! »

Et il se mit à pleurer. Bière et schnaps.

Il m'a tout fait ce jour-là. Et même plus. Il a pissé sur sa tombe. Il a insulté des gens sur le boulevard :

« Foireux! il leur assenait. Faux-fuyards! Tartissures infectées! Raousse! Foutez le camp! Me rencontrez pas! Mettez les bouts! Les adjas! Ou je vous gonfle le cul! Je vous rarrange la gueule façon indélébile! Filez, salauds! Vous mêlez pas des affaires de nous! »

Des gens qui ne lui avaient rien fait. Des inconnus. Des pékins qui ne demandaient rien à personne. Je ne savais plus où me mettre.

« Les cons, ça me met en eau. En furie tremens. Tout en vapeur. »

J'ai regardé le vide autour de nous. La vie n'était plus normale. Elle ne repoussait pas sur son passage.

« T'as envie de te barrer? Hein? »

Il s'est assis sur le trottoir. N'importe comme. Où ça tombait. Il a grincé des dents. C'était horrible à supporter.

« Crois pas que j'ai toujours été de cette violence extrême, môme La Fayette », il a dit avec une douceur retrouvée par miracle.

Ce type-là, Zac, dégoûtant, je vous jure, il retrouvait comme il voulait. Il passait d'un extrême à l'autre avec une laxité de manipulateur de cartes.

Il est venu à bout sans peine d'un léger tremblement. Il a balancé un sourire d'enfer à une jeune Noire qui passait devant lui. Elle lui a répondu avec de la lumière sur le visage. Malgré sa laideur à vomir, il incrustait une humanité terrassante. Vous ne pouviez pas lui échapper.

Il a poussé un soupir. Il s'est recampé sur ses

jambes. Floc, il m'a regardé. Putain, j'étais mort entre les deux yeux. Il a posé ses ongles sales sur ma main. Il a dit avec une grande persuasion :

« Montre-moi tes dents, s'il te plaît. »

Un rien maquignon, il a tâté aussi mes muscles. Il a paru satisfait.

« C'est bien, il a dit. Même après bibine, t'as pas l'air trop fatigué. »

Il a désigné un bar qui se trouvait juste en face. On s'est juchés sur des tabourets.

« Dépense encore un peu d'argent, il a fait, et je te raconte la suite. »

Il a vu mon manque d'enthousiasme. Il a eu un rire fataliste.

« Je suis lourd à porter, hein ? il m'a défié. Eh ben tire-toi ! Bats la route ! T'es pas capable de suivre ! Vire ! »

Il m'a poussé dehors. Il est remonté sur son tabouret.

« La merde ! il a fait. Si tu me payais un saxo tenor, je te ferais voir ce que je sais faire ! Je suis capable de souffler une saloperie de musique pleine de gloire et de sagesse. Et ça crie à faire peur ! »

Il avait l'air vraiment triste. Il a eu un geste pour me rappeler.

« Allez reviens ! Je t'ai choisi. Laisse pas tomber. »

Ses yeux rouges, j'en pouvais plus.

« Tu me fais chier », j'ai dit.

Et je me suis mis à courir.

Le lendemain, il m'attendait à la sortie du journal. Il n'était ni meilleur ni pire. Ses yeux s'acharnaient toujours à vous faire saigner. Il a dessiné un bon sourire amical en me voyant.

Moi, j'étais pas d'humeur :

« La jambe, mec ! Lâche-moi la piste, j' veux plus t'entendre ! »

Ça ne l'a pas découragé. Il s'est installé à côté de moi. On marchait de plus en plus vite. N'importe, il suivait. Larme à l'œil, presque. Tout mélancolo. Navré. Locdu de fond en comble dans son habit de carnaval.

« Arrête de jeter la grêle, il a fait. Ecoute l'histoire de ma vie.

– Pas la peine, j'ai dit. Retourne à ta picole! Crève au goulot et laisse-moi vivre! »

Il a pris l'air vexé :

« Tu sais, j'ai pas tout de suite pris l'habitude de la gobelette, il a fait. Je suis pas devenu aficionado de la bibine par déchéance ordinaire. Rien à voir avec les épaves Kiravi, ravinés du Bercy-bien, 14-qui-gratte et la manche dans le métro! Non! Rien à voir! Si j'en suis où j'en suis, c'est parce que je suis devenu voyageur... »

Il s'est redressé :

« Voyageur volontaire! Un choix! Explorateur. Et crois pas! Je suis jamais soûl! Seulement perdu. Je dérive! Je m'expatrie. Partance! Je traverse sur mon petit radeau personnel. Je croise au large des autres... »

On s'est arrêtés. C'était dix-huit heures. Cette fois-ci, ça sortait des bureaux. Un fleuve. Il a regardé ceux qui passaient autour de nous.

« Mince d'occupe! C'est drôlement coton d'inspecter les autres! il a constaté. C'est une époque où ils le souhaitent pas. Personne s'arrête. Ils passent. Ils passent. A peine si tu peux les compter. »

Il s'est remis en marche le premier. Il allait vite. Il s'est retourné juste une fois, pour voir si je suivais.

« Je vais te montrer où j'habite, il a marmonné. C'est du provisoire... »

Il a poussé la porte d'un immeuble en vieil habitué. C'était une ouverture pas tellement visible sur le côté de la gare Montparnasse. On est entrés. Il faisait sombre et à l'intérieur, vous étiez étonné parce que c'était une chapelle de béton.

Posé près du tabernacle, l'œil de Dieu rougeoyait. Le pogo s'est tourné vers moi. Il a pointé son index vers ses propres orbites qui saignaient de la même couleur. Il a souri avec dérision. Il a montré le ciel. Il a chuchoté : « C'est le Grand Cézigue qui m'a recueilli. J'y dois tout.

Le vivre et le couvert. Le coucher et le séraphique. J'ai une chambre donnant sur paradis. Juste derrière la sacristie... »

Il a contourné un piano qui était le long du maître-autel. Ses mains ont galopé sur quelques notes. J'ai cru reconnaître les premières mesures de *Take the « A » Train*. Il s'est avancé au milieu des chaises. Il m'a montré tout ça. Le béton.

« Saint Bernard, ça s'appelle c't' ouvrage, il a chuchoté. C'est moi le bedeau. Depuis un an. Je suis en location-dette. »

Il connaissait bien. On est passés dans la travée latérale. Dans le renfoncement d'une niche, un homme dormait, allongé sur un banc. Sa tête reposait sur un sac marin. Cache-col. Brodequins. La saison importait peu. Il a tiré un bout de rideau pour dormir en paix. On a rencontré une vierge en bois. On a marché jusqu'au mur du fond où, en levant la tête, on pouvait déchiffrer la vocation de ce lieu saint, gravée dans la pierre. C'était écrit :

Allez. Annoncez l'évangile!
Pour ceux qui passent, travaillent, voyagent,
La chapelle Saint-Bernard existe.
Prière, accueil, échange.

Le pogo semblait fier de montrer sa demeure. Il désignait les phrases sur le mur avec une longue baguette sortie de je ne sais où. Il la tenait à bout de bras, comme un instituteur qui fait ânonner un texte à des élèves rétifs devant un tableau noir. Il n'ouvrait pas sa grande gueule. Il suggérait seulement les mots comme s'il les épelait. Il faisait le poisson-tanche avec sa bouche. Il a désigné la dernière ligne :

Venez à l'écart du monde.
Reposez-vous un peu!

Il a hoché la tête avec la même véhémence qu'Harpo Marx. Tout est devenu aussi fou que dans *Un jour aux courses*. Ses yeux roulaient. Il m'a montré le clochard. Il a mimé son sommeil. Il m'a fait comprendre qu'il était calme comme un enfant. Comme un Jésus. Jésus, oui! C'est ça. Stop! Il a tout effacé. Il est reparti dans une autre embrouille. Je suivais? Oui. Okay, je suivais. Il a suggéré des cloches. Ding dong, oui. Des ailes. C'est ça! Floc floc en volant. Sourire extatique. Ange. Vu? Il était sur un petit nuage bleu.

On a remonté la travée où alternaient des extincteurs Harden et des toiles abstraites signées Blot, 1972.

Soudain, le pogo a eu comme une faiblesse derrière les genoux. Il est parti en quenouille. Une espèce de génuflexion hâtive et nullement contrôlée. Il a fini par se caler. Un visage jeune, dévoré par des yeux sombres se tenait à sa hauteur. Au début, cette face de lune avait l'air suspendue dans le vide. En s'approchant, elle était posée sur les épaules d'un homme en jeans. Il portait une petite croix épinglée au revers de son polo. Le type souriait avec bienveillance. Il tenait un trousseau de clefs.

« Bonjour Zacharie.
— Bonjour Louis.
— Voilà trois jours que je ne t'ai pas vu.
— Hummmvouais.
— Où étais-tu?
— J'ai été embarqué par une mauvaise vague, mon père.
— Tu as négligé ton travail, Zacharie.
— J'ai carburé bibine », reconnut le pogo.

Il résistait mal aux remontrances de l'homme de Dieu. Floc.

« Samedi, il y avait le café-rencontre avec le tiers monde. Tu as omis de venir.

— Je le sais. J'étais à la chasse à l'espère. Il me désigna : J'ai trouvé celui-là.

— Les gens sont venus nombreux, poursuivit le prêtre. Ils ont posé des questions embarrassantes. Avec ton expérience, tu aurais pu m'aider à me tirer d'affaire.

— Pas sûr, dit l'autre. Je ne suis qu'une merde.

— Qui a dit cela? Je comptais aussi sur toi pour jouer de la musique. Ça fait glisser Dieu. Ils l'avalent mieux. »

Les yeux du pogo se sont mis à briller.

« Je vous ai manqué, mon père?

— Dis plutôt que tu as manqué au Seigneur.

— Ça m'ennuie assez ce que vous dites là, dit le pogo. J'aime pas faire des saloperies au propriétaire des clefs.

— Arrange-toi avec lui. Maintenant, c'est ton affaire. »

Le pogo s'est rembruni.

« Vous me foutez dehors? Attention! Vous n'êtes que le gérant! »

Et comme le curé s'apprêtait à répondre, il l'a arrêté avec un geste d'avocat.

« Hop là! 'ttendez donc! il a fait. En traînant par les rues, j'ai pas tout à fait perdu mon temps... »

Sur le mode confidentiel, il a chuchoté en montrant le ciel :

« J'ai un tuyau pour LUI. Ça pourrait l'intéresser pour le Grand Soir...

— Ah? Et qu'est-ce que c'est, Zacharie? »

Le pogo s'est avancé vers le prêtre. Il s'est penché comme les amants qui n'ont rien à dire de vraiment secret, mais se parlent à l'oreille.

« Le monde va être jugé par les ivrognes, il a déclamé avec emphase. Officiel. »

Il a roté bière, par inadvertance. Il a susurré :
« Avec mes excuses, Louis. »
Il a reculé. Il m'a tiré par la manche au passage.
« Sûr que je suis viré après ça », il a pronostiqué.
Il a démarré sans prévenir. Floc, floc, il faisait vibure vers la sortie. Une fois dehors, la rue au pouvoir, il a porté la main à son gosier. Il a avalé avec difficulté.
« Paie-moi un coup, petit mousse, il a suggéré. Emmène-moi sur la mer et je te raconte la suite. Allez, a-t-il tangué, file-moi l' train, début de marin! Suis! Dépêche avant que je gîte! Embarque! Le port est pas bien loin! »

On s'est retrouvés dans la salle des Pas-Perdus de la gare Montparnasse.
« Merde, il a fait en regardant sa main comme s'il la connaissait pas, elle tremble! Merde, il a répété, ça me fait chier pour Louis! D'habitude, c'est un curé-remorqueur qui craint pas la houle et j' m'en voudrais de lui avoir fait du tort. Merde, il en finissait pas de répéter. Mais aussi! il a dit, il fallait bien que j' m'occupe des affaires de moi!
– Quelles affaires? j'ai risqué.
– Bonne question, journaliste. »
Il ne tremblait plus. Il m'a montré le bistrot situé devant nous et qui affichait : *Le Dolmen,* bar américain.
« Direction nord, il a décrété. Bien mené, on devrait être là-bas avant midi. »

Cent quarante-deux pas plus loin, on était coude à coude devant le comptoir. Ça ne changeait pas énormément de la veille. Toutes affaires illico cessantes, il a planté sa trompe dans la mousse d'une gueuse Lambic.

« Quand est-ce que je vais bien pouvoir rejouer les vivants? il m'a demandé à brûle-pourpoint.

– Dites-moi plutôt comment vous êtes mort, je me suis permis.

– Dans un accident de la route », me renseigna-t-il aussitôt.

Il a dû penser que ça méritait une explication supplémentaire :

« Simple, môme La Fayette. Ça n'est pas moi qui étais au volant de ma bagnole le soir où elle a brûlé. Seulement le type à qui je l'avais prêtée.

– Qui était-ce?

– Cet abruti de Zacharie Blue, of course. Je le connaissais depuis quelques heures et je crois bien qu'on avait picolé comme des martyrs. Il m'a emprunté la bagnole et moi, je lui ai emprunté la clef de son appartement pour me reposer en attendant qu'il revienne... Jamais revenu, l'imbécile! Le méchant con à roulettes! »

Le pogo a fait un signe pour qu'on renouvelle son breuvage. Il a laissé dériver ses yeux sur les voyageurs qui couraient vers le train 147, Nantes-Le Croisic. La voix d'oasis d'une hôtesse a traversé le hall en diagonale. Elle a dit : « M. Boutel est invité à se présenter à la porte 16. » Ça s'est terminé par un crachouillis merdique.

Le pogo s'est marré.

« Un gars drôlement combustible, Zacharie Blue, il a apprécié. Le salaud a brûlé jusqu'à l'os pariétal. Tout ce qu'on a ramené à ma veuve, c'est un petit tas de cendres, le saint Christophe du tableau de bord et une boucle de ceinture.

– Mais... Votre femme aurait dû s'apercevoir que ce n'était pas la vôtre!

– Vivante salope! Chienne à deux nichons! Elle s'en est aperçu, bien sûr! Je ne porte jamais que des bretelles!

– Alors pourquoi n'a-t-elle rien dit aux flics?

– Ça arrangeait Georgia que je sois mort.

— Et vous?
— Oh! moi, ça ne me dérangeait pas.
— Pourquoi?
— Parce que c'était une période où je ne tenais pas spécialement à la vie. Je n'y ai jamais tenu d'ailleurs.... Ou alors, juste le temps de lâcher le trapèze... Je parle de l'époque où je faisais encore de la voltige sur le ventre de Georgia. »

Il sourit :
« J'aimais bien me lâcher au-dessus d'elle. Vous tombiez vraiment de haut quand vous baisiez Georgia. »

J'ai repris sa métaphore. Ça m'aidait à ne pas briser le fil :
« Vous ne faisiez plus de trapèze avec elle au moment de l'accident?
— De moins en moins. Elle n'avait plus besoin de moi pour être heureuse. J'étais supplanté. Charles-Henri avait sorti l'as de cœur... C'est lui qui donnait les cartes.
— Et vous laissiez faire?
— Pas! J'avais menacé, pensez bien! Ni plus ni moins que tout le monde. J'avais dit : attention tous! Un jour, je serais tellement méchant de chagrin que je tuerai quelqu'un. Et ça ne me fera rien! Ni froid ni chaud! Ni bleu ni rouge! Rien! Là-dessus, voyez l'avanie, c'est moi qui passe l'arme à gauche!
— Comment l'avez-vous su?
— Le lendemain, en me réveillant avec une sacrée gueule de bois. Imaginez : j'étais dans un studio que je ne connaissais pas. La bibliothèque était pleine de livres que je n'avais pas lus, le Frigidaire déconnait et la radio disait que j'étais mort sur l'autoroute de l'Ouest. Au début, ma langue était si épaisse que je ne l'ai pas cru. Je suis revenu à tâtons jusqu'au lit et je me suis rendormi pour trois jours.
— Vous n'avez pas réapparu?
— Le quatrième jour, j'ai téléphoné à ma femme. Georgia m'a donné rendez-vous dans un hôtel japonais

du front de Seine. A la nuit tombante, je l'ai rejointe. J'ai essayé de recoller les morceaux. D'être aussi vivant que possible. Mais elle n'y tenait pas. Elle m'a annoncé mes obsèques pour le lendemain.

– « J'ai besoin de toi, elle a dit. Il faut pas passer à « côté de ce qui nous est offert. » Moi, j'aurais aimé profiter de la situation pour faire un tour de trapèze. Devenir intéressant, merde. Oublier Charles-Henri. Me lâcher une bonne fois sur le ventre de Georgia. Elle était nue. Elle le faisait exprès. Elle avait enfilé son costume de cirque Deux seins tendus comme au bon vieux temps. On était grimpés tout en haut du chapiteau. Les tambours roulaient. Les têtes étaient levées vers nous. Bon Dieu! il n'y avait plus qu'à se jeter dans le vide. Georgia était plus belle que l'enfer. La chambre n'y suffisait plus. Elle a fermé les yeux. Elle a ouvert ses cuisses à la page du sexe. Elle a fait les gestes de l'extase et je me suis lâché une bonne fois dans le vide. Ça n'en finissait pas de tourner. Je remontais là-haut comme je voulais. C'était vivant. C'était liquide. Je criais. Elle me griffait chaque fois que je passais à sa hauteur. Nous avons fini la nuit au pied d'un bonzaï. De temps en temps, pour faire illusion, Georgia grimpait aux branches du micocoulier nain. Elle criait : « Notre amour bouge encore! » Moi, j'étais prêt à une vie miniature et totalement horizontale. Là-dessus...

– Là-dessus?

– Elle m'a parlé de l'assurance-vie.

– Vous aviez souscrit à une assurance-vie?

– Oui. Georgia m'offrait de partager avec elle. A condition de rester mort, bien entendu.

– A condition de la perdre. »

Il ricana :

« Jamais pu tirer un coup depuis cette fameuse nuit, figure-toi. Chaque fois que je me trouve devant un trou de femme, je revois les dents de Georgia. Un sécateur. Et je déroute entre les jambes. C'est comme ça que mes yeux sont devenus rouges. A force de regarder ma honte dans la glace, petit. A force. »

Il a laissé tomber ses bras.

« Longtemps, j'ai plus senti mon corps, il a murmuré. A ce moment-là, t'aurais pu me faire n'importe quoi. Me greffer un cœur de babouin, me customiser en boîte à idées noires, m'implanter des glandes lacrimales de crocodile ou me brancher une prise Péritel. J'étais naze. Déchiqueté, épavé, défoncé. Stoned.

– Et l'argent?

– Bonne question, fils. J'ai jamais voulu du maudit fric. Je lui ai dit qu'elle pouvait tout garder. Le fric et Charles-Henri. »

Il est descendu de son tabouret.

« Après l'hôtel japonais, je suis retourné à l'appartement de Zacharie. J'ai trouvé son passeport et je suis parti pour l'Amérique. J'y suis resté sept ans. J'ai trouvé un engagement sur la côte Ouest. J'ai soufflé tous les foutus soirs dans un sax ténor pour le compte de Jabbo Smith. Et je n'ai jamais oublié Georgia. »

Il s'est tu. Il est resté carpe un moment. Graduellement, il a fait mouvement derrière le comptoir. C'était une attitude si bizarre, tellement inattendue, que ni moi ni le patron ne réagirent.

« Il faut que je fasse quelque chose pour moi », a dit le pogo.

Il s'est immobilisé devant les étagères. A verres, à tasses, à apéritifs. Et il a commencé à tout balayer. Ça faisait un bruit de casse auquel personne aurait pu croire. Le taulier, plutôt costaud, a posé son torchon. Sa bouche s'est ouverte vers le bas. L'air incrédule, il a commencé à rouler en direction du forcené. Il avançait avec un nerf de bœuf qu'il avait attrapé en route.

« M'approche pas, a fait le pogo au limonadier, j' te jure que j'existe à l'état sauvage. »

Et comme l'autre tenait pas compte, il l'a ouvert d'un coup de boule.

Après ça, tout s'est mis à ressembler à un abattoir. Le bistrotier arrêtait plus de faire tomber sa matraque sur la tête du pogo. Il voulait l'ouvrir. C'est devenu déraisonnable. Zac avait seulement un reste de front à force de se le faire taper contre le zinc. Son nez avait éclaté depuis longtemps. Toute cette sauvagerie s'est ralentie quand il a glissé dans la sciure comme un vieux canasson. Il est tombé sur les genoux. Equarri net.

On aurait pu penser que la brutalité et le malheur finiraient par se lasser, mais c'est le temps qui s'est mis à devenir le malheur. Au fur et à mesure qu'il passait, le pogo s'est mis à hurler. Il hurlait tout ce qu'il avait de peine et de douleur. Il y avait le nom de Georgia qui revenait. Il était mêlé à des dégobilles de sang et de morve innombrables. Il revenait. C'était un hourvari du cœur. Une boucherie de pitié intérieure. C'était bien trop affreux pour être entendu. Même par un con méchant comme ce bistroquet-là.

« Emmenez votre poubelle », il m'a fait l'Auvergnat. Sa voix était couleur blanche. « J'y touche pas, moi, à votre souillure. Trop dégueulasse à soulever. »

On est partis, le pogo, moi. On laissait des traces rosâtres derrière nous. Un sillage. Un remugle. Et je ne savais plus ce qui était bien, ce qui était mal. Ce qui puait le plus, ce qui saignait d'avantage. Les gens se retournaient sur nous. Le pogo s'appuyait de toutes ses forces à mon épaule et puis d'un coup, il s'est mis à peser un arbre mort et il est tombé sur le ciment.

J'ai cru qu'il était fait.

Il avait plus de couleur. Il était crayonné de traits gris. J'ai couru jusqu'à une cabine téléphonique. Au travers de la paroi vitrée, je voyais, là-bas, la foule qui s'ouvrait en deux en arrivant près du corps. C'est pas un mort qui l'aurait arrêtée. Ils continuaient à vaquer à leurs occupes, les gens. A peine si deux trois se sont déguisés avec des sourires gênés en passant près de la dépouille. Compassion aucune. Pas un geste. Personne pour venir en aide. Réconfort encore moins. Rien! Rien qu'un troupeau piétaillant vers des baises, des profits, des télés.

J'arrivais pas à obtenir Police Secours. A l'autre bout de la ligne, il y avait une voix qui serinait une politesse, qui répétait qu'elle était le commissariat du XIVe et qu'il fallait pas quitter. Et là-bas, au milieu de la foule qui continuait à défiler, d'un seul coup, il y a eu du nouveau. Le naufragé s'est mis à bouger. Je m'en souviens comme si c'était hier... Bon Dieu! D'où je suis, je vois mon pogo qui se met à remuer les bottes. Il pédale en l'air. J'abandonne tout. Le téléphone, je laisse pendre. Je cours. J'arrive. Je me penche. L'horreur! Il se ranime. Papillote un œil. Laisse passer le soleil. Pince le nez. Respire pour de bon. Soubresaute à peine. Puis, sans prévenir, se relève sur ses badines. Et détale en caoutchouc.

Une fois chez moi, j'aurais dû me sentir peinard.

Au lieu de ça, j'ai vomi trois fois par sa faute. Je me suis couché. Tout ce que j'avais à faire, c'était de fermer les yeux et d'oublier une épave dans son genre. Mais il s'était installé. J'avais beau faire, respirer à fond, déconnecter ma matière cérébrale, imaginer des situations scabreuses où normalement on finissait immanquablement dans les bras d'une blonde captivante, rien n'y faisait. C'est lui qui était là. Avec ses yeux rouges. Avec son insistance. J'ai essayé le jazz, le Duke à l'assaut de mes baffles. Bernique! Et pas de meilleur résultat sur la chaîne, même en balourdant Afrika Bambaataa, mister Rap, le père du hip-hop en personne. Rien! Juste le pogo dans la tête. Indélébile. Crocheté dans l'intérieur. Présent comme dans l'imagination. Deux sourires, trois vitesses, quatre mains caressantes.

J'ai fini par dormir. Mais il m'a suivi sous les draps. Fièvre et glace, il était au coin de mes rêves. Sommeil paradoxal saccagé, réveils en sursaut, sueur au creux des reins, angor à tous les étages du thorax, je n'ai rien pu faire de bon. Impossible de le secouer. Barbitus, pils rouges, orange, bleues, Tranxène, toutes les formes de dope, impossible de lui échapper. L'excès permanent des nerfs qui faisait ça. Dès que je sombrais, le pogo arrivait. Termes de blasphèmes, il écumait. Bave de colère au coin des lèvres, il écumait. Il me poursuivait de ses anathèmes. J'aurais voulu plonger dans la mer. Planctonner dans les fosses du Pacifique. Faire sargasse dans un marigot d'Amazonie. Me réfugier au fond d'un caisson d'isolation sensorielle. Mais toujours revenait l'image du cinglé aux yeux rouges.

J'ai avalé la pharmacie. Mon lit s'est mis à traverser l'Océan. Ça allait beaucoup trop vite. Le grand mât est tombé le premier. Tout pris sur la gueule. Et pas question de réparer. Tabarly, Riguidel et Surcouf étaient après moi. J'ai dérivé dans des creux de sept mètres. Le pogo se trouvait encore au fond de chaque lame. Elles étaient pourtant des vagues monumentales. De plus en plus hautes. Mais n'importe! Bien calé dans ses bottes. Il marchait sur les flots. Une placidité indémaillable. Il buvait sa bibine.

Jusqu'à ce que le coma me mâche la tête à l'improviste.

C'est toujours difficile de remonter dans le noir. Parce qu'il n'y a pas de contours.

Je revenais de si loin que ça n'en finissait pas. Cette sonnerie qui m'obligeait à le faire était d'une cruauté infernale. Je n'avais pas assez d'oxygène pour tenir jusqu'en haut. Un étau autour du crâne. Les bronches vides. Au bord de la syncope, j'ai ressurgi à hauteur des poils de moquette.

Dans la pénombre, il y avait une paire de bottes devant mes yeux. J'ai palpé le caoutchouc. Ça sentait la marée. Le mégot, le refroidi. J'ai nagé la brasse coulée en direction de la salle de bain.

« Cesse de faire la tortue qui n'avance pas », a dit sa voix éraillée.

Et c'était Lui.

Il m'a enjambé. Floc. Il a tiré les rideaux. Il a ouvert la fenêtre et la ville est entrée dans la chambre.

« C'est vous ? » j'ai risqué.

Il était porteur à bout de bras d'un abutilon. La plante, étrangement élancée, était enrobée de papier cristal. Il l'a posée devant moi.

« Dépêche-toi d'aller porter ça chez ma femme, il a fait. J'ai hâte qu'elle fasse ta connaissance.

– Ta femme ? je me suis permis.

– Ma veuve, il a corrigé. Je veux que tu la baises dans les plus brefs délais. »

Je l'ai regardé avec la curiosité et la répulsion qu'il méritait. Je n'ai eu la force de rien dire.

« Ne discute pas comme d'habitude, a-t-il prononcé. Georgia a les plus beaux seins du monde. Où est le Frigidaire ? »

Comme d'habitude ! Quelle habitude ? On ne se connaissait que depuis quarante-huit heures !

« Va nous chercher une bibine, a-t-il dit. Et après, je t'indiquerai le mode d'emploi.

– Non, me suis-je permis.

– Si », il a tranché.

J'ai haussé les épaules. J'ai claqué la porte, mais je suis revenu avec une bière.

Il l'a bue tout entière. Ses yeux s'avivaient à mesure. Un beau rouge vif. Soudain, il m'a tapoté la joue.

« Ne te plains pas, a-t-il dit. Je te laisse le plus de liberté possible. »

Il a redemandé une deuxième bière. Est-ce que j'avais du schnaps ? Non, Ducon, je n'en avais pas.

« Appelle-moi Zac », il a redoublé de gentillesse.

Et il a allongé ses pieds sur le couvre-lit.

C'était une maison blanche. La pelouse était bien entretenue. Non loin d'un cèdre, un tourniquet rotatif fractionnait le temps en petites tranches de fraîcheur. L'arrière-plan sonore était constitué par un roucoulement de voix enfantines. Elles psalmodiaient une comptine d'où s'échappait parfois un rire. Cette répétition cadencée combinée avec le grinçant va-et-vient d'une balançoire aggravait l'état de lourdeur de la fin d'après-midi.

Avant d'atteindre le perron, la lumière encore rêche se faufilait entre les bouleaux. Elle arrivait jusqu'à moitié d'une véranda où le reste était une ombre douce, vaguement bougeuse, qui dansait à peine sur le dossier des sièges en rotin. Cette vibration dentelière épargnait seulement un vase terriblement bleu, planté sur une table de jardin, et qui buvait goulûment le soleil dans l'épaisseur de sa pâte de verre.

J'ai grimpé deux marches. J'ai sonné une seule fois. Georgia a ouvert. Elle était belle comme Ava Gardner. J'avais les bras stupidement tendus devant moi. Un sourire niais, je crois bien. Elle a dit :

« Ah ! c'est vous la plante verte ? »

Et aussitôt après, ses pupilles se sont rétrécies pour m'évaluer.

« Eh bien, entrez, a-t-elle dit. Posez ça n'importe où. »

Elle m'a précédé dans l'entrée. Juchée sur ses talons, elle marchait avec des manières d'équilibriste. Sa robe dansait corolle et chaque pas tombait miraculeusement sur la marelle du carrelage. Elle s'était attribué les carrés noirs. J'ai suivi sur les blancs. C'était comme dans un rêve.

Nous avons traversé le living meublé avec des fauteuils par Mallet-Stevens et une réédition d'un tapis d'Eileen Gray.

« C'est à la cuisine que ça se tient », a-t-elle dit d'une voix neutre.

Elle a poussé la porte. Elle a allumé le néon. Elle a montré les robots, les mixers, le four à micro-ondes, l'évier et elle a parachuté sa robe.

Elle l'a enjambée et elle n'avait rien dessous. Elle est descendue de ses talons hauts. Elle a pris l'air aussi vulgaire que ça lui était possible et elle a dit :

« Saute-moi. Ne LE fais pas attendre. »

Elle s'est approchée de moi et elle a pris mes lèvres. Sa langue avait l'autorité d'un fourmilier. Elle a descendu ma fermeture Eclair et elle s'est agenouillée devant moi. Elle m'a pris entre ses dents et je suis monté tout en haut. Elle m'a laissé sur le fil du rasoir. Elle a dit :

« Je ne sais pas où il avait ramassé celui de l'année dernière, mais celui-là était un sacré salaud. Il a voulu que ce soit dans les chiottes. Il m'a vraiment fait mal. »

Elle l'a pris dans sa main et elle l'a fait grimper au mauve.

« Et toi ? Qu'est-ce que tu vas exiger ? Tu sais, Zac veut que ce soit le plus révoltant possible. Tu peux saupoudrer la table de farine si ça te chante et me prendre comme dans *Le facteur sonne toujours deux fois*. Tu peux aussi me tartiner de confiture et me faire ça comme à une chienne. N'hésite pas à me punir parce que si tu ne lui racontes pas quelque chose de vraiment cruel, il m'enverra quelqu'un d'autre la semaine prochaine. »

Elle a bougé ses longs cheveux noirs. Un signe de désespoir.

« Je te jure, elle a dit, je préfère que ce soit bien dégueulasse en une seule fois et avoir la paix jusqu'à l'année prochaine. »

Elle a mis en marche un petit magnétophone. Elle a orienté le micro dans notre direction.

« J'espère que les piles sont encore bonnes », elle a commenté.

Elle m'a guidé jusqu'à un coin de la pièce où était l'évier et elle m'a glissé dans elle. On est restés debout contre le mur. Elle était liquide et elle a fermé les yeux.

« Fourre-moi profond, elle a dit. N'hésite pas à me faire mal. Enlève-moi. Prends-ça pour lui. Qu'il me laisse en repos. »

J'ai commencé à abîmer Georgia. Je jure que je devenais fou. La sueur coulait entre nous. Elle était tout ce qui nous partageait. Elle s'est mise à geindre. Elle était encore plus belle qu'avant. J'ai ouvert le robinet de l'évier derrière elle. Elle s'est raidie.

« Tu vas me brûler? » a-t-elle demandé.

J'ai trempé ma main dans l'eau fraîche et je la lui ai passée sur le visage.

Elle a regardé du côté du magnétophone avec inquiétude.

« Ne sois pas gentil, s'est-elle cabrée. Pas de ça! Fourre-moi! »

J'ai remué dans elle et elle a recommancé à miauler. Elle organisait tout ce qu'elle pouvait avec son ventre. La terre entière s'est mise à devenir un point incandescent. Et j'ai donné jusqu'à la moelle. Elle est partie en renverse, en gesticule, en toupie-rage. On s'est creusés le plus possible.

Après, il faisait sombre. Le magnétophone avait disjoncté depuis longtemps. On était sur le carrelage. Chacun comme une croix. Etalés, flanelles, cherchant la fraîcheur.

Je me suis soulevé sur le coude. J'ai deviné le blanc de ses yeux qui me cherchait. Une femme comblée ça s'illumine comme une lanterne japonaise. Georgia brillait dans le noir. Je me suis levé.

J'ai regardé dehors. Sur la pelouse, il y avait un ballon couvert d'étoiles. Et un vélo couché sur le côté. Fatigué. J'ai ouvert la radio et John Coltrane a joué *Giant Steps*.

« Vous êtes ma quatrième plante verte en trois ans, a dit Georgia. La première année, il y en a eu deux. Le premier type était trop tendre, ça n'a pas suffi comme merde à Zac. Et avec toi, ce soir, c'est du pareil au même. T'es pas assez salaud. Ou c'est moi, va savoir, et j'ai grimpé trop haut. »

Elle a tendu la main vers le magnétophone. Elle a éjecté la bande et elle me l'a tendue.

« Ça m'étonnerait qu'il se contente de si peu », dit-elle encore.

Elle a souri dans la pénombre. Elle a allumé une

cigarette. Et quelqu'un s'est mis à marcher au-dessus de nos têtes.

C'était un pas lourd et régulier en provenance du premier étage.

« C'est rien, a dit Georgia. C'est Charles-Henri qui commence à avoir faim. »

Elle s'est relevée. Elle a ouvert le frigo. Elle a sorti une omelette froide, des sandwichs et un yaourt aux fruits. Elle les a disposés sur un plateau. Elle m'a tendu une bouteille de bordeaux pour que je la débouche.

« Il faut que j'aille arrêter le tourniquet dans le jardin », a dit Georgia.

*Je mourrai
et j'irai vers mon père*

A Daniel Rondeau

Plus la montagne se rapprochait, et plus le pilote prenait la couleur brique des éperons rocheux. Le petit bimoteur donnait l'impression de s'asphyxier.

A nouveau, le regard du passager quitta pour une fraction de seconde la paroi verticale qui se dressait face au cockpit, pour se poser sur la main droite de l'aviateur. Les doigts de ce dernier se crispèrent sur le petit robinet de cuivre. Ils répétèrent un geste à l'amplitude dérisoire, dans le sens inverse des aiguilles d'une montre.

« Pas de doute, señor, nous sommes passés sur le réservoir de secours », dit l'homme.

Des veines extraordinairement apparentes battaient à fleur de sa peau.

« Bon Dieu! Mais essayez de grimper! » gueula le passager.

Mais la voix de Dan Dancigers n'avait pas de poids dans l'air lourd. Elle ne pénétrait pas.

« Je ne peux pas, señor, dit le pilote. L'avion a du plomb dans les ailes. Du plomb. »

Il avait les yeux fixes. Le cou tendu vers l'avant.

Au-dessus de lui, Dan remarqua, le soleil dessinait une toupie incandescente qui vrillait l'habitacle. Mille escarbilles concentriques et mouvantes autour d'un point à la densité démesurément aveuglante. Un jaillissement rouge. Lignes et points conjugués. Une hémorragie chromatique proche de la douleur. De la vitrification. De la force totale. Proche de Dieu, pensa Dan. Inregardable.

Le nez de l'appareil sembla renifler la paroi du cirque dans lequel ils s'étaient laissé enfermer. Partout, il manquait la hauteur d'un building de dix étages pour passer au-dessus de la crête du ravin. Et au-delà, c'était un plateau qui s'ouvrait, inondé de chaleur. Du feu. Les moteurs se mirent à tousser et une ratée plus importante que les autres leur permit d'entendre le sifflement de l'air chaud sur l'empennage.

« Il y a une saleté qui bouche le conduit de raccordement, dit le pilote.

— Ordure de toi, dit Dan. Si tu avais fait le plein au lieu de garder l'argent dans ta poche! »

Il jeta un coup d'œil furtif à ce bidon rouge absurde qu'ils avaient entre eux et qui symbolisait leur salut. Il passa sa langue sur ses dents. Bon Dieu, le soleil et la peur lui coupaient la langue. Comme il avait soif! Et le temps n'en finissait pas de prendre des détours minutieux.

« Je ne veux pas mourir de cette façon-là, pensa Dan. C'est impossible. Pas moi. Je ne veux pas. Je ne peux pas. »

Son intelligence se révoltait. La merde si chaque seconde ne devenait pas aiguë au point d'avoir la faculté de tout envisager à voix haute.

« Faites demi-tour! gueula-t-il, et cette fois, il ressentit le son de sa voix comme si elle occupait tout l'habitacle.

— Pour aller où? » demanda le pilote.

Il retira ses Ray-ban et eut un geste court pour désigner ce qui les entourait. Des rochers. Des dents. Des haillons cailloutex. Un mur de rochers et des arbres soudain effrayants parce qu'en se rapprochant d'eux, on comprenait mieux leur échelle. Ils étaient hauts, nus, et tendaient leurs bras pour capturer l'avion.

« Je ne veux pas mourir de cette façon inepte, pensa Dan. Je suis parti. J'ai tout quitté pour retrouver mon père. Je veux choisir ma mort. J'y ai droit, je pense. Après tout ce que j'ai fait! »

Au tout dernier moment, une vibration secoua les pieds des deux hommes, étrangement solidaires de la même crispation. Le moteur droit reprit le premier son chuintement de moustique fatigué. Celui de gauche communiqua un soubresaut à l'hélice. Après un hoquet, un peu de fumée bleue apparut en corolle, et, seulement alors, les pales s'emballèrent, se rejoignirent et disparurent dans un cercle de vitesse.

L'avion sembla retrouver une nouvelle qualité de respiration. Délivré des pesanteurs terrestres, il prit insensiblement de l'altitude. Son nez regardait le ciel, mais la pente qu'il remontait était beaucoup trop faible pour le bond qui lui restait à faire au-dessus de la crête.

« Il manque cinq mètres! Jamais nous ne passerons. Virez! Virez, bon Dieu! Nous allons nous écraser », disait Dan.

C'est ce qu'il disait et à mesure, il se rapetissait sur son siège en parlant au pilote. L'autre continuait à vouloir réussir son projet insensé. Il était raide, muré dans son entêtement dérisoire qui passait par sa propre mort, victime d'une sorte de détachement divin qui le rivait à sa machine.

Le passager ferma les yeux un peu avant le tout dernier moment. Au travers de ses paupières closes, il retrouva la lumière pourpre du soleil. Elle l'habitait. Une turbulence de points incandescents qui s'ordonnaient et se désagrégeaient tumultueusement en un blason douteux.

« Je ne veux pas mourir de cette façon », hurla Dan à l'intérieur de lui-même. Et il perçut son ultime désarroi comme un orage d'une violence extrême.

Soudain, sa folie l'empourpra. En un geste diagonal, il palpa sa poche intérieure et en ressortit un rouleau de billets verts serrés par un élastique. Il les posa sur les genoux du pilote.

« Cinq mille dollars! hurla-t-il. Ils sont à vous! »
Et ils avancèrent au-devant de la montagne.

« On n'achète pas la vie, dit le pilote. Je suis passé parce que Dieu l'a voulu. »

Dan riait. Il n'avait pas d'explication. Il riait. Il riait à hauteur de sa peur. Il se sentait liquide dans son pantalon. Souillé sous lui. Bon sang que c'était rassurant de sentir votre propre matière vous échapper. Il tendit la main vers le vide-poche et trouva sa fiole de whisky.

« Jamais plus je ne me résignerai, pensa-t-il. Je triompherai toujours. » Il but longtemps. En fermant les yeux. En bloquant sa respiration. Quand le souffle lui fit défaut, il les rouvrit. Pas avant. Un pari à l'intérieur de son organisme. Pour sentir la force de son sang battre dans ses veines. Pour trouver envers lui-même quelque chose d'aussi parfaitement brutal que le soleil envers tous, un étourdissant disque qui perforait le plexiglas.

Quand il relâcha ses bronches, il vit, en se penchant vers la droite, les arbres, qui défilaient, jus verdâtre, vaincus par la vitesse. Restait l'immensité immobile de la jungle. Son opacité insondable qui buvait même l'Orénoque. Elle était là comme une réponse à la mobilité retrouvée du bimoteur. Comme une parade inventée pour contrer son pouvoir repris à cause de l'altitude.

Au sol, rien à voir. Rien. A part un tissu bleu, nimbé de vapeur à l'horizon, à l'ouest, les boucles du fleuve – comme des miroirs faits pour éblouir – et devant eux, toujours, interminablement, la forêt qui tissait sous l'avionnette un nouvel imbroglio végétal.

« Tu peux garder l'argent, dit Dan au pilote.
– Pas la peine de me tutoyer », dit le pilote.

Il empocha la liasse qu'il avait laissée sur ses genoux.

« Et pas de honte à prendre votre fric, dit-il.

D'ailleurs, si je fais cette saleté de métier, c'est entièrement pour le fric. »

Il ne regardait pas Dan. Il parlait à ses manomètres. A son manche à balai. A la poussière sur le tableau de bord.

« Fric, fric, fric », dit-il encore comme pour se désénerver.

Il remit ses Ray-ban qu'il avait retirées au moment crucial et, toujours sans regarder son interlocuteur, tendit la main vers la bouteille.

« Donnez, dit-il, moi aussi j'ai besoin d'oublier toute cette merde. »

La piste apparut, blanche comme une cicatrice. Des dizaines de griffures laissées par les jeeps s'en écartaient sans logique apparente. Elles disparaissaient rapidement, gommées par la végétation. Au bout d'une nervure plus épaisse, un avion gardait le nez planté dans un trou. L'une de ses ailes était restée derrière lui. Ebauche de squelette, ses structures étaient apparentes, au travers de l'entoilage déchiré.

« Je connaissais le type, dit le pilote en virant pour prendre son terrain. Ruysberg. Un Hollandais pas si maladroit que ça avec un zinc. Trop malin, je dirais. C'est lui qui a fait le premier arrivage. Les mineurs étaient trop nombreux. Toujours leur putain d'équipement. Et maintenant tout cela ne veut plus rien dire. Quelle merde! Il n'y a plus de diamants ici! Juste des morts! »

Ils arrondirent un cercle au-dessus d'une clairière dont le glacis de terre blanche donnait l'impression d'avoir subi un bombardement. Deux mille trous, peut-être davantage. Des quadrilatères remplis d'une eau aussi bleue que celle de n'importe quelle piscine californienne sur un dépliant d'hôtel trois étoiles, autant de placers, aujourd'hui abandonnés, où des hommes creusant dix heures par jour avaient espéré ressortir la battée qui ferait d'eux des milliardaires.

« Fric, fric, fric », dit le pilote.

Il réduisit la vitesse et les ailes du bimoteur se mirent à danser sur l'air chaud. En dandinant du cul, l'avion piqua vers le sol. Ils rasèrent la cime des copayers et, circulant dans une sorte de couloir où les arbres les dominaient, débouchèrent au-dessus de quatre ou cinq baraquements de tôle.

Dan vit nettement un groupe d'hommes, le visage tourné vers eux, qui agitaient leurs chapeaux, puis, l'avion aborda la piste. Le choc sourd des roues percutant la terre déclencha un univers de bruits. Rebondissant de nid de poule en excavation, l'avion cherchait sa stabilité sans la trouver. Il y eut une sorte de moment d'incertitude. Ensuite, le pilote commença à freiner et, après un rugissement des moteurs, à reprendre la situation en main. Brusquement, l'avion devint un simple engin mécanique qui roulait sur le sol pour chercher son chemin. Ils firent une cinquantaine de mètres, un demi-tour et s'immobilisèrent près de l'épave du Vicount.

Dès que les moteurs se furent tus, ils entendirent les insectes.

« Dans six mois, les Indiens auront tout liquidé, dit le pilote en regardant du côté de l'épave. Ils découpent l'alu et en font des bijoux. Une fois, c'est arrivé au bout de deux ans, le Gouvernement a retrouvé un DC 3 disparu parce que la femme d'un commerçant de Ciudad Bolivar avait trompé son mari avec un douanier de l'aéroport de Caracas... Pauvre conne! Elle avait la boîte noire montée en pendentif! »

Il ouvrit la portière de son côté et sauta dans la fournaise. Dan l'y suivit en sautant maladroitement. Pour lui, il y eut d'abord le sol blanc. Sa réverbération insoutenable. Le poids de la chaleur appuya sur sa nuque. Puis les yeux de cet enfant.

« Cigarettes? Coca? Tu veux une montre? Tu veux manger? »

Une mouche se posa sur son front. Presque aussitôt sur sa joue. Sur la morve qui lui tombait du nez.

Dan regardait la terre.

« Señor? Restaurant? Tu veux une fille? »

L'enfant aspira sa morve. La mouche s'enfuit dans l'air torride.

« Moi, je ne reste pas, dit le pilote. Vous descendrez vos bagages. »

Il courut lui-même jusqu'à la pompe, faisant signe au préposé de ne pas bouger de l'ombre où il se tenait. En déroulant le tuyau derrière lui, il grimpa sur l'aile de l'avion afin de refaire le plein.

Dan regardait l'autre extrémité de la piste. Les hangars abandonnés. Il semblait captif du temps immobile.

« Viens baiser ma sœur, dit le gosse. Elle est propre. Elle a dix-sept ans. »

Comme un homme qui rentre le soir et sait ce qu'il va trouver, Dan se laissa prendre par la main. Le gosse le guidait vers la lisière de la forêt, là où se devinaient des baraques couvertes de plastique ondulé, et plus loin, derrière, la majesté du fleuve. Tout au long de la piste, il se retourna une seule fois. C'était pour répondre aux appels du pilote.

« Señor! Votre sac! Vos bagages! Vous les oubliez! »

Dan fit un geste pour signifier que c'était sans importance et shoota dans une pierre.

L'enfant le tenait toujours par la main. Il ne manifestait plus d'impatience. Une jeep passa près d'eux avec huit chemises blanches à son bord.

« Les mineurs repartent, dit le gosse. Il n'y a plus de diamants. Ils repartent et nous serons pauvres comme avant. »

Quand la poussière fut retombée, Dan se remit en marche. A côté de lui, le gosse se grattait le ventre.

Là-bas, dans la distance, les vapeurs d'essence gondolaient la silhouette de l'aviateur penché sur son réservoir. Il donnait l'impression, haut perché, d'être sur le point de disparaître magiquement, tellement son corps flottait dans l'espace saigné à blanc, ondulait, pris dans une mouvance invisible qui allait le dissoudre.

« Allons », dit le voyageur à l'enfant.

Et il franchit le rideau de perles du bordel.

« La Négra! Celle-là est ma sœur », a dit le gosse.

Il a désigné une grande fille à la peau sombre. Elle a ri les dents. Croupe merveilleuse. Ondule, ondule.

« Tu la sautes par le cul, c'est ce qu'elle préfère! » a dit le gosse.

Elle a ri les dents. Elle a trémoussé les seins. Mamelles suce, tu parles d'un boui-boui, son cul bougeur, elle faisait des simagrées. Elle a bougé, tchoup, tchoup. Elle a frappé ses cuisses. Tambour drum, elle a fait suçon avec ses lèvres.

« Aïe aïe, aïe, a dit le gosse. Elle veut avaler tout ton argent! »

Négra roule. Pile. Volte. Face. Aïe, aïe aïe. Ses pieds tricotent. Paumes. Zyeux. Provo, le ventre. C'est intense. Et la chaleur, la tête cognée au sang. N'importe qui aurait crié. Elle bougeait, Négra, devant le juke-box. Les fesses, tu flappes. Les bras, tu jettes. Paupières violettes. Blancs les yeux. Eclat de rire, tu mords. Elle a crié. Se tord, elle s'est tordue. T'es mort. Danse et bascule. Dévergonde, t'occupes! Le ventre en débarcadère. Dancing. Passe-pied. Tortille. Avance. Encore. Recule. Plié, rond. Tordion du cul. Ondule, ondule. Bahihi, bahaha. Que ça, le rythme.

« Homme! Prends-la! Enfile comme je t'ai dit! glapit la voix du petit. Vois! Elle glisse comme la terre après l'orage! »

Négra a ri. Tout soudain, s'est arrêtée. Vlam, finie. Ruinée sur place. Eteinte d'un coup. Boudeuse. Ce blanco qui ne fait rien. Tchi, gringo! Elle tourne le dos. Tant pis le mouvement. C'est fini.

« Elle boude, a dit le gosse. Elle est vexée. Plie un billet et mets-lui dans le cul. C'est ça qu'elle veut. Après, elle te fera l'éventail indien. »

Négra a ri. S'est partie faire un tour. Pichenette sur le nez d'un mineur. Tape sur les fesses, accepte. Groupade. Un bolivar, tu plies. L'homme a mis son doigt. Un doigt, t'as le droit. Stop! Pas plus!

Négra est partie. La voilà au milieu de cinq putains du même acabit qu'elle. Société cul. Belles peaux. Bonnes putes au lit. Négra a dit. Cinq se sont penchées pour écouter. Hi! La plus petite a ri. Gringo, s'est retournée. Est venue. A embrassé le gosse. Marguerite rouge sur les lèvres.

« Dépêche-toi de bander, Paquito. Je te prendrai sur mon ventre. On jouera à cheval, on jouera à brouette!

– Va te faire voir, putana. Je te parle pas Rosita. »

Rosita a ri. Fond de teint. Gerçures de près. La crasse qui rigole. Un diamant dans l'aile du nez. Cinquante piges, tu parles, toujours là.

Demain, je raccroche.

Rosita a regardé Dan. A fait cambrure, Rosita. Son corps sec. La nervure entre ses seins. Un ruisseau asséché qui se perd entre ses jambes. Jusque-là. Le ventre dur. Musclée.

« Nous sommes toutes les sœurs du gamin, a dit Rosita. Ça dépend de la queue qu'il met dans nos chattes! »

A fait voir son vieux cul borgne en basculant vers l'avant. A pas glissés s'est chattée contre Dan. Regard au fond des yeux. Une effronterie de vieille tacticienne. L'enfer dans la mémoire. La langue qui bouge très vite dans la bouche. Les seins sur le plateau de sa main.

« Amuse-toi, a dit Rosita. Touche. Tu paieras après, gringo.

– Retire-toi! a dit le gosse. Cette fois, c'est Négrita qui est ma sœur.

– Nous sommes toutes tes sœurs, fils de pute », a dit petite Rose.

Elle a embrassé le gosse. Il s'est essuyé la bouche. Il a dit coq :

« Non. Retire-toi. Négra est plus propre que toi. Je veux ma commission. »

Il s'est placé entre Dan et les filles. Il a protégé sa marchandise, ce grand type en costume blanc, avec des yeux d'alcoolique et un sourire fatigué.

Les filles ont ri. Elles ont dansé. Elles ont fait flotter leurs culs. C'était la même étoffe qui bougeait sur elles. Cinq petites sœurs, close-position. Voicing. Association Zig, zig. Samba, samba.

Elles tournaient comme les danseuses de Beija Flon.

« Je vais d'abord boire », a dit Dan.

Il a disposé de lui-même, en repoussant l'enfant. Il s'est approché du bar. Il a regardé le métis. Il a sorti un nouveau rouleau de billets verts et en a fait sauter l'élastique.

« Tout le monde boit », a-t-il dit.

L'œil crevé du métis a pris un reflet de nacre. Il a raflé l'argent. Il a répété :

« Tout le monde boit! »

Les mineurs qui étaient là se sont approchés.

Il y avait le Français qui sentait si mauvais. Il y avait Aldo, l'Italien avec sa barbe grise, et aussi Kosalski qui se souvenait vaguement qu'il était polonais.

Il y avait les rires et la fumée. Les mouches et la musique. Une guitare à quatre cordes qui s'ébouriffait de fierté. Une odeur rance d'huile pour les cheveux des filles, d'épices pour faire rissoler le riz et les beignets. De fiente et de plumes, à cause des poulets qui picoraient sur le sol les miettes des hommes.

Il y avait tous ceux qui se taisaient et buvaient à petits coups l'alcool qu'on leur versait et auquel ils n'avaient plus droit depuis longtemps. Depuis le jour, exactement, où leur crédit avait été supprimé par le métis. On ne prête qu'aux riches. Ceux-là avaient tout gagé. Leur montre et leur tamis. Leurs chaussures, leur quattro et même la photo nue de leur femme au soir des noces.

Chili con carne. Téquila. Maïs.

Le soleil commençait à rougir de la fin du jour et les hommes continuaient à boire. Les plus bavards parlaient aux autres. Ils leur disaient des contes à dormir debout dont ils étaient les héros. Ils parlaient d'autres « rushes » vers les diamants. De découvertes exceptionnelles. De l'argent qui leur avait coulé entre les doigts. Plusieurs fois la fortune et plusieurs fois la défaite. Et les autres buvaient en souriant. Ils hochaient la tête, laissant celui qui parlait à sa déambulation rêvée d'une existence en tout point solitaire et cruelle. Ils buvaient. Ils buvaient toujours. Dan buvait. Les dollars buvaient. Money, money, money. Tous ceux qui étaient là buvaient depuis des heures.

Tu avais beau fermer les yeux, c'est au fond de la soupe que tu étais. Homme, remue, c'est là que tu étais. Au fond de ton jus. De ta blessure. Eclaboussant les autres de la fange de ta propre sagouille. Vie ratée, la tête entre les mains. Retardant la fin de ce verre d'alcool qui n'en finissait pas. Chacun évitant pour soi les lenteurs de l'agonie.

Quel est donc celui qui avait demandé à combien d'heures d'avion se trouvait la France? Personne pour lui répondre. Les voix n'arrivaient plus. Le passé était comme un socle. Le présent, une statue. Le futur, la peur.

Derrière les barreaux de la fenêtre, juste au-dessus du coffre-fort du métis, le ciel préparait une grande bataille. Des nuages plus forts que des chevaux accouraient au fond de la clairière. Précédés d'un vent humide, entrecoupés de hennissements électriques, ils installèrent la nuit. Quand le premier éclat fit descendre son escalier de feu devant la cabane, tous se cherchèrent des yeux.

Une fille cria. Aussitôt après, elle se mit à rire avec hystérie. La Négra, peut-être. La Négra peut-être a ri. Ou Rosita. Ou une autre avec ses seins, n'importe. Mais celle qui le faisait, riait pour conjurer sa peur.

Elle exprimait sa terreur d'être sur la terre du Mal, au creux de la forêt du fourmillement. Elle riait. Et les autres s'étaient mises à rire aussi. Elles conjuguaient leur angoisse avec celle de la première. Les hommes, eux, se taisaient lourdement. Et tous furent à nouveau engloutis par les ténèbres.

Alors seulement le tonnerre, avec une sorte de force contenue, lente et progressive, enfla sa barbarie écrasante. Avec sa voix d'opéra, sûr de sa tyrannie absolue sur les êtres, il submergea les assassins, les aventuriers, les naïfs, les brutes et les femmes de ventre. Il les recouvrit complètement de son déferlement pénible et effrayant. Les nerfs se tendirent comme des cordes. Ils souffrirent. Et le déchirement inconscient des raisons – comme un chaos temporaire – céda la place, au fond de chacun, à un infime moment sans axe, sans suite et sans futur – une absence – préscience archaïque de la mort possible.

Un chien gris comme la poussière gueula dans l'aigu. Il rampa avec lâcheté sous la table la plus proche. Et la pluie battante se mit à déferler. Elle avançait en colonnes serrées et successives, progressant sur la forêt ainsi qu'un troupeau liquide, cent mille pattes de pluie de la largeur d'un sabot d'antilope, courant par rafales, piétinement affolé, dans l'immense corral qui descendait jusqu'au fleuve.

Pendant dix longues minutes, les hommes attendirent. Ils étaient à la disposition d'un pouvoir invisible et qui ne tient qu'au rien. Puis, peu à peu, comme une reculade, une sorte de calme précaire s'installa.

Déjà, par moments, les accès de rage et les pleurs de la nuit s'espaçaient. L'eau dégringolait du toit de palmes, rebondissait sur le plastique et régénérait tout sur son passage. Généreuse de sa sensualité sans formes, elle se lovait dans mille crevasses, épousant les replis et – cent mille rigoles – elle humectait les lèvres fendues de la terre ogresse. Dans le silence revenu, torrent après les gouttes, on entendait s'écouler l'eau de vaisselle des hommes. Avec le jus de la terre, elle retournait se jeter dans le fleuve et tout recommencerait.

A ces signes, Dan comprit qu'il s'approchait de son père. Il finit son verre pour exprimer que son corps bougeait encore. Pourvu qu'il le veuille. Pourvu qu'il endure. Pourvu qu'il vienne à bout du reste de la route.

« Oh! holy shit! » murmura-t-il en se brûlant avec l'alcool.

Il roula sur ses coudes le long du bar et regarda du côté de la porte.

Détouré en bleu par un nouvel éclair, El Chino venait d'entrer dans la salle.

El Chino est entré dans la salle. Il est allé droit à l'étranger. Il s'est immobilisé devant lui. Sa machette était posée à la manière d'un sceptre dans la saignée de son bras, en diagonale de son ventre obèse et nu.

« J'aime qu'on soit fidèle à son rêve, a-t-il dit. Es-tu bien celui qui cherche les pas de son père? »

Malgré sa taille, Dan dut lever les yeux pour rencontrer ceux de celui qui s'adressait à lui. Ils étaient noirs, brouillés comme de l'encre, illisibles au premier abord, peut-être cruels et enfoncés dans sa face plate de poisson-chat.

« C'est bien moi. Et toi, qui es-tu?
— Je suis celui qui commande aux orages », a dit El Chino.

Une moustache à peine. D'âge, pas. Trente-cinq ans peut-être. Des bras épais comme des cuisses et sur l'un d'eux, un trois-mâts tatoué sur la vague des muscles. Les cheveux luisants, huilés en longs copeaux. Deux cent cinquante livres de force et de ruse.

« Celui que mon père a mis dans ses livres?
— Celui que ton père a enfermé dans ses mots », a dit El Chino.

Il a fait volte-face sans regarder les autres. Sur le pas de la porte, il a fait signe à Dan de le suivre dehors.

La pluie s'est remise à tomber. Elle n'avait plus la même façon vindicative de marteler les arbres. Elle enfermait plutôt le ciel et la terre dans le réseau uniformément gris d'un tissage rayé, assez peu d'horizon, et les éclairs continuaient leurs crimes imprévisibles. Au hasard, ils poignardaient les arbres de la forêt. De temps à autre, on entendait les plaintes de ceux qui étaient frappés en plein cœur, grincements de douleur lente, avant de s'abattre au sol dans un fracas de branches.

Dan suivait El Chino. La nuit entre eux deux, comme une couche d'ignorance, ils allaient sans se parler, se fiant aux méandres d'un sentier.

La pluie faisait un corps de bronze au géant. Pieds nus dans ses sandales, revêtu d'un short noir, il avançait avec une croupe de femme, les jambes légères, d'une agilité surprenante.

Soudain, il s'arrêta pour inspecter le ciel. Il le fit par degrés, avec une concentration extrême. Les éclairs incrustaient son regard tourné vers le haut. Le blanc dominait brusquement sous ses paupières asiates. Il porta son pouce et son index réunis au diamant qui ornait le lobe de son oreille. Il renifla ses doigts comme s'il leur voulait trouver une odeur confidentielle. Il sembla s'orienter en pivotant sur lui-même. Ses lèvres remuaient à peine. Puis, avec une lenteur exaspérante qui ajoutait à la solennité de son geste, il leva son arme de brousse et en planta la lame sur le fût d'un arbre récemment abattu.

« Par là s'en ira l'orage », a dit le colosse.

Il a montré l'axe de la lame. Il a ajouté un geste d'arrogance, avec le dos de sa main qui repoussait les nuées vers la montagne.

« Dans moins de dix minutes, l'enfer ira se déchirer plus loin. Là-bas – par-delà la sierra Pacaraima, vers Bao Vista et le Brésil », a dit El Chino.

Dan l'a regardé. Lui. Ses yeux comme des bouteilles d'encre. Ses joues de grosse poupée. Son ventre d'idole. La force de ses muscles. Les copeaux huileux de ses cheveux. Tant d'illisibles pensées. Derrière les apparences, le confin des êtres.

« Tu crois vraiment à ton pouvoir ? a interrogé Dan.

— Ton père ne posait jamais de mauvaises questions », a dit El Chino.

Nulle trace d'impatience dans sa voix, mais n'était-ce pas là l'indice d'une colère rentrée ? Ses yeux, remarqua Dan, étaient capables de devenir totalement invisibles.

« Est-ce que ce que raconte mon père est vrai ? Tu as tué des hommes ?

— Je l'ai fait chaque fois que je me suis senti menacé.

— Tu t'es évadé de Cayenne ?

— Mon corps ne supportait pas les chaînes. Mon esprit s'est révolté. Le feu a consumé mon âme. Il fallait un brasier pour franchir les murs et les montagnes.

— Les policiers t'ont traqué ?

— Comme un animal. J'ai marché sur mon sang. Trois semaines sur le Tumuc Humac.

— Moi aussi, les policiers sont après moi.

— Je sais. Un homme du gouvernement est passé par ici. Ceux de ton pays lui ont demandé de chercher après toi.

— Ils ne me rattraperont pas vivant.

— La mort est un cheval qui vole.

— Dans sa dernière lettre, mon père a dit que tu m'indiquerais le chemin.

— Ton père pensait que tu finirais par venir. Il t'attendait depuis le jour où il avait lu le journal.

— Le journal ?

— Celui où il était écrit que le fils d'un écrivain célèbre était devenu un assassin. »

Dan chercha le ciel. Les nuages s'y battaient pour fuir vers les montagnes.

« J'ai tué par amour, dit-il sourdement. J'étais désespéré.

— Ce que tu as fait ne regarde que toi. Qui suis-je pour te juger?

— Dis-moi encore ce que disait mon père.

— Il disait que nous portons tous la faute des autres. Et, après ce qui t'est arrivé, il a commencé à être fatigué pour lui-même.

— Continue, je t'en prie. Que disait-il d'autre?

— Il disait qu'à force d'être ici, il n'avait plus besoin que de quatre mots pour s'exprimer. Il pensait en souriant tristement qu'on ne fait pas un livre avec si peu. A cause des lecteurs. Ils n'auraient pas compris. Ils auraient confondu les dernières forces du vieil homme avec de l'impuissance. Et le vieil homme était si triste que nous n'allions plus chasser. Il s'asseyait sur place. Sourire pendant des heures, sourire lui suffisait.

— De quoi est-il mort?

— Il n'est pas mort devant moi.

— Ça n'est pas une réponse.

— Le vieil homme disait que la vie va en se rétrécissant. Qu'il faut se dépouiller de tout ce qui alourdit nos poches et notre esprit. Il disait qu'il faut renoncer à tout ce qui disperse. Les sentiers et les branches. La poussière et la foule. Il disait qu'il faut aller là où la route est unique. Aller où l'on ne peut marcher plus loin. S'arrêter. Et affronter sa mort. C'est au plus près d'elle que l'homme risque de trouver son salut.

— Tu ne m'as pas répondu. De quoi est-il mort?

— Il n'est pas mort ici.

— C'est toi qui l'as aidé?

— Il était malade. Un crabe au fond de lui.

— Il est mort de ta main?

— Non. Je te jure. Il a marché.

— Dans quelle direction? »

El Chino a montré la pointe de sa machette.

« Du côté où j'ai chassé l'orage. C'est là qu'il t'attend. »

A l'est, de l'autre côté du fleuve, les nuages et le vent s'éloignaient en troupeau. Au-dessus d'eux, soudain, le ciel se déchira. Les deux hommes se regardèrent avec un mélange de méfiance et de fraternité.

El Chino a levé le bras.

« Vois, a-t-il dit, le ciel s'entrouvre. C'est par là qu'il faut passer. »

Sans un mot de plus, Dan se mit en marche.

« Bonjour !
– Bonjour.
– C'est encore loin pour atteindre le fleuve ?
– Ça dépend.
– Du chemin qu'on prend ?
– Pas seulement. Ça dépend de moi. »

Dan Dancigers fixa le garçon qui venait de surgir devant lui. C'était un grand blondin aux yeux trop rapprochés. Il se dandinait dans sa salopette bleue, mécanique comme un automate. D'un pied sur l'autre il passait. Terriblement angoissé. Voûté, avec sa mèche dans l'œil et ce drôle d'épi qui lui dessinait une crête dressée sur sa tête minuscule.

« Ça dépend de moi, répéta le microcéphale, si j'ai envie de vous laisser passer. »

De sa poche de kangourou, il sortit brusquement un revolver. L'arme était ancienne, d'un calibre abasourdissant.

« Je tiens bien en main la pétoire, dit le garçon. Je recule pour pas que vous essayiez de me la faucher. »

Il recula un peu, exactement comme il l'avait annoncé, et sourit. Un filet de salive reliait ses deux lèvres.

« J' suis content d' vous voir, m'sieu, dit-il après un long silence.

– Moi aussi, dit Dan. Notre rencontre est sûrement très utile.

– Sûr qu'elle l'est, dit l'imbécile. Pour vous, pour moi, pour ma grande sœur Cindie et pour mon beau-frère Jabbo.

– Qui sont ceux-là?
– Ma famille. Je n'ai que ceux-là. Ah! » fit-il.
Il n'y pouvait rien. Il luttait contre un tic qui lui arrachait la tête vers l'arrière à l'improviste. Une force absurde qui le jetait sur le côté.
« Ah!
– Le fait est que tu ne dois voir personne ici, dit Dan.
– Des voyageurs par-ci par-là. Le reste des personnes sont tous des vrais salauds, dit le microcéphale. Ils me foutent sur la gueule. »
Dan bougea imperceptiblement, mais l'autre accompagna son geste avec son arme.
« Tentez rien contre moi, m'sieu, dit-il avec un vrai sourire maboul. Ça m' fait pas grand-chose de tuer quelqu'un.
– Ça t'est déjà arrivé?
– Deux fois. Et après chaque saloperie, j'ai été davantage sûr de moi.
– Bon. Qu'est-ce que tu me veux, au juste?
– Trop tôt! Ça ne vous regarde pas encore.
– Tu veux de l'argent? »
Le microcéphale se marra niaisement.
« Ça ne t'intéresse pas l'argent?
– Ça intéresse ma grande sœur Cindie et mon beau-frère Jabbo. Ça intéresse aussi mon tonton pourri qui s' fait appeler Simbad, mais qu'a jamais été marin qu'au lit.
– Est-ce que c'est lui qui s'occupe de faire passer le bac sur la rivière?
– Lui et personne d'autre, dit le microcéphale.
– C'est lui que je voudrais voir.
– C'est chez lui que je vais, dit le microcéphale. D'ailleurs, y a nulle part ailleurs où aller.
– Marchons ensemble, dit Dan.
– Si vous voulez, mais ça ne change rien, dit le microcéphale en pointant le revolver. Passez d'vant, m'sieu! J' risque drôlement de vous tuer! »

Ils se mirent à marcher. Dan guettait le moment propice pour se débarrasser de lui.

« Vous êtes quelqu'un de la ville, dit l'imbécile chemin faisant. Je m' demande c' que vous êtes venu chercher par ici...

— La chose peut te paraître étonnante, mon gars, dit Dan sans se retourner, mais...

— Par ici, y a rien à trouver, l'interrompit l'autre.

— Tout juste! C'est après moi que je cherche, figure-toi... »

Le microcéphale gambada jusqu'à sa hauteur et le dévisagea curieusement.

« Ah! fit-il, vous vous êtes perdu? »

Et son horrible tic lui bascula la tête sur le côté.

« Plusieurs fois, je te jure.

— Ah! fit-il en le regardant avec plus de curiosité encore, et vous ne pouviez pas vous chercher ailleurs?

— Il n'y a plus d'ailleurs. A Londres, à Amsterdam, à Paris, à New York, j'étais enraciné. J'avais mes amis. Des maisons. Mais tout ça n'existe plus. J'ai tout liquidé.

— Quoi? Votre fric?

— Mon fric. Mes voitures. Mon nom.

— Vot' femme peut-être?

— Ma femme aussi, dit Dan. Je l'ai tuée. »

Il s'était arrêté et faisait face à son interlocuteur. Le microcéphale, craignant une ruse, recula. Il prit l'air autrement plus malin qu'avant. Ses yeux en trous de je ne sais quoi qui s'étaient mis à reluire.

« Avec quoi qu' vous avez tué vot' femme?

— Avec mes mains.

— Ah! ah! fit l'idiot. Avec vos mains. »

Il mit son coude devant son visage pour se protéger du soleil qui avait recommencé son enfer. Il chercha le regard de Dan Dancigers. Il avait l'air sincèrement intéressé.

« Moi, j'aurais fait ça avec du vinaigre.

— Du vinaigre?

– Ouais. Du vinaigre et de l'eau chaude.
– On ne tue pas avec du vinaigre.
– Oui, mais il y a l'eau chaude, s'entêta l'autre. Vous pouviez la faire bouillir. Ah! Qu'est-ce que t'en dis? demanda-t-il soudain en passant au tutoiement.
– Si tu fais bouillir, qu'est-ce que ça change? » demanda Dan.

Il se déplaça imperceptiblement.

« Ça change tout. Ça change un max, s'emporta le microcéphale. Plus tu bous, plus ça blanchit. Ça ramollit. Ah! Comme du crabe, si tu le fais bouillir. Et ça finit par perdre ses pattes à force d'être cuit, les bonnes femmes. Ah! Ça se détache. Ça disparaît. Capilotade!

– Bon. Je veux bien. Mais ça ne m'intéresse pas beaucoup ce que tu me racontes là. Laisse-moi continuer ma route.

– Je crois pas, dit l'autre. J'ai trop envie de vot' compagnie.

– Alors range ton revolver.

– J' suis pas sûr que j' devrais l' faire », dit le microcéphale.

Au milieu des vapeurs qui montaient du chemin, il se dandinait.

« J'hésite, marmonna-t-il, parce que j'ai peur que vous m' foutiez sur la gueule.

– Bien sûr que non, dit Dan.

– Oui, mais j'hésite quand même. Tant que j'ai ça entre les mains, j' suis plus fort que vous. Après, j'ai peur que tu me battes.

– On te bat souvent?

– On m' jette des pierres principalement. Mais j' suis vache. Je m' laisse pas faire.

– Comment t'y prends-tu?

– J' fais des détours. J' marche jamais droit. Chaque fois qu'il y a quelqu'un d'vant moi, j' m'arrange pour le voir le premier... et j' tourne autour de lui. Pour l'éviter.

— Mais alors, de cette façon-là, tu ne parles jamais à personne?

— Si. Des jours comme aujourd'hui. J' braque un type. Exactement comme c' qu'on vient d' faire. Vous passiez par là, alors ç'a été vot' tour. J'avais besoin de discuter. Ah! Je discute. On discute... Une supposition, j' discute avec vous, et quand j' suis rassasié, paf, j' vous tue!

— Je ne vais pas mourir de cette façon-là, figure-toi, dit Dan.

— Ah? dit l'autre. Vous êtes venu chez nous pour mourir autrement?

— Oui, dit Dan. Et ça, tu dois le comprendre. Un garçon comme toi peut le comprendre, insista-t-il.

— Faut pas dire ça, dit le microcéphale terriblement sur ses gardes. J' préfère être bête. D'ailleurs, j' suis bête. Ma sœur Cindie dit que je suis con. J'aime bien quand elle m'ébouriffe.

— Laisse-moi t'expliquer », dit Dan.

L'autre fit non. Il se mit à se dandiner. Son front prit un mauvais pli. Il tendit le revolver devant lui avec une expression de réelle souffrance. Il avait l'air dangereux.

« Quoi? Ça veut dire que vous me feriez confiance? dit-il sincèrement effrayé.

— Entièrement.

— Ça n'arrivera pas, normalement, une chose pareille! On ne me fera pas confiance.

— Comment t'appelles-tu? demanda Dan.

— Non, non, dit le garçon en bougeant son revolver comme s'il allait tirer, ça aussi c'est un piège pour me désarmer... Mon nom n'a jamais intéressé personne... C'est rouillé. Ah! Je ne sais plus m'en servir. Un nom, ça n'ouvre rien... »

Il fit sonner le trousseau de clefs pendu à son ceinturon.

« Comment t'appelles-tu, insista Dan. Après, je te parlerai.

– Samuel, prononça rapidement le microcéphale. Ça pourrait se dire Sam.

– Tu vas comprendre, Sam. Je veux passer la rivière pour choisir ma mort. Est-ce que tu comprends ça?

– La mort, la mort, dit Sam. Elle attire beaucoup de candidats à l'héroïsme. »

Il passa rapidement sa main gauche dans sa crête.

« En réalité, je suis sûr que vous avez trouvé des diamants et qu' vous voulez aller les récupérer de l'autr' côté... »

Il cracha un jus rouge à ses pieds et marcha dessus, brouillant son glaire avec la poussière du chemin.

« Tu te gourres, fiston. Je me fous des diamants. Je ne pense qu'à moi et rien ne me paraît plus urgent que d'échapper aux vivants. Est-ce que tu me crois si je dis cela? »

L'autre avec sa crête hésita.

« Je m' méfie », finit-il par avouer.

Et soudain :

« Pourquoi que vous m' donnez de l'importance, hein? A part le revolver, j' n'en ai pas. »

Il regarda Dan pendant un moment qui n'en finissait pas. Le soleil obscurcissait la vue à force de bombarder la terre blanche du chemin. Sans prévenir, le microcéphale bascula le chien du revolver vers l'arrière. Il fronça le nez, dessinant des nervures comme un masque.

« J'ai compris, dit-il. Vous voulez vous servir de moi pour passer la rivière en douce. Comme ça, personne ne vous suivra quand vous irez chercher des diamants. Si un seul homme vous suit, demain vous serez dix mille dans la forêt. Dix mille fous. Sacrée pourriture à oreilles! La forêt entend tout. Ils sortiront de dessous les branches. Un peuple de salauds. Et se mettront à creuser. »

Il s'interrompit et posa ses yeux rouges sur Dan.

« Vous avez des diamants, hein? C'est ça?

– Foutaises, je te jure, dit Dan.

– Marchez devant, dit l'autre. Je ne donne pas cher

de vot' peau. Vous avez voulu m' faire croire que j'étais Sam, et c'était pour pas rencontrer Jabbo. Jabbo, mon beau-frère, avec toujours son flingot. Et pire que Jabbo, Tinto dont j'aime pas parler parce qu'il a des mains d'étrangleur quand il essaie de m' baiser dans le noir... »

A la fourche d'une route et d'un sentier, le microcéphale s'arrêta. Deux chiens jaunes écossés par la gale vinrent au-devant de lui. Ils lui léchèrent servilement les pieds. Après quelques pas encore, au fond d'une espèce de trou ménagé dans la broussaille, un homme surgit de dessous sa cabane. Il remonta vivement la pente, courant sur ses pieds sales et se planta devant Dan. Son haleine était puanteur d'oignon et de mauvais alcool. Ses bras pointaient un fusil.

« Où as-tu été pêcher celui-là, fiston? » demanda-t-il.

Et sans prêter attention à la réponse du microcéphale, il fit deux fois le tour du prisonnier en s'adressant à lui :

« Que veux-tu? demanda-t-il. Je n'ai rien que tu puisses prendre.

– Je veux seulement aller de l'autre côté du fleuve, dit le voyageur. Etes-vous pas celui qui fait passer en face? »

Une fille appuyée sur sa hanche apparut à la porte de la maison de planches. Cousue dans une mauvaise robe de coton, sa peau sombre faisait ressortir un bijou indien.

« Oncle Simbad, çui-là n'est pas trop vilain, dit-elle à l'homme au fusil. J'en veux bien sur moi. »

A contre-jour du soleil, elle releva une mèche qui lui rayait l'œil et posa sa main sur son propre ventre. Elle sourit.

« Tu peux lui donner moi », s'obstina-t-elle de sa voix traînante.

Elle s'accroupit brusquement. Elle posa ses bras

tendus devant elle sur la pointe de ses genoux écartés et dévisagea Dan avec insistance.

« Je veux bien passer sous lui à condition qu'il me paie, dit-elle encore.

— Nous avons faim, s'excusa le vieux. Videz-nous vos poches, monsieur, et vous prendrez ma nièce Cindie, autant de fois qu'il vous plaira. Ils disent dans la région que c'est une réelle affaire au lit.

— Celui qui apporte l'ombre et le répit, celui qui apaise la soif et calme la faim d'une famille, peut se servir du ventre de ma femme », approuva un grand coquin d'homme.

Il avait des bretelles rouges et un œil louche. La moitié de sa joue était lisse et l'autre prise dans du savon à barbe. A la main, en guise de rasoir, il tenait un coutelas.

Dan recula.

« Ne le perds pas des yeux, Jabbo, dit Simbad le marin. Prends le fusil. Surveille-le. Je m'en vas le fouiller... »

Il courut sur ses pieds sales jusqu'à Dan, se fendit d'un sourire édenté, tira sur son maillot de marin pour se rajuster la mise, et demanda aimablement :

« Pouvons-nous voir la couleur de votre argent, monsieur ? Ou faut-il vous tuer ?

— Pas la peine, dit Dan en tirant sa dernière liasse de billets de sa poche. Vous pouvez tout avoir si vous me faites franchir le fleuve. »

Le vieux Simbad tenait tout cet argent entre ses mains. Il regardait le jamais vu. Le palpait. Le comptait. N'en croyait pas sa bonne fortune. Au bout de ce manège d'émerveillement, ses chairs s'effondrèrent autour de la bouche. Elles se rejoignirent en une grimace d'émotion qui réduisit sa face de moitié. Ses joues tremblaient. Ses lèvres tremblaient.

« Je pleure, dit-il. V'la qu' je chougne à mon âge !

Jabbo! J'en fais sous moi, je te jure! Tant d'argent! Tant d'argent dans ma main! »

Il releva la tête.

« Va chercher à boire et à manger, Jabbo! Appelle Tinto! Déloge-le! Charogne, il doit dormir par là! Cindie! Tête-d'Epingle! L'idiot! Tout l' monde! J' vous donne le quart et j' garde le reste... Pour mes dents, monsieur, dit-il à Dan. Uniquement pour mes dents.

– Tu n'y arriveras pas, dit Cindie. Pas plus que les autres fois! Tu boiras tes dents! »

Le vieux se retourna furieux.

« Va à la niche, putain, dit-il. Fais fricasser de l'oignon. Et puis non! Tête-d'épingle le fera! Fais-le, imbécile! Fricasse! Fais-les bien revenir et tout... J' veux qu'ils blondissent doucement, pas trop pris! Toi, Jabbo, cours acheter tout c' qui faut pour l'estomac... Allez-y monsieur, passez... La maison est ouverte. Cindie! Emmène-le! Fais-lui tout c' que tu sais faire! N'épargne rien. Surtout pas l'intérieur de ton cul! Monsieur a bien payé, donne-lui autant de rations qu'il le veut! Allez-y, monsieur... Passez, elle f'ra le nécessaire. »

Cindie prit Dan par la main, mais c'est encore Simbad qui les empêcha de passer. Il s'approcha si près de Dan que ses petits yeux dansaient la gigue. Il exhalait un remugle infernal.

« J'ai fait faire un devis pour mes dents, dit-il confidentiellement. C'est arrivé au moins cinq fois dans ma vie. Et toujours j'ai dépensé l'argent mis de côté. Mais bon Dieu, monsieur, cette fois-ci est la bonne! J' vais mâcher même si ça doit me coûter cher! J' vais mâcher, monsieur, ça j' vous jure! Une frénésie! Des envies de viande qui m' viennent sur le tard! Et p't' être même du chocolat! »

Il tourna brusquement le dos à tout et s'en fut jusqu'à la véranda. Il le fit en courant sur ses mauvais pieds qui puaient. Il se jeta sur un vieux fauteuil à bascule, planta une herbe dans sa bouche, et le fusil posé sur les genoux, commença à se balancer.

« Bon Dieu, Tinto, s'égosilla-t-il en décochant un coup de pied à un aveugle qui dormait à côté de lui dans un hamac, j' crois bien cette fois qu' j'ai vu passer une scolopendre.

— Menteur, Simbad. Ça n'existe pas.

— Si, putain d'aveugle! Une abeille jaune et une scolopendre à mille pattes, j' les ai vus passer! D'ailleurs, aujourd'hui tout existe. Il suffit de demander, sacré dieu! Et j' te jure que ça arrive!

— A ce moment-là, j'aimerais bien r'voir ma bite », souhaita l'aveugle.

Il se tourna sur le côté et prit son sexe entre ses mains. Il avait des doigts d'étrangleur et son truc était mauve de désir.

« Où est Tête-d'Epingle? gémit l'aveugle. J'aimerais bien qu'il me vienne en aide. »

Mais Simbad ne répondit pas. Ses yeux malins regardaient du côté de la cuisine. Par la fenêtre, une bonne odeur d'oignons rissolés parvenait jusqu'à lui.

« Tu peux me prendre. Et tu peux me laisser, dit Cindie en regardant Dan. Ici, personne ne nous voit. C'est toi qui choisis. »

Ils étaient dans la chambre, entourés de pénombre. La reproduction d'une Vierge par Cimabué ornait le mur juste derrière Cindie. Cindie s'était mise à poil. Dan se tenait en face d'elle. Assis sur le rebord du lit, il contemplait son corps lourd. Les replis de son ventre.

« Je suis la dernière femme avant de passer sur l'autre rive, dit Cindie. Ceux qui vont de l'autre côté ne reviennent jamais.

— Tu en as vu beaucoup passer?

— Un tous les deux ans, je dirais. Ceux qui arrivent jusqu'ici sont lents comme des éléphants. »

Dan laissa basculer son regard entre les cuisses de la fille. Elle les ouvrit aussitôt, comme on ouvre un magasin. Elle possédait une grotte noire, aux longues lèvres pendantes et charnues.

« Tu sais, je sais faire vivre mon trou, dit Cindie. Regarde si ça t'intéresse... Je vais te faire un sourire... »

Par la seule volonté de ses muscles, elle obtint de son sexe qu'il s'entrebâille comme une huître chaude. Des gencives demi-lune apparurent au travers d'une éclaircie, dans la broussaille de sa pilosité. Une sorte de rictus saumon et vertical. Une bouche sans dents, pensa Dan.

« Je peux aussi fâcher l'espoir », dit Cindie.

Et instantanément, le sourire se fana entre ses cuisses. Des plissures saillantes et grises remplacèrent l'aimable couleur de fruit mûr qu'elle avait inventée, et toutes ses chairs se rétractèrent doucement, prenant le chemin lent des infusoires.

« J'ai appris devant une glace, dit Cindie. Les heures sont longues. Autant s'occuper. »

Elle posa ses prunelles sombres sur l'homme en complet blanc.

« Retire cela », dit-elle.

Elle l'aida avec des gestes maternels, plia la veste et la posa en travers du dossier de l'unique chaise. En s'éloignant avec le pantalon, elle offrit à Dan le balancement de ses fesses lourdes et fermes. Elle surprit son regard en se retournant. Elle étouffa un gloussement vulgaire et revint au bord du lit, se lover contre lui.

« Je te trouve rudement beau pour moi, mon salaud, dit-elle. C'est une chance que je ne dois pas laisser échapper. »

Elle posa une main sur ses pectoraux et chercha son regard.

« Est-ce que tu es fort entre les jambes ? » demanda-t-elle.

Elle rit.

« Est-ce que je peux le toucher ? Est-ce que tu seras fâché si je le fais ? »

Dan arrêta sa main qui cherchait sur lui.

« J'étais sûre que tu m'empêcherais. Ça me fait rire. »

Dan lâcha doucement la main de Cindie. Elle serra son poing, en fit une boule, et le logea tout contre la verge de Dan.

« Ma main est comme un chien qui attend, dit-elle. Tu es l'homme qui commande au plaisir.

– Comment était celui que tu as vu pour la dernière fois? demanda Dan. Etait-il beau?

– C'était un vieil homme », dit Cindie.

Elle alluma un cigarillo et le piqua dans son sexe.

« Vois. Il sait fumer aussi. Et si je veux, c'est un vase pour les orchidées, dit-elle.

– Comment était ce vieillard? demanda Dan.

– Je me souviens de lui. Il est venu au printemps. Il a hésité jusqu'à la saison des pluies. Un soir d'orage, il s'est décidé à venir sur mon ventre. Il criait comme un bébé chaque fois que je lui arrachais sa dernière semence. Et après, il parlait. On ne pouvait pas le retenir de le faire.

– Que disait-il?

– Des phrases à quatre sens. J'aimais l'écouter.

– Il dormait ici?

– Oui. Et il prenait ses repas entre mes seins. Après, il suppliait que je le prenne. Que je pompe son dernier foutre. Chaque fois, il mourait. Ce vieux-là voulait que je l'assèche.

– Il se punissait.

– Non. Il voulait se tarir. Il cherchait la fin de toutes les routes... Quand c'était fini avec les secousses, il disait qu'il était un fruit sec. Que la mort serait son dernier jaillissement. Il me parlait comme à une dame.

– Et les autres? Ils le laissaient vivre avec toi?

– Ceux-là? Les brutes? Ils étaient soûls du matin au soir! Le vieux avait beaucoup d'argent à dépenser avant de mourir. Il est resté trois mois entre mes cuisses. C'est lui qui m'a appris qu'on peut endurer la saloperie des hommes à condition d'exercer la sienne. Nous avons tous un pouvoir. Une clef pour ouvrir les autres.

– Que veux-tu dire?

– Que même dans cette porcherie où tout est force et abjection, mon ventre est un pouvoir plus fort que le fusil de Jabbo ou que les coups de Tinto quand il fait siffler sa ceinture...

– L'aveugle te bat?

– Oh! celui-là, s'arrêta-t-elle, Christ! Avec sa queue mauve, il a entre les jambes un vrai gourdin de sang noir et je jure qu'il fait mal quand il vous perce...

– Il est ton amant?

– Quand il me coince, je le prends sur mon ventre. Et je prends aussi mon frère, si tu veux savoir. Et mon mari. Et Oncle Simbad, s'il a trop mal à l'estomac. Tous ceux de la maison, je les prends dans moi. Je sers de fond et ils se déversent. Ils se débarrassent. Il faut bien s'entraider quand on est pauvres. »

Elle s'arrêta de parler et son corps pesait de plus en plus lourd. Un abandon de sa poitrine. Un affaissement de ses reins. Elle finit par s'étendre et par toucher son propre ventre.

« Tinto aussi était venu ici pour en finir, dit-elle. Mais c'est un lâche. Il est resté. Et nous avons un tas d'ordures en plus. »

Dan regardait la nuit coudre les rideaux de perles. Il y avait peu de différence entre les êtres. Ils perdaient leurs contours. C'étaient plutôt les odeurs qui comptaient. Ça et le son de leurs voix.

Au travers de la cloison, Dan et Cindie entendaient malgré eux les rires de plus en plus espacés de la famille. Toute la famille, terrassée par l'alcool, la viande et les oignons. Simbad se mit à chantonner. Le microcéphale poussa un cri. Il y eut un bruit de chaise qui tombe suivi d'une cavalcade vers l'extérieur. Simbad glapit le nom de Tinto et l'assortit d'un qualificatif ordurier. Le silence se referma sur les accents graves et espacés de la voix de Jabbo. Encore quelques gloussements intermittents comme dans un poulailler qui s'endort, et la cabane fit craquer ses vieilles planches.

Dans l'obscurité, attisant un point incandescent, le sexe de Cindie tira une dernière bouffée de cigarillo et elle le jeta sur le sol sans l'écraser.

« J'ai tout appris devant la glace », dit-elle.

Elle se rejeta sur le côté et tendit sa main libre vers une bouteille de parfum bon marché dont elle s'aspergea l'entrejambe.

« Alors? dit-elle. Est-ce que tu veux baiser? Te perdre dans mon trou? »

Dan ferma les yeux. Il sentit le poing de Cindie se déplier contre ses bourses. « En fait, depuis longtemps déjà, je suis mort, pensa-t-il. Il m'a suffi de répéter jour après jour la mort de mon propre père. Allez, il faut faire davantage. »

« Viens rejoindre les autres, fit doucement Cindie. Déverse-toi, homme. Entre dans ma grotte. Dedans, tu verras, il fait de la lumière. »

Et Dan rejoignit son père.

... Le Vieux Simbad coupa le moteur et le nez de la pirogue dériva insensiblement, trouvant la berge, de l'autre côté du fleuve. Cindie sauta la première. Elle aida Dan en le tirant à mi-bras pour être sûre de sa prise. Un mouvement d'homme, un balancement et Dan se retrouva contre elle. Le vieux passeur, menton appuyé contre sa perche, attendait. Posé à contre-courant avec tout le poids de son corps, il maintenait la barque à hauteur de la rive. Cindie franchit un rideau d'herbes hautes. Elle enroula la corde autour d'une racine de palétuvier et seulement alors, le vieux courut sur ses pieds sales et les rejoignit.

« Te voilà passé, fils, dit-il à Dan. Là où tu vas, tu n'as plus besoin de ta veste. »

Il tendit la main pour qu'on la lui donne, comme si ce geste était naturel et ajouta :

« De ce côté-ci de la rive, l'argent ne veut plus rien dire. S'il te reste encore un billet ou deux ou même une piécette, tu peux me les refiler sans arrière-pensée pour remercier le nocher de la mort.

— Je ne possède plus rien, dit Dan. Vous m'avez tout pris.

— Il te reste tes bottes, dit Cindie. Elles me plaisent bien.

— L'argent ne veut plus rien dire, s'entêta Simbad. Retourne donc tes poches, l'ami, pour voir si tu n'as rien oublié...

— Rien, dit Dan. Maintenant, ce sont mes pas sur la terre qui me donneront le souffle. »

Il retira ses bottes et les jeta devant Cindie.

« Tiens ! Prends-les. Sauve-moi. Tu les donneras à ton prochain client. »

Simbad aplatit son visage, mille replis comme un soufflet à feu. Il avait l'air de quelqu'un de contrarié.

« J' suis foutrement déçu par toi, fiston, dit-il. Tu n'as même pas de montre. »

Il cracha au sol et se tourna du côté du soleil.

« Cette nuit, que j' te dise, nous avions si soif et si faim que ces foutus salauds ont dépensé l'argent de mes dents ! Vois-tu fiston, à moi non plus il ne reste rien. Nibe de dalle ! Pas un sou qui vaille... Jabbo m'a mis son couteau sur la gorge et Tinto m'a battu. J'ai dû tout donner. Jamais je ne mâcherai cette foutue viande dont je rêve ! Mes dents ! Autant pisser dans les Danaïdes ! Toi, y m' semble, pendant c' temps, tu jouais à la bête à mille dos avec ma nièce ! Tu t'amusais, non ? Et à c' compte-là, j' crois bien qu' tu m' dois un geste... »

Il regarda du côté de Dan en fripant son visage et en mouronnant comme le diable.

« Ecoute fiston, que j' te dise avant qu'on s' sépare... Il faut que j' sois sûr que t'emmènes rien avec toi...

C'est l' doute qui m' fait dire ça! Le doute que m'a mis mon sacré n'veu à tête d'épingle avec ses insinuations de quatre heures du matin. Oh! j' sais! C'est pas joli d' douter d'un presque mort, mais l' gosse a beau avoir que fifre dans le ciboulot, qué'quefois sa vacherie fait merveille. Il dit comme ça que t'as p't' être bien des diamants cachés sur toi...

— Tu tiens ma veste, je t'ai retourné mes poches. Laisse-moi aller.

— Pas, figure-toi! » dit le vieux et tout soudain, il sortit l'énorme revolver du fond de sa poche de salopette.

« Enfant d' salaud! Si tu veux que j' me contente, faut que je voie, s'égosilla-t-il. Et que l' Seigneur me pardonne, mais c'est l' fond de toi que j' veux sonder!... Ici, plus d'un gars cache sa fortune dans un tube et le tube dans son garde-merde!... Allez fiston, faut m' montrer l'œil de bronze! Après, aussi vrai qu' j'ai tenu ma promesse de t' passer, je tiendrai celle de te laisser aller en enfer. Bon Dieu, enfant d' salaud! Mets-toi à quat' pattes ou c'est ta cervelle que j' fais sauter! »

La pétoire sembla effectuer une pirouette dans sa main et il bouscula brutalement Dan d'une poussée de canon. Profitant de son déséquilibre, il l'aplatit au sol. Ensuite, agile comme pas, il se tourna vers Cindie.

« Bon Dieu, fifille, pute à bras, grouille-toi de t'occuper des affaires de nous! »

Il avait l'air passablement fou et capable de n'importe quoi. A l'improviste, il pivota sur ses pieds sales et frappa Dan à la tempe avec le plat de son arme.

« Fais c' que j' te dis, ma pute! Tu l' déculottes tant qu'il est consentent. Fourres-y ton doigt, c'est pas sorcier pour toi! Et si y a pas d' magie dans son cas, tu d'vrais vite trouver c' qu'on cherche! »

Dan regarde la terre. Il est à quatre pattes. Sa tête saigne. Le canon du revolver est sur sa nuque. On le fouille. Plus rien n'est à lui. Le doigt de la fille le parcourt, le remonte, le griffe et l'assassine.

Il ferme les yeux. Il retrouve le soleil rouge sous ses paupières. Il s'absente. Il n'est plus là. Tout se renverse, libre et éclaté. Dan se sent porté au point le plus haut de son renoncement. Le plus inaccessible. « Après cette humiliation, pense-t-il, je trouverai une aveuglante rémission. Entièrement allégé du poids de ma souillure, assourdi de moi-même, de mes cris, de mes râles, délivré de mon abjecte passivité, radieux, simplifié, guéri, j'ouvrirai les bras pour embrasser l'inembrassable monde, je dirai oui au seuil de la nuit et j'irai vers mon père. »

« Il n'y a rien, dit la fille. Juste un peu de sang.
– Finie la chasse à l'espère, dit la voix de Simbad. Viens, fifille, rembarquons-nous. Celui-là n'a plus rien à nous donner. »

La crosse du revolver s'abat sur la nuque de Dan. Un éclair blanc. Une brûlure. Et puis le noir.

Dan marche au creux du ravin. Depuis plus d'une heure, le chemin l'a quitté. Ses pieds nus tâtonnent sur les pierres brûlantes d'un torrent asséché. En haut de la pente se trouve la cabane. Encore une centaine de pas et Dan poussera la porte.

Là-haut, tout est prêt.

Dan poussera la porte. Il verra que la pièce est vide. A part une table, un crayon et une feuille blanche, il n'y aura rien.

Si. Appuyés à la chaise, il y aura les canons d'un fusil chargé. Celui-là même qui servait à son père pour chasser les grands fauves.

Par la porte entrouverte, il y aura trop de lumière.

Dan s'assiéra. Il écrira quatre mots. Il tournera le fusil vers lui et avalera l'orage par la bouche. Puis viendra l'éblouissement, la fulgurance, l'étrange vitesse pure, l'apesanteur sans borne de la mort ardemment espérée. Dan ouvrira les bras pour contenir l'incontournable nuit, il dira oui au seuil du rayonnant espoir et s'en ira vers son père.

Table

Baby Boom	7
Jesse Owens a fumé sa dernière cigarette	47
En attendant l'eau chaude	57
L'Espoir des Pouilles	87
Douze petits baigneurs et qui savaient parler	95
Signé Bondoufle	103
Le voyage immobile (de Kléber Bourguignault)	117
Pour solde de tout cœur	145
Beau fixe	153
Pulsar à Vierzon	159
Un silence d'espadrille	175
Le pogo aux yeux rouges	183
Je mourrai et j'irai vers mon père	209

DU MÊME AUTEUR

Aux Éditions Gallimard :

A BULLETINS ROUGES, 1973.
BILLY-ZE-KICK, 1974.

Aux Éditions Denoël :

MISTER LOVE, 1977.

Aux Éditions Jean-Goujon :

TYPHON GAZOLINE, 1979.

Aux Éditions Mazarine :

BLOODY MARY, 1979.
BILLY-ZE-KICK, 1980.
GROOM, 1980.
PATCHWORK, 1983.
CANICULE, 1982.

IMPRIMÉ EN FRANCE PAR BRODARD ET TAUPIN
58, rue Jean Bleuzen - Vanves - Usine de La Flèche.
LIBRAIRIE GÉNÉRALE FRANÇAISE - 14, rue de l'Ancienne-Comédie - Paris.
ISBN : 2 - 253 - 03958 - 6

Nouvelles éditions des « classiques »

La critique évolue, les connaissances s'accroissent. Le Livre de Poche Classique renouvelle, sous des couvertures prestigieuses, la présentation et l'étude des grands auteurs français et étrangers. Les préfaces sont rédigées par les plus grands écrivains ; l'appareil critique, les notes tiennent compte des plus récents travaux des spécialistes.

Texte intégral

Extrait du catalogue*

ALAIN-FOURNIER
Le Grand Meaulnes 1000
Préface et commentaires de Daniel Leuwers.

BALZAC
La Rabouilleuse 543
Préface, commentaires et notes de Roger Pierrot.

Les Chouans 705
Préface, commentaires et notes de René Guise.

Le Père Goriot 757
Préface de F. van Rossum-Guyon et Michel Butor. Commentaires et notes de Nicole Mozet.

Illusions perdues 862
Préface, commentaires et notes de Maurice Ménard.

La Cousine Bette 952
Préface, commentaires et notes de Roger Pierrot.

Le Cousin Pons 989
Préface, commentaires et notes de Maurice Ménard.

Eugénie Grandet 1414
Préface et commentaires de Maurice Bardèche. Notes de Jean-Jacques Robrieux.

La Peau de chagrin 1701
Préface, commentaires et notes de Pierre Barbéris.

BAUDELAIRE
Les Fleurs du mal — 677
Préface de Marie-Jeanne Durry. Édition commentée et annotée par Yves Florenne.

Le Spleen de Paris — 1179
Édition établie, présentée et commentée par Yves Florenne.

Les Paradis artificiels — 1326
Préface, commentaires et notes d'Yves Florenne.

DAUDET
Lettres de mon moulin — 848
Préface de Nicole Ciravégna.

Le Petit Chose — 925
Préface de Paul Guth.

Contes du lundi — 1058
Préface de Louis Nucéra.

Tartarin de Tarascon — 5672
Préface d'Yves Berger.

DIDEROT
La Religieuse — 2077
Préface d'Henry de Montherlant. Commentaires et notes de Jacques et A.-M. Chouillet.

Jacques le fataliste — 403
Préface, commentaires et notes de Jacques et A.-M. Chouillet.

DOSTOIEVSKI
Crime et châtiment
T I 1289 - T II 1291
Préface de Nicolas Berdiaeff. Commentaires de Georges Philippenko.

L'Idiot
T I 941 - T II 943
Introduction et commentaires de Louis Martinez.

Les Possédés — 695
Préface et commentaires de Georges Philippenko.

DUMAS fils
La Dame aux camélias — 2682
Préface, commentaires et notes d'Antoine Livio.

FLAUBERT
Madame Bovary — 713
Préface d'Henry de Montherlant. Présentation, commentaires et notes de Béatrice Didier.

L'Éducation sentimentale — 1499
Préface de Pierre Sipriot. Commentaires et notes de Daniel Leuwers.

HOMÈRE
L'Odyssée — 602
Préface de Fernand Robert. Édition traduite et présentée par Victor Bérard. Index et notes de Luc Duret.

L'Iliade — 1063
Préface de Fernand Robert. Édition traduite et présentée par Mario Meunier. Index et notes de Luc Duret.

LA FAYETTE (Madame de)
La Princesse de Clèves — 374
Préface de Michel Butor. Commentaires de Béatrice Didier.

MACHIAVEL
Le Prince — 879
Préface de Raymond Aron. Édition traduite, commentée et annotée par Jean Anglade.

MAUPASSANT
Une vie — 478
Préface de Henri Mitterand. Commentaires et notes d'Alain Buisine.

Mademoiselle Fifi — 583
Édition présentée, commentée et annotée par Louis Forestier.

La Maison Tellier — 760
Édition présentée, commentée et annotée par Patrick Wald Lasowski.

Bel-Ami
Préface de Jacques Laurent. Commentaires et notes de Philippe Bonnefis.

MÉRIMÉE
Colomba et autres nouvelles — 1217
Édition établie par Jean Mistler.

Carmen et autres nouvelles — 1480
Édition établie par Jean Mistler.

NIETZSCHE
Ainsi parlait Zarathoustra — 987
Édition traduite, présentée et annotée par G.-A. Goldschmidt.

POE
Histoires extraordinaires — 604
Édition présentée par Michel Zéraffa.

Nouvelles histoires extraordinaires — 1055
Édition présentée par Michel Zéraffa.

RABELAIS
Pantagruel — 1240
Édition établie et annotée par Pierre Michel.

Gargantua — 1589
Édition établie et annotée par Pierre Michel.

SADE
Justine — 3714
Édition préfacée, commentée et annotée par Béatrice Didier.

SAND
La Petite Fadette — 3350
Édition préfacée, commentée et annotée par Maurice Toesca.

François le Champi — 4771
Édition préfacée, commentée et annotée par Maurice Toesca.

La Mare au diable — 3551
Édition préfacée, commentée et annotée par Pierre de Boisdeffre.

SHAKESPEARE
Roméo et Juliette, Le Songe d'une nuit d'été 1066
Édition préfacée, commentée et annotée par Yves Florenne.

STENDHAL
Le Rouge et le Noir 357
Édition préfacée, commentée et annotée par Victor Del Litto.

La Chartreuse de Parme 851
Édition préfacée, commentée et annotée par Victor Del Litto.

TOURGUENIEV
Premier amour 497
Préface de François Nourissier. Commentaires d'Edith Scherrer.

VERLAINE
Poèmes saturniens, Fêtes galantes 747
Préface de Léo Ferré. Commentaires et notes de Claude Cuénot.

La Bonne Chanson, Romances sans paroles, Sagesse 1116
Préface d'Antoine Blondin. Commentaires et notes de Claude Cuénot.

---

* *Disponible chez votre libraire.*

Le sigle ✒ *, placé au dos du volume, indique une nouvelle présentation.*

VILLON
Poésies complètes 1216
Préfaces de Clément Marot et de Théophile Gautier. Édition présentée, établie et annotée par Pierre Michel.

VOLTAIRE
Candide et autres contes 657
Édition présentée, commentée et annotée par J. Van den Heuvel.

Zadig et autres contes 658
Édition présentée, commentée et annotée par J. Van den Heuvel.

ZOLA
Les Rougon-Macquart
Édition établie par Auguste Dezalay.

L'Assommoir 97
Préface de François Cavanna. Commentaires et notes d'Auguste Dezalay.

Germinal 145
Préface de Jacques Duquesne. Commentaires et notes d'Auguste Dezalay.

La Conquête de Plassans 384
Préface de Henri Mitterand. Commentaires et notes de Pierre Marotte.

XXX
Tristan et Iseult 1306
Renouvelé en français moderne, commenté et annoté par René Louis.

30/6231/2

REDBACK 5

Other books in the Redbacks series:

*Battlers and Billionaires:
The Story of Inequality in Australia*
ANDREW LEIGH

Why We Argue about Climate Change
ERIC KNIGHT

Dog Days: Australia after the Boom
ROSS GARNAUT

Anzac's Long Shadow: The Cost of Our National Obsession
JAMES BROWN

www.blackincbooks.com

CRIME & PUNISHMENT

OFFENDERS AND VICTIMS IN A BROKEN JUSTICE SYSTEM

Russell Marks

Published by Redback,
an imprint of Schwartz Publishing Pty Ltd
37–39 Langridge Street
Collingwood VIC 3066 Australia
email: enquiries@blackincbooks.com
www.blackincbooks.com

Copyright © Russell Marks 2015
Russell Marks asserts his right to be known as the author of this work.

ALL RIGHTS RESERVED.
No part of this publication may be reproduced, stored in a retrieval system, or transmitted in any form by any means electronic, mechanical, photo-copying, recording or otherwise without the prior consent of the publishers.

The National Library of Australia Cataloguing-in-Publication entry:

Marks, Russell, author.
Crime & punishment: offenders and victims in a broken justice system / Russell Marks.
9781863957175 (paperback)
9781925203035 (ebook)
Restorative justice—Australia. Alternatives to imprisonment—Australia. Community-based corrections—Australia. Criminals—Rehabilitation. Criminal justice, Administration of—Australia. Punishment in crime deterrence—Australia.
364.60994

Cover design: Peter Long
Cover image: Alex Coppel / Newspix
Printed in Australia by Griffin Press.

The paper this book is printed on is certified against the Forest Stewardship Council® Standards. Griffin Press holds FSC chain of custody certification SGS-COC-005088. FSC promotes environmentally responsible, socially beneficial and economically viable management of the world's forests.

CONTENTS

Introduction
1

CHAPTER 1
Court
17

CHAPTER 2
Disadvantage
48

CHAPTER 3
Punishment
76

CHAPTER 4
Victims
109

CHAPTER 5
Alternatives
140

CHAPTER 6
Conclusions
180

Acknowledgments
189

Notes
191

INTRODUCTION

'Our penalties are a joke,' declared Steve in the Victorian *Herald Sun*'s letters pages in November 2014. The previous day, the newspaper's website had displayed video footage of a sickening assault. While travelling on a bus, a 68-year-old grandfather had asked a much younger man to turn the music down on his mp3 player. The two men got off the bus at the same stop and the verbal confrontation continued. This was when the bus's CCTV camera picked it up.

Just as the bus was about to pull away from the kerb, the younger man punched the older man once, sharply, in the face. The victim collapsed, and the attacker walked off. Two schoolgirls sitting on the bus saw the attack and got off to administer first aid. Ultimately, the victim suffered a broken nose, swelling and bleeding on the brain. He also lost four teeth. He was lucky to be alive.

It wasn't the first time the *Herald Sun*'s readers had been introduced to this particular assault. The previous month, the paper's *Leader* supplement had reported, misleadingly, that the 'Grandfather attacker walks free from Dandenong Magistrates' Court'. I say 'misleadingly' because the twenty-year-old assailant was actually sentenced to a one-year Community Corrections Order – one of the highest penalties short of imprisonment available to Victorian courts. This order meant that for the next twelve months the young man would need to attend regular supervision sessions with an officer from the Department of Corrections. He'd also need to attend regular treatment and rehabilitation appointments, probably with a drug and alcohol counsellor and at an anger management course, and would be assessed for a mental illness.

If he failed to attend more than a handful of those appointments over the next year, the corrections officer would allege that he'd breached the order, and the matter would return to court for re-sentencing. If that happened, the young man would very likely face jail.

But the *Herald Sun*'s reportage played for outrage, and outrage it got from those writing in. 'It is time magistrates are elected into (and out of) their role by the public,' growled Michael. 'Only then will they give sentences that reflect what society expects.' CJ wondered 'how this magistrate will feel if they see the same offender in a few years' time, but the victim ends up dead'. Elijah went one step further: 'So the scum just walks away? I hope those in the justice system responsible for such an out-of-step decision are the ones who are attacked next time.'

The particular magistrate who sentenced this young man was Greg Connellan, formerly a well-known human rights lawyer. I appeared before him a number of times while I was working as a lawyer with the Victorian Aboriginal Legal Service between 2012 and 2014. It's unlikely there's a magistrate who approaches their judicial responsibilities with more thoroughness and sincerity. And he's certainly not afraid to use jail – he sent one of my clients away for nearly two years, and soon after he was appointed to the bench in 2007 he criticised the leniency of the maximum penalty available (five years) for a reckless conduct charge. Connellan does need a very good reason to send someone to prison, though, and despite the views of the *Herald Sun* and its selection of baited readers, it's unlikely that reason existed in this case.

It almost did, though. Causing serious injury is among the gravest charges heard by magistrates courts, and Connellan said in sentencing the offender that he'd be going to jail if he hadn't already made 'significant changes'. More than six months had elapsed since the original assault, which gave the offender time to complete a pre-sentence bail program known as CREDIT (Court Referral and Evaluation for Drug Intervention and Treatment). The idea is that an accused person who would otherwise be remanded in custody until they are sentenced is given access to treatment or rehabilitation services for four months, if it's assessed that their problem with drugs, alcohol or mental illness is a factor in their offending.

Their engagement with those services, and their progress in addressing some of the problems which may have contributed to their offending, is then taken into account by the sentencing magistrate.

'I hope karma will catch up with [the offender],' said David, another letter-writer in the *Herald Sun*. David likely doesn't know the assailant, so was expressing a familiar idea – that criminal offenders are motivated primarily by evil intent, that they're basically villains who should get their just deserts. But if David had read the *Herald Sun*'s report closely, he would have learned that the assailant in this case had been diagnosed with ADHD and a mild intellectual disability, and had been previously observed to have anger management issues. David would also have learned that the offender grew up in a violent home.

None of this represents an excuse for the offender's conduct, which is why he was charged, processed through the criminal justice system and sentenced. But the backgrounds of most offenders provide courts with hints as to what might be causing their behaviour. Unfortunately, it's all too common for children who experience violence while growing up to express themselves violently as they get older.

We don't have to bend our minds too much to imagine what kind of childhood this young man had. At various times, he would very likely have been described as a victim himself. The *Herald Sun* was quick to cast him as a 'thug' and a 'coward', but he might equally be seen as a kid who fell through the cracks – a kid whose society failed in its duty to protect him from damage and to educate him into self-sufficiency and prosperity. David might hope karma catches up with this young man, but on another view, karma might already owe him some points.

'This sentence in no way reflects community expectations for such a vicious and unwarranted assault,' asserted Michael in the *Herald Sun*. 'What an absolutely disgraceful sentence,' bellowed Matthew. 'Hopefully this is appealed.' We bay for jail in cases like this one. There's a pattern to it – first, we convince ourselves that the offender is bad, a villain, and then we want them to suffer as much as possible.

And we instinctively link punishment to deterrence. 'This will continue to happen until we get fair dinkum about punishments,' thundered Mark. 'At the moment creatures of his ilk know jail is unlikely.' According to Keith: 'Gutless thugs will continue to rule the streets if this type of decision continues.' The problem with this kind of instinctive reaction is that jail doesn't do what Mark and Keith think it does. It doesn't actually work very well as a deterrent.

Perhaps even more significantly, prison doesn't solve the problem Mark and Keith expect it to solve: it doesn't rehabilitate. If anything, it augments any existing problem, for the offender and for his society: a twenty-year-old who goes to prison for a few months is 'warehoused' in an environment with other offenders, and nobody will give him a job upon his release. Meanwhile, his underlying problems – the causal factors in his criminal behaviour – go largely unaddressed.

Without knowing much about this young man, we can tell that he's angry – and that he can't control his anger. From the fact that he was carrying two cans of Wild Turkey bourbon on a public bus during daylight hours, we can surmise that he's probably got a problem with alcohol. What's the most important thing here? That he be punished with a term of imprisonment which doesn't address whatever drove him to punch a stranger in the face? Or that we find a way to prevent him from doing the same thing to someone else?

Gary said the judiciary 'does as it pleases according to its own insulated views'. This is the (also common) view that magistrates and judges are out of touch with community thinking on punishment and sentencing. It's a strange view, though, because Gary probably hasn't sat in on any of the hearings and isn't privy to most of the information Greg Connellan used to make his decision. Research has been done on views like Gary's: perhaps surprisingly, when members of the public *are* given all the 'facts', as a jury is, the sentence they would impose tends to be a little more lenient, on average, than the magistrate's or judge's eventual sentence.

'How does this act not result in a custodial sentence?' asked CJ.

Another reader, Tim, offered his own experience by way of comparison:

> I have been drinking booze for 15 years and when I get drunk all I want is a large cheeseburger meal and my bed. Never in my life have I wanted to punch someone. This dude will get drunk again. These people need the living daylights scared out of them and a community order is not going to do that.

But what CJ and Tim miss is that a community-based order with rehabilitative conditions is one of the very few instruments currently available to most courts around the country, in most circumstances, which at least has a shot at heading off this particular offender's next crime. Simply dumping him for a few months in prison – a highly authoritarian environment where violence is a constant threat – is likely to make him *more* rather than less of a problem when he's released.

And what about the victim? 'That sentence is unacceptable,' raged Margaret. 'That poor senior citizen would feel like he has been wronged twice now. A jail term is the only acceptable outcome.' Margaret was expressing our usual demand of victims: that they be outraged, just like the rest of us. Very often they are, and with good reason.

In this case, however, the victim didn't play his allotted role, though few noticed. Despite still suffering from the assault – following the sentence, the victim was still undergoing physiotherapy, was still having trouble speaking and eating, and was still traumatised – he said: 'If this is going to help him and he's going to rehabilitate and get better, I'm happy with the judgment.'

But if forgiveness sounds sweet, it's not as sweet as retribution. Noel McNamara, the founder and president of an organisation that aims to support victims of crime, declared the sentence to be a 'travesty of justice' and 'manifestly inadequate'. McNamara, whose daughter was tragically killed two decades ago, also wanted prison for this particular offender – though prison was highly unlikely to help anyone in this case, least of all the victim.

What has happened here is that Margaret, Gary, Steve and the other correspondents who vented their spleens in gut-reactionary emails, which they then fired off to the *Herald Sun*, have been expertly manipulated by a newspaper with a commercial interest in maintaining the rage.

If that were all – if the outrage was limited to a small web of influence comprising newspaper and rusted-on consumer – then it could perhaps be safely ignored by everyone else. But that's not all. The *Herald Sun* has the largest circulation of any newspaper in the country, so its web is actually a very big one. Most people get most of their information about the criminal justice system through mass media. They vote. This kind of 'tough on crime' talk ends up infecting governments.

That governments (and oppositions) are in a race to impose the longest sentences is hardly a new observation.

But the race is quickening. An important aspect of judicial independence is that judges and magistrates have discretion over sentencing, but recently, populist governments have tried to direct sentences by imposing mandatory minimum tariffs in legislation. A 'three strikes and you're in' WA law for burglaries was introduced in 1996 (a third burglary in the space of a year means at least twelve months in prison). The Northern Territory's 'three strikes' regime (fourteen days' prison for the first property crime, ninety days for the second and a year for the third) of 1997–2001 – when it was repealed – dramatically increased the Indigenous prison population without doing very much about property crime. Mandatory prison time for assaulting police officers has operated in Western Australia since 2009. Minimum sentences for various offences in Queensland, the Northern Territory and Victoria have been imposed since 2013, and in the same year a 'loophole' was closed in Western Australia to make sure mandatory sentencing 'sticks'. In New South Wales from early 2014, 'one-punch' assaults causing death where drugs or alcohol are involved result in at least eight years in prison. Similar laws for Victoria were announced later that year. Governments have also moved to tighten laws surrounding bail and parole, making it more difficult for people to be released into the community.

Most such legislative amendments come at the end of campaigns for tougher laws driven and sustained by tabloids running at fever pitch. The result: even though crime rates are generally falling, the jail population is soaring. In the single year to June 2014, the number of full-time prisoners across Australia rose by a staggering 9 per cent. Prisons in nearly every state and territory are overflowing. For some months in 2013, lawyers (me included) had clients all over Victoria who were spending weeks sleeping on concrete floors in police cells, because there was no room for them in remand centres or prisons.

Why is this a problem? Surely, doing crime involves doing time, and that's all there is to it? That sentiment might make intuitive sense from a perspective which prioritises individual morality. But if what we're really trying to do is to reduce the amount of crime committed in society in ways that respect basic human dignities – it would be easy to completely eliminate crime by pre-emptively imprisoning and restraining everyone from birth, but that's not the kind of society any of us wants to live in – then the 'crime and punishment' model doesn't cut the mustard. Ultimately, crime is a social problem, both in its impact – it causes harm to innocent people – and in its causes.

Imprisonment results in big consequences, both individual and social. Jailing fathers and mothers profoundly affects their children, and because Centrelink stops payments to people in prison, the household budget for those with whom the prisoner would otherwise be living can become unmanageable. Finding a job upon being released is next to impossible for many prisoners. Medical, dental and mental health problems are rarely addressed properly while inside. The incredibly rigid atmosphere inside prison prepares nobody for being left to their own devices upon their release. Often, perhaps as a result of stigma and lack of contact, friends drift away, leaving ex-prisoners with other ex-prisoners as their only source of support. At the end of it all we find that we've spent tens or hundreds of thousands of dollars on a single person without getting anything out of it.

And imprisonment disproportionately and overwhelmingly affects Indigenous people, who make up more than a quarter of Australia's prison population despite constituting only about 3 per cent of the general population.

On 30 November 2012, 44-year-old Kimberley artist Maureen Mandijarra died in a Broome police cell two days after being arrested for public drunkenness. She was homeless at the time. In 2013, 39-year-old Stanley Lord died in intensive care after being transferred from Long Bay jail, where he was serving an eighteen-month sentence for driving while disqualified – a victimless crime. In August 2014, a 22-year-old Yamatji woman, Ms Dhu, died after being locked up in the South Hedland Police Station cells for unpaid fines, having been declared medically fit for custody despite her frequent vomiting. An autopsy report could not find a cause of death, but Ms Dhu had refractured ribs, a head injury and bleeding around the lungs.

The Royal Commission into Aboriginal Deaths in Custody made a number of 'decarceration' recommendations in its 1991 report that, if implemented, would very likely have prevented these deaths and many others. But since the 1990s, the number of deaths in Australian jails has *increased* by 50 per cent – a consequence of skyrocketing imprisonment rates.

We can't just blame tabloid media and governments for this state of affairs. The legal system itself holds certain truths to be almost self-evident. One of them is that humans are free agents who choose their actions. Indeed, 'choice' – the exercise of free will – is one of the foundational beliefs of modern Western civilisation. In the same letters page of the *Herald Sun* in which Steve, Mark, Margaret and the others raged against the corrections order for the twenty-year-old 'grandfather attacker', one correspondent – Christian – gave a considered response to an op-ed by Victoria's former attorney-general Rob Hulls, published the previous week. Hulls had argued that 'many offenders are victims of crime themselves', and imprisoning them doesn't actually solve the problem we'd all like solved: how to eliminate, or at least reduce, criminal offending. In response, Christian argued that Hulls had 'overlooked . . . the role choice plays in committing offences'. But I argue that choice is emphasised too much, to the detriment of other factors, by the courts when they consider criminality.

In this book, I look at some of the problems of the

'crime and punishment' model as they appear in the magistrates courts. Inspired by my observations and experiences of Victorian magistrates courts over two years, while I was working at the Victorian Aboriginal Legal Service, this is not a comprehensive compendium of failures and potential remedies. Rather, it's intended as an introduction to the social problems which intersect in the criminal justice systems of all Australian states and territories – and it's infused with the spirit of reform.

Why magistrates courts? At the bottom of the criminal court hierarchy in every Australian state and territory (except in New South Wales, where they've been called 'local courts' since 1985), they're the courts in which all criminal matters begin, and most stay. 'Serious' matters – criminal homicide, rape and some other sexual offending, particularly egregious assaults, high-end drug and property crimes – quickly escalate to higher courts, which also hear appeals from magistrates' decisions. There are no juries in magistrates courts – only a single magistrate, who hears applications for bail and warrants and police prosecutions, among other things.

Originally, the magistrates courts were only for what are known as 'summary' offences – minor crimes – but more recently they've been allowed to determine most 'indictable' – major – crimes as well, to help free up the higher courts for trials and appeals. There's an efficiency trade-off: in exchange for agreeing to have an indictable matter heard by a single magistrate (instead of by a judge and jury), an accused will face a maximum two or three years' imprisonment. Most indictable crimes carry much higher maximum penalties – theft can be punishable by up to five years' jail in New South Wales and ten years' jail in Victoria – so in practice most of the less serious indictable matters stay in magistrates courts.

In many ways, magistrates courts are low-hanging fruit for justice reform. Because matters which stay in the magistrates courts are the least serious, relatively speaking, there's comparatively less heat on the offence – which means that more consideration can be given to its causal factors. In other words, magistrates courts are places where some of the reform experiments I will touch on in Chapter 5 can be trialled and improved upon.

And although the highest-profile criminal cases are often heard in higher courts – county, supreme, court of appeal, the High Court – magistrates courts are the most commonly reported on, and also those courts members of the public (including readers of this book) are most likely to find themselves in if they do run foul of the law.

In what follows, I'm stating four problems in particular. The first is that our current system of criminal justice, known as the 'classical' model, punishes someone for making a 'bad choice' while doing comparatively little about the disadvantaged structures within which that person has made what we call their choice. We begin with the assumption that offenders are something like the villains in comic books and crime thrillers – they've acted with evil intent and they should be punished accordingly – rather than seeing criminal behaviour as much more a function of particular types of disadvantage.

The second problem is one of 'legal liberalism', where the law, in its admirable determination to treat everyone equally, fails to recognise that the definition of 'equality' can be contested – an Indigenous person, for example, does not experience a racist taunt in the same way as a white person would experience similar words.

The third problem is the possibility that in some or many cases, punishment may succeed in doing little more than further alienating a person whose life has been characterised by consistent deprivation and social exclusion, which simply increases the risk of their reoffending.

And related to this are the problems for victims. The classical justice model also tends to distance victims from the process, which can make it equally hard for them to move on.

I'm identifying these problems against what must surely be the universally shared policy goal of the criminal justice system: crime reduction. Most of the arguments about criminal justice are really about how best to achieve that goal.

It's possible to imagine a system in which offenders' disadvantaged situations are better considered by the criminal justice process; in which punishment is conceived as a mere aspect of a person's rehabilitation; in which victims are involved in working through the offending behaviour. It's possible to imagine a system that's more interested in problem-solving than in punishing.

In fact, there are some experimental programs along these lines in place already, and I'll look at some of them in the final chapter. But what we need to acknowledge at this point is simply that, from a problem-solving perspective, the current system just isn't working.

CHAPTER 1
COURT

My first experience as a participant in a magistrates court proceeding was not as a lawyer. It was as a defendant.

The charge was hardly significant. I'd been caught on Melbourne public transport having refused to validate my multi-trip ticket, after I'd waited ninety minutes for a tram to take me up to La Trobe University, where I worked as a casual tutor. At that time of day there was supposed to be a tram every seven minutes. I'd ended up missing a tutorial. As a casual, that meant I was a hundred dollars down – about a sixth of my weekly income. By the time the trams started running again, the first few were so jammed with passengers that they rolled straight past the stop I was sharing with thirty or so other commuters.

The tram I eventually boarded was like a mosh pit on wheels. It wasn't impossible to reach the machine to validate my ticket, but it was difficult enough that I didn't bother. No doubt there had been a very good reason for the lengthy delay. But I rationalised: if the network had already cost me $100, it certainly wasn't getting my $3 ticket price.

We'd barely gone three stops when a group of inspectors forced their way aboard. A stocky, blonde-haired woman, speaking aggressively out of the corner of her mouth, demanded my ticket. I asked her whether she was kidding. She told me, correctly, that I needed a valid ticket if I was on a tram. I encouraged her to write the fine notice, unswervingly idealistic in my expectation that a magistrate would share my principled belief in the unfairness of the situation. I would have my day in court.

Even as my back was up, I knew I didn't really have a hope of convincing a court that I wasn't guilty. Detailed administrative rules now create strict obligations on the conduct of passengers on Victorian trams, trains and buses, as in other states. Appeals to equitable concepts of 'fairness' work only when the courts have discretion. In matters of ticketing and public transport, passengers have been stitched up through a series of deals between government, the bureaucracy and the transport companies.

The law in Victoria requires that passengers hold and, upon request by an 'authorised officer', produce a valid ticket while travelling on a tram. The maximum fine at that time was about $550. The only defence available was that I had made at least a 'reasonable' attempt to validate my ticket. I had no defence to the charge.

I also knew, however, that if the maximum fine was $550, a magistrate could impose any amount less than that – including zero, as indicated in section 76 of the Victorian Sentencing Act. The court had no discretion on the question of my guilt or innocence, but my arguments about fairness and justice might sway the magistrate on the issue of sentencing.

I had difficulty sleeping the night before my court date. This strikes me as strange, but despite five years of law school, the only time I'd ever been inside an actual courtroom was when I took some students to see Koori court in action while I was lecturing in politics.

At the Heidelberg magistrates court, you're on the back foot immediately as you step through a metal detector and your belongings are scanned for contraband. Inside, you're met with a row of imposing counters, behind which bureaucrats sit at computer screens, making hundreds of tiny decisions that impact the lives of countless people.

You line up at the closest counter, tapping your foot because your nervous energy has nowhere to go while you queue. You reach the front, only to be told that you need to be at Counter 3, further along. You join another queue.

'Name?' the public servant demands when it's your turn. Her pen hovers impatiently over the daily list. She barely looks up. You answer, and she responds. 'Are you pleading guilty today?'

Yes, you are, you think.

'You'll be in Court 3, downstairs. Next?'

Nothing in my law degree prepared me for court procedure. Tentatively, I pulled open the door to Court 3 and peeked inside. My attention was drawn inexorably to the bench at the back of the room, where the magistrate sat protected by status and a wall of mahogany from any disquiet his decisions might cause. Standing at the bar table was a lawyer in a dark suit, talking through plea submissions. Sitting behind the lawyer, dressed in a dark hoodie and track pants, was his client. The pews behind the defendant were mostly occupied. I crept awkwardly in and took the nearest available seat, waiting for my name to be called.

As I sat there trying to control my breathing and heart rate, I noticed that, apart from the magistrate and the lawyer, I was the only person in the room wearing a collared shirt and suit pants. Everybody else was in trackies and runners, t-shirts or hoodies. *Who wears Adidas to court?* I thought. Among my friends I had a reputation for dressing a little shabbily. But I realised with a thud that this was a style of dress I'd expect to see on public transport or at the supermarket. I didn't know anybody who wouldn't dress nicely for court.

I watched. After the lawyer left with his client, the clerk called the next matter on. A tall man wearing dirty blue shorts and thongs stood up and cautiously made his way to the front, half-raising his arm. His left earlobe was stretched around a ring the size of a 20-cent piece.

'Come to the table, Mr Smith,' the magistrate ordered. 'What are you doing with the charges today?' His manner was impatient. The accused prevaricated. 'Well, have you seen a lawyer?'

'Not yet, Your Worship,' the accused replied, shuffling his feet.

'Well, what are you going to do? These are serious charges, Mr Smith.' The magistrate was talking slowly and loudly, as if to a child. 'They've been adjourned once already, I see.' He glared at the accused.

The man with the hole in his ear spoke to fill the silence. 'I can make an appointment as soon as I leave here, Your Worship.' His deference was puzzling. He had a quality that would be mildly menacing, were I to encounter him on an empty train.

'Well, have you seen Legal Aid? How much do you earn, Mr Smith?'

'Um, I'm on Newstart at the moment, Your Worship.'

This form of address was almost certainly the result of learning about the law from American TV shows, though it's possible that he had received advice on this point from an older friend or family member. 'Your Worship' was originally the formal way of addressing magistrates in Australia, but it was phased out years ago and replaced with 'Your Honour', the traditional address to judges.

'Then you'll be eligible for aid! I'll stand the matter down. Go and see Legal Aid, Mr Smith. Immediately.

They'll give you some advice, and then you can come back here and tell me what's happening. Next!'

I watched as two or three others were called to the bar table. All were unrepresented. An overweight woman in her forties wanted to plead guilty to unlicensed driving. The prosecutor stood up and read the summary. It was short. The woman had been stopped at a booze bus and blew double zero. Unluckily for her, the police then asked for her licence. It had expired two months earlier. She became mildly abusive when the police directed her to leave her car where it was and arrange a lift. 'Well, what have you got to say for yourself, Ms Jones? I could send you to prison.'

She was wearing leopard-skin tights. Her hairstyle, dyed red and frizzy, was popular in the 1980s. 'Oh, God. I really have no idea, sir. I didn't even know my licence had expired. See, DHS has been after my kids 'cause of my boyfriend, and my mum's been real sick. I guess I totally missed it. I don't normally do things like that.'

'Well, that's not completely true, is it?' the magistrate said with a sly smile. 'It says here that you were fined for unlicensed driving about eight years ago. You're making a bit of a habit of this, aren't you?'

His paternalism irritated me. Eventually, he fined her $500 and told her to make sure it never happened again.

The clerk called my name. My heart was racing, my palms were sweaty and my cheeks felt hot. I approached the bar table.

'You're Mr Marks?'

I said I was, and the magistrate asked me what I was doing. 'I'll need to plead guilty, Your Honour,' I said with what I was sure was a shaky voice.

The summary was read and I stood up to make my rehearsed pitch. I explained the circumstances. 'I accept that I'm guilty of the charge under the Regulations, but I'm making an application for the court to deal with this by way of section 76 of the Sentencing Act. I submit that to punish me beyond a finding of guilt in these circumstances would be unfair and inequitable.' In hindsight, my speech was a lot more formal – and grandiose – than most practitioners would use, at least in the magistrates courts.

But it did the job. He ordered the matter proven and dismissed it, then initiated a brief conversation about where I was working. Although I remained acutely aware of the power dynamic, it felt like an exchange between relative equals. He wasn't talking slowly or particularly loudly. Was it because my collar, my shoes and my ability to articulate myself in the language of the law marked me as occupying the same professional class trajectory as his own?

I was happy about my own result, but I wondered as I left the courthouse what would have occurred had I not had the benefit of a law degree. What if I hadn't finished high school? What if I'd done something more serious than simply refuse to pay for a tram that was an hour and a half late? What if I hadn't been born to parents who provided stability and gave me opportunities? What if I didn't have the power to articulate myself in language that made sense to a magistrate? That I knew about section 76 of the Sentencing Act owed nothing to its public availability and everything to my capacity to work out where to look.

Later, I got a job as a criminal defence lawyer. Every time I sat in a magistrates court, listening to pleas, getting fifteen-minute glimpses into the lives of people who had committed assaults and thefts, I couldn't help but reflect. Why didn't *I* do these things? And why did some people do them over and over again?

All other things being equal, it would seem to be a matter of good and bad choices. By proscribing intentional actions, the criminal justice system is able to claim that it is fair. Putting aside the issue of wrongful conviction, all the system asks is that people restrain themselves from taking property belonging to someone else or hurting others without a reasonable excuse. The rules are publicly available, as are the maximum (and, increasingly, minimum) penalties attached to them. It's a simple proposition, and it's one most people believe in. If I choose to break the rules, I risk being punished.

But as I was reminded over and over again when taking instructions from my own clients, all things aren't equal. If the court process was nerve-racking for me, how alienating must it be for a person with multiple markers of disadvantage? (I'll return to this concept – markers of disadvantage –

in the next chapter.) Just what is it like to enter a place which has the power to lock you up, where you speak with a lawyer you've never met about intimate aspects of your life, who then speaks for you in words you may not understand, so that a person earning over twenty times the basic Newstart allowance can determine your fate?

THE GAUNTLET

Let me introduce you to 'Nigel', an eighteen-year-old boy who grew up with a father who was violent, then absent, and a mother who was dependent on alcohol. Nigel doesn't really exist, and yet he could: he's an amalgam of at least three of my clients, and the circumstances surrounding his charges are taken from two actual cases.

Nigel's fingerprint has been found on the outside of a DVD case. The case was inside a house which had recently been burgled. There was no other evidence that Nigel had been involved. We've all watched legal dramas, and we can spot a circumstantial case when we see one. Who's to say that Nigel hadn't picked up the DVD case when it was still at the shop and then put it down again? Unlikely, but not beyond the bounds of reasonable possibility. A court can't convict on that evidence. To do so would be what the law calls 'unsafe'. It would be intolerable if every time we browsed through the DVD racks at the supermarket we were potentially leaving ourselves open to a burglary conviction.

But the pressures on Nigel to plead guilty are immense, and they begin at the point of arrest. After finding Nigel's prints on the DVD case, the police arrive at his home, arrest him and take him to the station for questioning. It doesn't matter how many episodes of *Blue Heelers* we've seen: most of the arrest–detention–interrogation process in a particular case is unknown and unknowable to anybody who isn't involved. The only bits of the process that are recorded on tape are those which the police will seek to rely on as evidence in court. As a result, the tape-recorded part of the interrogation conforms to a scripted procedure which has been crafted by police legal departments, based on what courts have deemed admissible as evidence with reference to relevant legislation. Who knows what happens before the tape starts rolling?

Writing about police interrogation in the United States, Richard Leo points out that the recorder creates an impression of openness and accountability which diverts attention from what isn't recorded. If the police can get you to confess to a crime off-tape, you're more likely to subsequently admit guilt once the tape is rolling.

By virtue of his upbringing, Nigel has already had more than a few interactions with police, none in pleasant circumstances. What we can expect is that as he is handcuffed, taken in the back of a divvy van to a police station and left alone in a cell or a windowless interview room while the police ready themselves for the formal interrogation, Nigel is probably pretty scared. He's seen movies and heard stories about deaths and assaults in custody. When the police switch the tape on, they formally read him his rights by literally reading from a script – 'anything you say or do can be used in evidence' – but they also say that this is his chance to tell them his side of the story. The police are hoping that even if Nigel makes no direct admissions to the burglary, he'll say something which indirectly implicates him – such as, 'Nah, I never check out DVDs at shops, because security always thinks I'm pinching stuff.'

Being interrogated is a difficult thing to endure at the best of times. When you're in the bowels of the police station, when you're alone, when you're tired, when you're young – when the power dynamics are weighed heavily against you – it takes enormous fortitude not to succumb. It's no wonder that most suspects waive their right to speak with a lawyer before their interview: most people take the path of least resistance when it comes to asserting their legal rights in a hostile environment.

If Nigel does ask to speak with a lawyer, he'll most likely be told, over the phone by someone he's never met, to give a 'no comment' interview. Again, this is an extraordinarily difficult thing to actually do. In frightening and unfamiliar situations in which we feel powerless, most of us perceive that it's in our interests to cooperate as much as we can – in Nigel's case, this means giving his interrogators whatever he thinks that they want. Police interrogation is hardly torture, but this is precisely why torture produces so many false confessions.

There is no constitutional protection in Australia for a right to silence during a police investigation and interrogation, and there's been recent slippage from the principle. In 1994 in Britain, and then in 2013 in New South Wales, parliaments passed legislation allowing juries to draw adverse implications about defendants who give 'no comment' interviews to police and then seek to rely on some fact at trial which could have been raised during interrogation.

One of Nigel's mum's boyfriends taught him a valuable lesson: always say 'no comment'. So that's what he does. Because they haven't found evidence of anyone else being present, the police think they have their man, so they release him with a written summons to appear in court to answer a charge of burglary. Everyone hopes he won't, but if Nigel wanted to, he could choose to have his (indictable) burglary charge heard by a judge and jury in the Victorian County Court. But the proceeding must start at the magistrates court in any case.

When he arrives at court, he may be asked by staff at the counter, as I was, 'Are you pleading guilty today?' It's a closed question unconsciously framed so that the affirmative answer delivers the response the questioner is hoping for. A large part of the job of court staff is to ensure the smooth and efficient function of court processes. In the language of economics, guilty pleas are more efficient and cost-effective than pleas of not guilty. Court clean-up rates improve, with consequent funding implications when the number-crunchers in the Department of Justice or Corrections look at the raw figures later. Defendants unwilling to plead guilty need adjournments, they need to speak to lawyers and prosecutors; all this equates to time and resources. Again, the social and institutional pressure is on Nigel to say 'guilty'. If he does, staff can send the file straight into court.

The practices of summary courts differ around the country, but in all jurisdictions defendants are disadvantaged when they can't afford a private lawyer. Low-income defendants without representation are referred by court staff to the 'duty lawyer', whose job it is to obtain and analyse the brief of evidence, ask the defendant about their personal circumstances and advise them of the best course of action in those circumstances – in between doing the same thing for a dozen, twenty, thirty other people on the same day.

'Duty lawyer' work is mostly performed by each state's legal aid commission. The various legal aid commissions are funded out of general state and federal revenue, and legal aid is rarely a priority for conservative governments in particular. In 1997 the Howard government slashed the Commonwealth's share of grants to state legal aid commissions by $120 million over three years, ostensibly to punish the state governments for misusing tied grants. In 2012 the Baillieu government refused to increase funding to Victoria Legal Aid, despite spending millions on 1700 extra police officers and greater prison capacity. In response, Victoria Legal Aid's managing director, Bevan Warner, moved to restrict legal aid services in magistrates courts to those at risk of immediate imprisonment. And just days before the 2013 federal election, the Coalition announced $42 million in cuts to Aboriginal and Torres Strait Islander legal services across the country – cuts even the Productivity Commission wanted reversed. Senior lawyers and judges now routinely describe the legal aid situation in Australia as a 'crisis'.

Nigel isn't facing prison. As a first-time offender in an adult court, even if he is found guilty of (non-violent) burglary, the court will most likely go no higher than a community-based disposition. It will give him a chance to rehabilitate. What this means, of course, is that under the new crisis-based eligibility guidelines in Victoria, Legal Aid won't take his case on. And unless the charges are withdrawn by police, Nigel may need to run the contested hearing, which generally involves legal argument and cross-examination, on his own.

Or, of course, he could just plead guilty. Many clients instructed me to 'just get it over and done with': the thought of another four weeks or more of adjourned purgatory is often more stressful than the idea of accepting a punishment on the day, which at least becomes a known quantity. If this seems strange, it's because we're not factoring in the enormous individual costs – psychological, physical, emotional, relational – of uncertainty. Franz Kafka, the novelist and bureaucrat, understood those consequences. *The Trial*, published posthumously in 1925, is the story of Josef K., a chief financial officer of a bank who is arrested on his thirtieth birthday by two men who identify neither themselves nor their authority. Josef never learns the nature of his alleged crime, and spends the next year going steadily mad as he's drawn into a bureaucratic web within which he has no agency.

It's common for defence lawyers to have to spend some time convincing clients that it's in their longer-term interests to endure another few weeks or months of uncertainty, instead of just accepting the first, invariably unfavourable, deal they're offered by prosecutors. 'I haven't been sleeping, man,' said 'Sam', whose charges were eventually – six months after first coming to court, and a full year after first receiving the summons – withdrawn by police. Sam had myriad physical and psychological problems, and often got around on an electric scooter. He'd been charged with assaulting a young (able-bodied) man who had approached him and begun yelling aggressively while standing over him.

Sam had attempted to push the young man away – that was the basis of the assault charge – and the other guy had responded by punching Sam repeatedly to the head. Sam's life had for years been dominated by medical and other health appointments, as well as by another case in which he'd also been the victim of a violent assault – a case that remained unresolved when he became my client. Being charged with assault out of a second incident in which he firmly believed he was the victim threatened to tip Sam over the edge. He and I had about ten lengthy conversations, each beginning with him trying to instruct me to simply enter a plea of guilty, as he couldn't manage the stress of the uncertainty while the matter was adjourned for various reasons.

Perversely, the fact that Nigel isn't facing a prison term can contribute to the pressures on him to plead guilty. 'Come on, Marks,' one particular prosecutor would often urge. 'Your bloke's not going in. He could plead today and walk out of here with a slap on the wrist. If you asked for a fine, I wouldn't oppose it.' This prosecutor was no doubt half-joking, but no more than half.

The efficiency drive is not limited to court staff and prosecutors, either. On one occasion I was called into court to pick up the matter of a twelve-year-old boy whose existing lawyer had just identified a conflict of interest. The boy, 'Tom', had instructed that lawyer to contest the charge of aggravated burglary. Without knowing anything about the case – indeed, without even the privilege of seeing the police summary, let alone whatever evidence they sought to rely on – the magistrate in court told me that, on the basis of Tom's age and the fact that the alleged offence was already a year old, if Tom pleaded guilty there and then, he would be sentenced by way of a good behaviour bond. The magistrate, a former defence barrister, became visibly annoyed when I requested that he stand the case down while I got a copy of the brief and took some proper instructions. The prosecutors then refused me a copy of the brief, citing 'resource constraints', and my resulting adjournment request went down about as well as if Christine Milne had proposed a carbon price at a Young Liberals conference.

Nigel is directed to the police prosecutors so that he can put his case to them. There's a major problem with police prosecutors speaking directly to unrepresented defendants. What most defendants are looking for is advice. Hang around the foyer of any magistrates court and you'll see bewildered people approach the counter and ask, 'What should I do?' The court staff I've spoken to experience varying degrees of exasperation at that question. 'We can't bloody well give them advice! Don't they know that?' exclaimed one court clerk to me over lunch one day. Well, no, they don't.

Court staff just need to handball such queries on – appropriately to the duty lawyers, or inappropriately to police prosecutors. Often this referral comes in a form something like this: 'I can't give you advice. You need to get advice from a lawyer. Do you have a lawyer?' When the defendant shakes her head, the staff will ask: 'Do you want to see the duty lawyer?' It's amazing how often people will say no to this question. I can only guess that it's because they assume that seeing a lawyer – duty or otherwise – will cost them money they don't have.

That's probably a reasonable assumption to make. 'Duty' is part of the exclusive jargon of the court, and is merely shorthand for 'on duty'. Only an insider would know that it means, for the purposes of unrepresented defendants, 'free'. But 'duty' has everyday usages – one synonymous with obligation, the other with tax – which might suggest a meaning that's entirely opposite to that intended by the court staff. And the word 'lawyer' is rarely associated with 'affordable'.

Politicians often think there are economic virtues to less involvement by lawyers in summary courts. In practice, self-represented defendants clog up the court. I was in the queue to speak with prosecutors once while a balding, middle-aged man with a nicotine-stained moustache, tinted glasses and halting, heavily-accented English was trying to get them to see his point of view. (The whole scene left me wondering how Farouk in *The Castle* would have fared without the assistance of protagonist and small-business owner Darryl Kerrigan and their fairy godmother, retired QC Lawrie Hammill.)

'Sir, I can't give you advice,' the prosecutor said. 'But I can tell you that I deal with cases like yours all the time, every week, every day, and you're just not going to win. Your best bet is just to go in front of the magistrate and tell him or her what's going on in your life, like how much you're earning, and whether you've had any other recent accidents.' This prosecutor was telling the man he should plead guilty.

But police aren't necessarily to blame. Police prosecutors, too, get frustrated by having to deal with defendants who represent themselves. They use up valuable time and resources, and most prosecutors feel uncomfortable about being placed in the position of being asked for advice. In most police stations there's a necessary tension between those who investigate, arrest and charge alleged offenders and those who prosecute them: the hours and conditions are often much more favourable for the latter, who work office hours, as opposed to the kinds of shifts 'beat' constables do, and prosecutors often need to send briefs back to the arresting officers with requests for more investigatory work, more evidence or just a 'please explain'.

When Nigel sits down with prosecutors to talk about his case, the overwhelming likelihood is that the officer he speaks to knows nothing about it and will form a snap judgment after scanning the summary and brief for about two minutes. That's hardly a thorough enough review to displace the prosecutor's assumption that the defendant is guilty – in any case, the prosecutor's job is not to adjudicate but to prosecute. 'Mate, fingerprints don't last very long,' the prosecutor says. Prosecutors certainly said that to me more than once. But that's not true at all. If not wiped away or exposed to the elements, a print can last years.

Despite being eighteen and on the wrong side of an almost complete asymmetry of information, Nigel has successfully navigated the court staff, Legal Aid and police prosecutors, and he's worked out enough to know that he needs to 'contest' the charge. Contest, like many other words (charge, offence, prosecute, proof, burden, discharge, mention, adjourn, defendant, complainant, applicant, respondent, summary), is one that's rarely used outside of the court system and makes up the jargon which contributes to the sense of alienation experienced by court outsiders. To push his charge into the contest stream, he'll need to go into court and front the magistrate.

Just how often does life give us practice at standing up in public to convince a person with the power to imprison us that they should see our point of view? Eighteen-year-old Nigel is unlikely to be particularly articulate and confident on his feet. Whatever bravado teenage boys may manifest in the presence of their peers tends to quickly evaporate when forced into an exchange with an authority figure in an unfamiliar environment. If Nigel's lucky, he'll get a fair and reasonable magistrate who won't unnecessarily intimidate him beyond the fact of the court setting.

Some magistrates have fearsome reputations. They exist in every state, on every circuit. For amateur psychoanalysts, they make intriguing objects of speculation, but the range of magistrates' personalities is probably reflective of human diversity – though perhaps any predisposition towards sneer, sarcasm or straight-out abuse is augmented by their autonomy in their courtrooms. Working out the quirks of each magistrate's personality is one of the things lawyers need to do. But self-represented defendants like Nigel are flying blind.

Nigel adjourns the matter for six weeks to what's known in Victoria as a 'contest mention'. It's a curious part of the procedure which was added in 1993 with an efficiency-based goal: to assist in 'resolving' contested criminal matters before they are booked off for lengthy and resource-rich hearings. In intention and in practice, the 'resolution' is achieved by way of a 'sentencing indication', which the defendant can then choose to accept (and thus enter the guilty plea) or reject (and throw his hat in the ring).

There are magistrates who seem to take too seriously the efficiency objective. I have appeared before magistrates who would say to Nigel, 'If you plead guilty today you'll get a fine. But if you take it to contest, you'll lose and you will go to jail!' For Nigel, it's a no-brainer. It may not matter how strongly a lawyer advises him against pleading and tries to reassure him that the threat of prison is just bench-bluff. If Nigel has no lawyer, he's got Buckley's of going all the way to a contest.

Victoria's Sentencing Advisory Council – a statutory body charged with advising the state government on sentencing – wrote in its 2007 evaluation report that 'data showing the proportion of cases resolved at or after a contest mention hearing attest to effectiveness of this process in resolving contested summary matters'. Indeed. By introducing even greater pressure on defendants to plead guilty, fewer matters are contested and the courts run more efficiently. It's working so well that Tasmania adopted the practice holus-bolus in 1997. At the end of 2013, the Victorian justice system patted itself on the back for finalising more court cases than it commenced that year. Productivity and efficiency: check. Justice? Nobody's too sure.

The magistrate who bullies Nigel into pleading guilty at the contest mention by falsely promising jail undoubtedly has a method behind his madness. There is a prevailing belief, based largely on anecdotal evidence, which suggests that for many people who commit crimes, the greatest source of stress is not knowing whether they're going to jail. Working on the assumption that a person doesn't get charged with a criminal offence unless he's done something wrong, this particular magistrate takes jail off the table in exchange for a guilty plea – thereby removing the main source of stress for the offender, and saving court resources in the bargain. He assumes that the small proportion of defendants who are actually innocent will want to have their day in court.

From a defence perspective, it's a risky game – one which gambles with the possibility that anxious, risk-averse defendants whose charges can't be proven beyond a reasonable doubt will take the deal in exchange for the removal of uncertainty. The courtroom becomes a perverse adaptation of a popular TV game show.

I remarked casually on the pressures on defendants to 'plead up' to a prosecutor once, during an exchange of pleasantries. She leaned towards me, glanced left and right as if to ensure confidentiality, and said, 'Yeah, but that's because everyone who's here *is* guilty. You don't wind up in a court unless you've done *something* wrong. You and I both know that,' she added, drawing me into the sanctum of unspoken truth which exists beyond the barriers of political correctness. For the kinds of lesser charges which stay in the summary courts, police resources are stretched too far to spend hours jamming the available evidence into the allegations. Naturally, they prefer it when the brief compiles itself out of information obtained on the first investigatory round – witness statements, fingerprints, CCTV, the accused's admissions. So when a prosecutor gets a brief, she's confident the defendant is very likely guilty as sin.

The alternative view is that which animates defence lawyers. Guilt must be proven by police beyond reasonable doubt. Circumstantial evidence creates varying degrees of probability – and leaves gaps of doubt which must be investigated.

Among some Aboriginal communities, for whom 'justice' has been a blunt weapon of colonisation for 225 years, the pressure to plead comes from an altogether more complicated place. Former Victorian attorney-general Rob Hulls tells of sitting in on a coronial inquest in Mount Isa when he was practising law there during the late 1980s. The only witness to the death of a person in a single-vehicle accident was an 'old Aboriginal bloke who'd been sitting on the side of the road'. Hulls describes what happened when this man appeared at the inquest: 'When he was called to the stand, he looked around and saw all the white people in the room. "I plead guilty," he said immediately.' Nobody had even accused this man of any wrongdoing. In any case, the matter was an inquest – an investigation into the cause of a person's death – not a criminal trial. But this old man had learned the expediency of pleading guilty whenever he and his people appeared in court.

If these covert pressures were not enough to all but guarantee a plea of guilty, Nigel is faced with an equation which makes sense to everyone: plead guilty early and the court must discount the sentence it would otherwise have imposed. The system rationalises the 'early plea discount' by claiming that 'victims of crime, the criminal justice system and the community benefit from the early identification of a defendant's intention to plead guilty to an offence'. Everyone summonsed to court on a criminal charge must engage in some hefty risk analysis: plead guilty as early as possible and win greater certainty at the expense of the chance of beating the charge, or take the matter to contest and risk a big sentence in the hope that the charge won't appear on your record. Most people have no idea how to make this kind of judgment, and in practice they rely on legal advice. If Nigel doesn't qualify for Legal Aid and can't afford his own lawyer . . . he may as well flip a coin.

THE CHURN

Nigel didn't burgle our victim's house, but someone did. A few weeks after the burglary, a conscientious Cash Converters worker contacts police after a jumpy and aggressive kid tries to flog him a laptop. Police match the computer's serial number to the list of stolen property and, using a description provided by the pawn shop dealer, they find their man. Angus is nineteen, and he's been mostly homeless for the last couple of years. He admits to the burglary, and some others, in his police interview. 'Why are you knocking off people's stuff, mate?' Angus tells police he's addicted to ice: methamphetamine. He can't get a job, and he needs cash.

Angus is in significant trouble. He's just admitted to five burglaries and illicit drug use, and he's already got two convictions for property and drug offences in the adult court on the end of a string of similar stuff in the children's court. The last time he came to court, the magistrate ordered him to complete what's known in Victoria as a Community Corrections Order (CCO). Similar orders exist in other states. They aim to punish pretty serious offending while keeping the offender out of jail, by having them do a combination of unpaid community work and compulsory counselling. Angus had to help remove graffiti for 100 hours and attend weekly counselling for drug addiction.

But Angus never showed up for work, and he didn't keep one of his counselling appointments. His corrections officer was going to breach him anyway before the burglaries came to light. She now has no real choice but to write up a breach report, allege unsatisfactory compliance and recommend that he not be sentenced by way of a corrections order again. Breaching a CCO is a crime in itself, punishable by up to three months' jail.

When Angus goes back to court, the magistrate won't have much option but to jail him, especially now that suspended prison sentences – which until 2014 occupied the spot on the sentencing hierarchy between a CCO and jail – have been abolished in Victoria. Many will say that's fair and reasonable: Angus was given a chance – indeed, many chances – to avail himself of counselling services, including compulsory counselling through his CCO, but he flipped the bird at the system and kept using drugs and stealing. Throw the book at him.

And that's effectively how the classical criminal justice model operates. The prospect of jail (or community work, or a fine) is supposed to scare me into behaving well. When I choose to act badly, the system must punish me, both to demonstrate to me that consequences flow from bad choices and to provide an example to others contemplating a similar course of action.

The whole equation has a folksy familiarity to it. It makes intuitive sense. It certainly goes some way towards gratifying that urge we all have to want to ensure that somebody who's done the wrong thing gets what they deserve. Often it's a matter of fundamental fairness: if I break the law and benefit from doing so, I've acquired an unfair advantage over everyone else, and I can't be allowed to get away with it. And if we're honest with ourselves, it feels right, proper, even *good*, to know that somebody who's broken the law will be punished for it.

The equation might be intuitive, but it makes two important assumptions. The first is that punishing people who have acted badly stops them from acting badly again, stops others from acting badly in the first place and, by extension, creates a safer community. The second, more fundamental assumption is that a person who has acted badly chose to do so. Or, perhaps more relevantly, that the element of choice is among the most significant factors in a person's behaviour. Because of these assumptions, I like to think of the classical approach to criminal justice as the 'villain' approach, after the supervillains in Bond movies and comic books.

No doubt in some cases these assumptions are unproblematic. But think of Angus. Throw him in jail for six months, and then release him back into the community. If he couldn't get work before, he almost certainly can't now that he's been in prison. He's just spent half a year engaging intensively with others who have also broken the law in a major way, and for quite likely the first time in his life, he's had all of his daily decisions made for him: what to eat and wear, when to shower and sleep, where to be. For perhaps the first time in his life, somebody cared, or appeared to care, about what he did and when he did it. Nothing he's done in jail has trained him for what he'll be expected to do now he's been released.

Obviously, each time Angus broke into somebody else's house to steal things, there was some high-level planning and execution: in other words, a choice. The traditional function of the classical criminal justice model is to punish that choice, not to address the underlying drivers of criminal behaviour and the context in which people make poor choices. And so when Angus comes out of jail, unless he's been uncommonly well served by the prison's in-house drug counsellors – assuming it has any – his predisposition to addiction will still be there.

Community-based orders like CCOs date from the late 1970s, when legislatures at long last confronted the evidence which had been pouring out of modern disciplines like psychology and criminology for decades about the causal factors in criminality. If addiction or mental illness is a significant driver of a person's offending, that evidence suggested, then unless and until it's addressed, the likelihood that the person will stop offending is middling to slim. There have been myriad other concessions to modern knowledge since then: bail programs and other case management tools which aim to link people with necessary services before they're sentenced; psychiatric and other welfare services stationed at courts; 'holistic' court models which integrate services on-site; judicial education programs; newer sentencing court practices which slow down sentencing so that courts can learn more about an offender and their needs. So the classical criminal justice model was dragged, reluctantly, into an accommodation with twentieth-century knowledge on what drives criminal behaviour.

But it did so largely on its own terms. A corrections order may allow for the possibility of rehabilitation, but the classical model's tenets – individual responsibility and the threat of punishment as the motivator – remain embedded. Angus is homeless and may never have gotten himself to any appointment on time, ever, yet he's expected to front up for all scheduled appointments, *or else*. Angus may never have spoken to anyone about whatever pain he's masking with the ice use, but he's expected to spill his guts to a stranger, a counsellor, *or else*. The classical model may have compromised on the matter of addiction as a driver of Angus's criminality, but it reasserts its belief in free will when it requires Angus to *choose* to make his appointments – *or else*.

In its attempt to recognise the insights of psychology and sociology, the criminal justice system runs programs that in theory allow a person to address those challenges. But the element of choice is often fundamental to the design of the system. So is the need for the system to measure what it considers progress. When an offender is placed on a community-based order and is identified as having mental health problems that contribute to her offending behaviour, the system will establish a set – often arbitrary, and often (because of scarce resources) limited – number of counselling or therapy sessions the offender must attend. What is measured is less the offender's actual progress, which is difficult to quantify, than the number of sessions attended. Evidence of non-attendance, which may itself have a psychological explanation, becomes in bureaucratese evidence of non-compliance. The rehabilitative focus is in many cases blocked by the fixation on punishment – by the need to continually assert that the community-based order is *not* a service but a form of punishment.

No doubt appropriately, the system emphasises agency as a way of 'training' Angus to make better decisions. There are ways of doing this – one is the system of credits used in the Victorian Drug Court, described in Chapter 5. But if we want to solve the problem of Angus's offending, we need to ensure that we're not simply extending the logic of punishment and individual choice. But by requiring of him the *right* choice, immediately, all the time, for a year, a community-based order is likely to set a person like Angus up for near-certain failure.

The 'churn', or the revolving door, is an appropriate metaphor for the classical approach to criminal justice. Not a great percentage of the population commits crimes that are more serious than speeding, but too many of those who do find themselves returning again and again to magistrates courts.

What I suggest in this book is that when we look at criminal offenders, we too often see villains. Our consequent urge to punish may then cloud our ability to see something else. I'm not going so far as to suggest that punishment is *never* appropriate: in some cases it's a good option to have. But because our criminal justice system is more or less forced by its design to assume that every offender is a villain, and because it under-resources rehabilitative services relative to punitive measures like prisons, it isn't doing anywhere near well enough what we'd surely all like it to do better: prevent future offending.

CHAPTER 2
DISADVANTAGE

Neither Angus (young, homeless, addicted) nor Nigel (neglected and abused as a child) bears many similarities to the villains in comics, movies, TV shows or airport thrillers. We prefer to think of criminals as villains, though most don't fit that bill.

Sometimes there's ambiguity in the comics – Catwoman is both a burglar and a long-time ambivalent love interest for Batman, and the Phantom in his early days retained a soft spot for dastardly women who ended up falling in love with him – but most of the time the respective forces of darkness and light are pretty easy to spot. And criminality is often expressed in extremes, involving sociopaths or psychotics.

Presenting criminality in the guise of serial killers isn't merely a plot device that sells lots of product. It sells lots of product *because* it allows us to see criminals as feared, despised, irredeemable, evil 'others', and not as people we're capable of becoming in similar circumstances.

American pop culture theorist Philip L. Simpson writes that 'the popularity of the serial killer in fictional narrative . . . is a symptom of a larger cultural denial of responsibility in the production of violence'. In other words, the unsophisticated depiction of evil in many comic books and movies is popular because it reflects our desire to see criminality as the result of bad choices made by individuals, rather than as a symptom of inequality or social disadvantage. We want to be able to blame the individual, to isolate his behaviour. That makes it easier to punish him, while doing nothing about what actually drives or explains his behaviour.

This logic is not restricted to fiction. Commercial news bulletins, tabloid television such as *Today Tonight* and *A Current Affair* and their text-based counterparts such as the Murdoch newspapers are instrumental in perpetuating the 'criminal as villain' stereotype. The idea that free will is the key to explaining human behaviour is constantly reinforced. While the classical criminal justice model does not have a commercial interest in whipping up such fear and outrage about criminals, it does share with comic books and tabloid media the belief that choice is the decisive factor in whether a person breaks the law.

Individual choice as the expression of 'free will' is a powerful concept in Australia, especially now, during our neoliberal era of public policymaking. If the Keynesian post-war era expressed the idea that society has a responsibility to see that individuals are either gainfully employed or otherwise looked after, neoliberal policymaking starts with the assumption that individuals are responsible for themselves. It's not uncommon, now, for disadvantaged people to be blamed for their own situation by the well-paid media commentators who function as propagandists for neoliberal ideology.

Choice is certainly one way of thinking about what motivates human behaviour, and no doubt it's appropriate in many situations. But choices don't take place in vacuums, and the more restrictions we place on the lawful options a person has, the more likely it is that he'll 'choose' one of the unlawful ones. For example: if Angus, who is homeless and hungry, takes a banana or a bread roll from a supermarket without paying for it, is it useful to emphasise the intentional aspect of his theft? Or is it more enlightening to focus on the fact that he doesn't have an income or a place to live? A choice-based approach might lead us to punish Angus so that he doesn't do it again; a problem-solving approach that emphasises the structures within which he's making his choices might lead us to help him get off ice, find a home, receive a social security payment and eventually start work.

'And that's exactly what a Community Corrections Order does,' said a Corrections officer to me once while we were debating this point.

'Well, it certainly provides some incredible options for a highly self-motivated and well-organised offender,' I said, and it does: anyone who tries to access many of the services offered to offenders on CCOs in the private sector will find them extremely expensive.

But we know that most people aren't highly self-motivated or well-organised, otherwise they wouldn't be here in the first place. Present levels of resourcing wouldn't allow it, but it's possible to imagine a community-based order regime that doesn't just arrange appointments, but also – at least initially – actively helps a person to keep them.

Take this assessment by a psychologist of a teenage boy, 'Jarrah', who had already accumulated a lengthy history of violent offending:

> [His] developmental history was underpinned by (amongst other factors): early exposure/modelling of violence and intimidation; parental alcohol and substance abuse; significant exposure to domestic violence and the instrumental use of aggression (e.g. witnessing a knife being held to his mother's throat on several occasions); cultural dislocation/isolation/disenfranchisement; early sexualisation and sexual victimisation; exposure to extreme sexual aggression, violence and exploitation of women; regular physical/emotional abuse and neglect within the home; inappropriate parental role-modelling; ineffectual maternal parenting; instability in domiciliary environments; family dislocation as a result of out-of-home placements; inconsistent/ineffectual education

opportunities; multiple periods of rejection and abandonment; disruptive early behaviour; poor academic attainment; breakdown in the family unit; difficulties with adaptive self-regulation; exposure to alcohol and illicit substances from a young age; the use of self-harm as a means of emotional regulation; minimal prosocial peer networks; externalisation of challenging/aggressive/bullying behaviours; and 'run-ins' with the criminal justice system.

There's now evidence of 'impaired mental functioning', says the report, most likely as a result of his deprived upbringing.

Is it at all useful to conceptualise Jarrah's criminal behaviour as his own responsibility? To theorise that he 'chose' his behaviours, knowing the likely consequences? And then to punish him for having chosen badly? When he goes onto his first community-based order as an adult, just how realistic is it to expect that he'll make all his appointments without, at least initially, a great deal of prompting and other assistance?

Putting aside the popular 'villain' stereotype, we're able to form a clearer picture of typical offenders by examining crime statistics. Mostly, offenders are young. In the last decade, about six or seven in every 100 people between the ages of fifteen and nineteen committed an offence. That compares with about four in every hundred 20- to 24-year-olds, and about one in every 100 people aged over twenty-five. In the five years to 2012, rates of offending declined among Australian youth – the only cohort to see an overall decrease – but if you've been assaulted, robbed or vandalised, the culprit is still overwhelmingly likely to be aged between fifteen and twenty-four.

The offender is also likely to be male. Although one of the big stories in crime statistics during the last few years has been the rapid increase in girls and young women coming into contact with police, courts and prisons, men and boys still commit three times as many crimes as women and girls.

Drug use is much more common among offenders than the wider population. In police stations where testing of police detainees for drug use is routine, well over half consistently test positive for recent cannabis, heroin, methamphetamine, cocaine or benzodiazepine (a class of drugs including Valium) use. Between 2007 and 2010, the National Drug Strategy Household Survey found, the rate of physical and verbal abuse by people affected by alcohol nearly doubled. Some studies claim that up to three-quarters of all assaults are committed by people affected by alcohol. Dependency is a more difficult variable to measure, as it's often necessarily self-reported and hence underestimated, but what research does exist confirms, as we might expect, that drug and alcohol dependency is significantly implicated in criminal offending.

On average, offenders have significantly less formal

education than the wider population. In 2012 about 40 per cent of all people in police custody had left school before Year 11, compared with just a quarter of the general population. This relationship was inverted for those with university degrees, held by a quarter of the general population but by only one in twenty men in police custody.

A far greater proportion of offenders name their main source of income as social security than does the general population, suggesting a high correlation with the disadvantages associated with unemployment. Of adults in police custody in 2012, just under 60 per cent of men and just under 80 per cent of women derived their income primarily from Centrelink. More than one in twenty detainees had been homeless in the previous month. Again, comparison with the general population is instructive. Typically, only about a tenth of Australians list social security as their main source of income, and 'only' one in every 200 people is homeless on any given night.

Mental illness is common among offenders. One-third of all men in police custody in 2012, and nearly half of all women, had been diagnosed with a mental illness, compared with a fifth of the general population. It's likely that many more had undiagnosed conditions. At any given time, one in every five adults in police custody has previously spent time in a psychiatric unit.

According to Corrections Victoria, 42 per cent of that state's male prisoners in 2011 had an acquired brain injury, while the *Age* reported in 2014 that only about 1 per cent of the 2800 who did had access to appropriate services and programs.

Offenders tend to have offended before. Forty-five per cent of all adults in police custody in 2012 had been arrested in the previous year, and about a sixth of all women in police custody and one in every eight men had spent time in prison during the same period.

Perhaps the most shameful over-representation in the crime statistics is that of Aboriginal and Torres Strait Islander people. Despite making up just 2 to 3 per cent of the population, people identifying as Aboriginal or Torres Strait Islander accounted for 12 per cent of offenders in New South Wales and 19 per cent in Queensland during 2012–13. The over-representation of Indegenous people in prisons is even worse. About a quarter of all prisoners in Australian jails are Indigenous, and young Indigenous people are *twenty-four times* more likely to be incarcerated than their non-Indigenous compatriots.

Drug-dependent. Under-educated. On welfare. Indigenous. Young. Homeless. Mentally unwell and/or brain-injured. As well as being descriptors of typical offenders, these are typical descriptors of social disadvantage in early 21st-century Australia.

And these categories don't really change over time. In the two centuries since demographics of criminal offenders began to be recorded in a systematic way, criminality has always been much more prevalent among disadvantaged populations. In fact, the systematic recording of rates of recidivism (reoffending) and criminality, and the associated inquiry into causation, was itself a response by the early nineteenth-century French state and some university researchers to middle-class anxieties over 'the dangerous classes' – the orphans and 'drunkards' and perpetually poor who seemed to be responsible for a perceived crime wave in Paris during the 1810s.

'The dangerous classes' pop up throughout the history of the modern city under different names. 'Underclass' is a term more recently in vogue, with historian John Welshman noting that the underclass is made up of people with 'multiple and complex needs'. It's not uncommon for some people not only to exhibit many, even most of the markers of disadvantage I've listed above, but also to be born into them without much hope of escape.

Disadvantage is often a cyclical condition. Some advocates of a radical approach to child protection try to break the cycle by urging that children be removed from that environment as early as possible. Jeremy Sammut of the Centre for Independent Studies, for instance, argues that leaving children in the abjectly inadequate 'care' of ill-equipped parents all but guarantees another generation of adults (and parents) with 'multiple and complex needs'. The intergenerational nature of this problem qualifies the expression 'underclass'. It's a sad fact that many of the people who come before the children's and especially magistrates courts are so profoundly dysfunctional that they could well be said to belong to an underclass.

Such a strong correlation between social disadvantage and criminality – the propensity to break the law – might call into question the law's claim to fairness. If, for instance, it could be demonstrated that criminality was for some or many offenders a function of poverty or alienation, then the case could be made that judges and magistrates are mostly punishing those people for being disadvantaged.

But most people (and most 'disadvantaged' people) would probably baulk at such a suggestion, and rightly so: being disadvantaged doesn't automatically turn people to a life of crime. And, of course, plenty of criminals are hardly disadvantaged: one of the favourite plots of tabloid media (and crime fiction) is that involving the uber-wealthy robber-baron, murderer or fraudster. Another puzzling aspect of the statistical relationship between criminality and poverty is that crime rates seem to have declined as society has become more unequal, which is the opposite of what one might assume. So if not all criminals are poor, and not all disadvantaged people commit crimes, then just what *is* the relationship between crime and disadvantage?

CATEGORIES OF DISADVANTAGE

Describing the relationship between crime and disadvantage depends on what we mean by 'disadvantage'. It's a paternalistic word, used mostly by the educated middle class – academics, social workers, journalists, politicians, lawyers – to refer to people who mix in rather different circles to themselves. In this book I use the word as an umbrella concept encompassing both forms and origins of disadvantage. It's important to make these categorical distinctions, because they suggest different relationships with criminality and thus different policy responses.

By 'forms of disadvantage', I'm referring to situations such as poverty (which is defined as income below a poverty line), deprivation (which is what happens when someone's lack of resources prevents them from accessing essential goods and services) and social exclusion (which is measured by the things people don't do, perhaps because of issues around poverty and deprivation).

Poverty and deprivation are sometimes criminalised directly. Laws that directly criminalise poverty include those which make public begging an offence in Queensland, South Australia, Tasmania and Victoria. For a person without a home or a place to sleep, and who isn't on Centrelink payments, those laws make it pretty difficult to survive without risking a criminal charge.

The existence of Centrelink is a double-edged sword for many people. While the social security entitlements it manages are intended to be universally available, its bureaucratic requirements mean that it's far from guaranteed that the neediest will be able to access them. And cutting across the internationally recognised right to social security and a decent standard of living is rhetoric about the 'rights' of taxpayers to ensure their 'hard-earned' tax dollars aren't 'wasted'. No less a figure than Prime Minister Tony Abbott expresses this sentiment.

Many seem to assume that it's primarily a person's poor choices that have led to their poverty or deprivation. Again, Abbott is on the record as having declared that he can't stop people from being homeless 'if that's their choice'. But if you're born and raised by parents with 'multiple and complex needs' who simply can't parent you, you're a statistical outlier if you've developed any employable skills at all. It's also unlikely you're well enough equipped, without serious help, to deal effectively with the bureaucratic requirements – forms, scheduled appointments, regular reporting – that Centrelink requires.

Beyond laws which directly target poverty, others create the preconditions for offending. Newstart – the 'dole' – pays less than $260 a week for childless singles, and rent assistance generally adds another $60 to that. My basic one-bed flat in the Melbourne suburb of Thornbury three years ago was already $310 a week, before bills. In the private rental market the sums just don't add up, and public housing lists are long and getting longer. A number of clients told me they survived by skipping meals and stealing to eat. I can't know whether they're telling the truth, and there hasn't been much research into the extent to which people steal to survive.

At the time of writing, federal parliament is debating a change to social security legislation that would require unemployed people under thirty to wait up to six months for any kind of payment. A parliamentary committee, half of whose members are Coalition MPs and senators, concluded that the measure, fairly obviously, 'is incompatible with the right to social security and the right to an adequate standard of living'. At the same time, Victorian police are seizing coins from Melbourne's street beggars under proceeds of crime laws. Within this policy framework, how useful is it to treat theft, at least in these circumstances, primarily as a criminal act?

Social exclusion points to the practices and opportunities available to the middle class which many disadvantaged people miss out on. Doors which open to employment prospects. Travel. Playing sport, or even just keeping fit. Restaurants and quality food. Public transport. Childcare. Elective surgery and dental care. Home ownership, or even private rental. The more markers of disadvantage you have, the more likely you are to be excluded from these experiences. Lest anyone imagine that these are somehow luxuries, it's worth thinking how bleak life in Australia may be without them, or at least the capacity to afford them. If you're fit, you're more likely to be healthy, meaning your life will be longer and of greater quality than someone who collects diseases which compound like bank interest. Your access to public transport depends on where you live, and it happens that many of the cheaper houses to buy or rent are a long way from trains and buses.

One of my clients, 'Brett', was ecstatic when he finally qualified for public housing after years on the waiting list, during which he and his young family couch-surfed with friends and extended family. Dropping him home after court occasionally, I was struck by the sheer distance the property – in one of countless poorly planned housing developments on the far outskirts of Melbourne – stood from any form of public transport.

As neither Brett nor his partner had a driver's licence, to get anywhere at all involved 25-minute walks to and from a bus stop; the bus would then take them to a train which ran roughly every hour. When I knew them, they had two children under ten who had to endure lengthy treatments for a congenital condition. Brett, who was mentally impaired – the legacy of a methamphetamine addiction when he was a teenager, which was itself the legacy of an abusive and neglectful childhood – had to complete a particularly onerous community-based order that required him to make two or three appointments every week, on top of community work. In practice, the order set Brett up to fail. He did fail, was breached and went to prison, leaving his partner and their children alone for three months.

The justice system was determined to hold Brett 'responsible'. I suggested in court that he was, in fact, responsible enough already: what he needed was help.

The corrections officer assigned to prosecute his case said he'd had every opportunity to get himself the help he needed, but he'd made other choices. There's that word again: 'choice'.

It's also useful to look at the 'origins of disadvantage', by which I mean whether a person's deprivation, exclusion and/or criminality flows from or is tied up with environmental factors (homelessness, poverty), internal factors (psychological or psychiatric disorders), community factors (delinquent family or peer networks) or identity factors (racism). Again, these 'origins' will overlap in practice, but if they're implicated in criminality, the best way of addressing that criminal behaviour may be suggested in the particular origin category.

I acted two or three times for 'Daisy', a middle-aged woman who sometimes forgot to take the medication she'd been prescribed years earlier, she says, for schizophrenia. Undrugged, she would occasionally 'space out' and hear voices. If that happened while she was in Coles, she might carry her shopping basket out of the store without paying, and would always be stopped by security. In the absence of psychiatric evidence confirming the schizophrenia and its link to her behaviour, she'd plead guilty in front of magistrates, who would generally order good behaviour bonds with a condition that she take her medication. But without regular contact with, for example, a social worker who might encourage Daisy to remember her medication, and perhaps a psychiatrist to monitor it, there's every likelihood that Daisy will find herself back in court, again and again. Eventually, a magistrate may lose patience.

Any offence which can only be committed 'in public' necessarily disadvantages homeless people, who are in public far more often than they would be if they had somewhere to live. Being drunk in public is still a criminal offence in Victoria and Queensland, and can get you arrested and detained for up to four hours in Tasmania (though you won't face a charge). In 1998, Greg Gardiner and Michael Mackay reviewed Victoria Police statistics and concluded that if Victoria legislated to decriminalise the offence of public drunkenness, 'the total arrests of Indigenous people in Victoria would be reduced by almost 25%'. Back in 1991, the Royal Commission into Aboriginal Deaths in Custody recommended that this offence be abolished immediately as a means of diverting Aboriginal and Torres Strait Islander people from police custody, where the deaths of too many had prompted the commission in the first place. Public drunkenness may account for a quarter of arrests of Aboriginal people in Victoria, though that statistic clashes with findings which show fewer Indigenous people drink alcohol as a proportion of that population than do non-Indigenous people.

The problem of 'race' provides particularly egregious examples of the injustice perpetuated when authorities, including courts and governments, locate the problem within an individual offender much more than within the wider social environment.

THE CASE OF 'RACE'

I was chatting once with 'Alex', a Koori man who had numerous assault convictions on his police record and was in court on a similar charge. I'd taken most of the instructions I needed, and the conversation had entered a less professional mode as we waited to be called before a magistrate. 'Yeah,' Alex said to me at one point, 'us Koori mob are just more violent, we punch on a lot more than you gubbas. It's just in our culture, in our blood.' (In relating this exchange, I'm not suggesting for a moment that Alex's thinking is in any sense representative; if it's evidence of my broader point, it's purely anecdotal.)

I was stuck for how to respond. I knew that I'd once believed the same thing, before realising my error, partly by taking an eye-opening university course on race and ethnicity while on exchange in Canada. The greater propensity to violence among Aboriginal men has less to do with 'culture' and much more to do with dysfunction and 'multiple complex needs'. Should I have asserted my greater level of education – a form of privilege – to this man who had left school in Year 7, in order to tell him that his beliefs about his own cultural identity were wrong? Should I have validated him by agreeing? Or should I simply have let the comment slide?

Most of the reasons for the shocking over-representation of Aboriginal and Torres Strait Islander people in the justice system can be put down to the environmental, internal and community legacies of colonisation, dispossession and historically racist policymaking. The transgenerational effects of trauma can be seen everywhere. Since the German industrialist Thomas Niedermayer was kidnapped and killed by the IRA in 1973, his surviving family has been decimated by suicides and mental illness. Judy Atkinson, of Jiman and Bundjalung descent and a professor of Indigenous Australian studies at Southern Cross University, asks her readers to imagine the catastrophic consequences of forced removal suffered by seven, eight, even ten consecutive generations, in not just one family in each community, but many. She calls these compounding generational harms 'trauma trails'.

In November 2014 the ABC shared on Facebook a story in which the president-elect of the Law Council of Australia, Duncan McConnel, had urged the federal government to act on what he described as the 'national emergency' of Indigenous incarceration. The responses reflected the way most people in Australia think about the criminal justice system: as a fairly benign, neutral system that punishes individuals when they transgress laws that are applicable to everyone. 'It's because they commit most of the crimes' that Indigenous people are incarcerated at a greater rate, wrote Sue, who went on to describe herself as not a racist but 'a realist'. 'Perhaps if so many did not use the past as an excuse they would not be there,' suggested Shirley. 'Live in the present and obey the same laws as everyone else . . .'

Contemporary racism augments the disadvantages of transgenerational trauma. Racism comes in many forms – abuse and vilification, exclusion and unwarranted suspicion, racial profiling by police – and a lot of them are much more subtle than the way many 'white' people, whose racial identity is privileged in Australia and the world, imagine racism. Pauline Hanson's criticism of some of the special measures available to Aboriginal people – she would now include the Koori courts in Victoria and the short-lived Murri courts in Queensland – was built on an overly simplistic, almost childlike understanding of concepts like fairness and equality. We might feel bad about statistics which reflect the massive over-representation of Aboriginal people in custody, but we baulk at many of the measures introduced to address it, just as a seven-year-old kid is full of moral indignation when he's required to go to bed a couple of hours before his twelve-year-old sister. 'Do the crime do the time,' wrote Helen on Facebook in response to the above ABC story. Right?

Critical Race Theory (CRT), developed in North America, calls this kind of simplistic thinking 'legal liberalism'. CRT accuses legal discourse in Canada and the United States, and by extension Australia, of not properly taking account of racism's 'social reality' – that power is an essential element in racism. Those who focus on the mere words that constitute a racist jibe often fail to understand that the words are powerful because of the social relationship between the racist and their victim. (This is what Andrew Bolt apparently can't – or won't – understand about racism.) Because there's no continuing cultural history of oppression and violence, an ethnically Anglo man who is abused as a 'white skip' will feel about as offended as if he'd been called a 'dickhead'. But the law is bound to principles of legal liberalism. Indeed, CRT identifies the law as 'both a product and promoter of racism'.

The Racial Discrimination Act, for instance, is built on legal liberalism, and defines racism in artificially neutral terms as abuse or unfavourable treatment by one person towards another because of the latter's race, colour, ethnic origin or immigrant status. The Act therefore leaves open the ludicrous possibility that white people would be able to complain of 'racial' abuse or discrimination by non-white people.

I say ludicrous, but police and courts, both committed to the principles of legal liberalism, often accused clients of the Victorian Aboriginal Legal Service of racist behaviour. It begins in police summaries, written by arresting officers and signed off by station sergeants: 'the accused and the victim were yelling racist abuse at each other'; 'the accused racially abused the victim by calling her a "white dog"'. Despite my protestations, those summaries would be read in open court – prosecutors tend to be firm believers in legal liberalism – at which point magistrates would invariably comment. 'Racial abuse is never on,' said one (white) magistrate to my (Koori) client. Another asked: 'If you don't like other people being racist to you, why would you be racist to this person?'

A black man who punches a white man after the latter racially abuses him will be charged with assault and, all things being 'equal', found guilty by a magistrate, who will tell him that he needs to control his anger. I've represented clients who have been told precisely that. The white 'victim' goes unpunished, even uncharged, because within the worldview of the (overwhelmingly white) lawmakers and police officers, sticks and stones are worse than name-calling. In reality, of course, the consequences of racist 'name-calling' can be catastrophic. There's often no acknowledgment by white Australians of the power dimension to racism.

One police prosecutor, with whom I was discussing a case in an attempt to convince him to withdraw charges, told me that he found it 'inconceivable' that my (Koori) clients would not have been implicated in events to 'at least' the extent of other (non-Aboriginal) defendants. Later, the magistrate also refused to countenance the possibility that racism was an essential dynamic in both the incident and the decision by police to lay charges.

The Facebook comments on the ABC story about Indigenous imprisonment rates were half-right: there is, on average, more violent crime committed within Aboriginal communities. But to stop the analysis there misses the social and historical realities behind the statistics. As crime statistician Don Weatherburn argues in his 2014 book, *Arresting Incarceration*, two centuries of colonisation, dispossession and racism have left many Indigenous communities dysfunctional, and far more replete with the risk factors which lead anybody else, black or white, into criminal behaviour: poor parenting, poor school attendance and performance, unemployment, substance abuse.

Weatherburn argues that the policy priorities implemented in the wake of the Royal Commission into Aboriginal Deaths in Custody were a 'spectacular failure' because they too heavily favoured what he calls 'empowerment' measures – legal aid and land rights – over reducing the prevalence of these risk factors. As Weatherburn points out, rates of Indigenous incarceration have gotten worse, not better, since the 1991 commission.

It's a wickedly complicated problem to untangle. The application of Jeremy Sammut's solution to the problem of intergenerational trauma – remove children from dysfunctional parents – looks too much like advocacy for another Stolen Generation, which in most cases augmented the problem. And we're already, right now, removing more Indigenous children from their parents than we did when the law authorised their removal for 'purely racist' reasons.

Aboriginal and Torres Strait Islander people are not disadvantaged because of some factor inherent in their Indigeneity. They're disadvantaged because of the massive, relentless, intergenerational trauma to which they've been subject by colonial and then Australian authorities – trauma which has meant that, as a population, Indigenous people are much more likely to exhibit the markers of disadvantage, such as homelessness and dependency.

DISADVANTAGE IN THE MAGISTRATES COURTS

Anyone who has sat for a day in a magistrates or local courtroom, hearing sentencing submissions from counsel and unrepresented defendants, will have some idea of how often the court hears from and about people who aren't coping. Drug use, alcohol dependency, gambling debts, family breakdown, childhood abuse and neglect, mental illness, intellectual and physical disability, homelessness, domestic violence, poverty, unemployment: the summary courts attract these 'markers of disadvantage' like flies to raw meat.

Courts are now able and (mostly) willing to take disadvantage into account, but because they begin with the assumption of villainy and have limited sentencing options, in practice, the result of taking disadvantage into account is merely that the punishment is less severe but of the same kind. In the recent case of *Bugmy v The Queen*, the High Court decided that while criminal courts must take into account an offender's history of disadvantage as a mitigating factor in sentencing – no matter how many times the person reoffends – the effects of disadvantage will not necessarily mitigate a sentence when balanced against the 'conflicting purposes of punishment, such as rehabilitation and general deterrence'. The framework of the classical criminal justice model, based around punishment, remains in place.

One of the more perverse legislative regimes for the punishment of 'criminal' behaviour in Victoria is that which pertains to infringements – fines for unpaid parking tickets and travel on toll roads and 'public' transport. The Infringements Act is outrageously complex and rarely interpreted correctly by magistrates. The Act allows a person to try to convince the court that, because of homelessness, mental illness or some other 'special circumstance', they should not be liable for some or all of their outstanding fines. Magistrates often consider – wrongly – that they must issue what are called 'imprisonment in lieu' orders (IILs) when applicants fail to demonstrate enough of a reason to wipe all of their fine amounts.

IILs require people to pay off their outstanding fines in regular instalments; if they miss a single payment by a single day or a single dollar, a warrant is issued for their arrest and they're taken directly to jail to 'pay off' their fines by doing time. It takes detailed knowledge of the Act to try to convince magistrates they don't have to issue IILs. It also takes detailed knowledge of the Act to argue that a person has characteristics which can reduce their liability to pay outstanding fines. I've sat in court watching self-represented applicants speak of their extraordinarily chaotic lives, but because they haven't hit the right notes according to the Act, magistrates have issued IILs for the outstanding amount.

Often, offenders don't know what to say, particularly if they're representing themselves in court. Su Robertson lectures at Victoria University's College of Law and Justice, and does research into the experience of self-represented defendants in magistrates courts. Sixty per cent of their cases last no more than five minutes each, and a quarter are over in less than two minutes. 'When they get outside court, the nervousness from within court has meant that they have forgotten a lot of what has happened,' she told the ABC's Damien Carrick in April 2014.

During that interview, Robertson told of a young woman whose partner had piled up thousands of dollars worth of fines by driving her car, and had also caused her to nearly lose her house. She was so nervous during her court appearance, and so ignorant of the law, that she made no mention of any of this history to the magistrate. Luckily, the magistrate suspected she may have a case and adjourned her application so that she could get evidence. But had Robertson not been there when this woman came out of court to explain what had just happened, it's likely she would have shown up again the next time in the same situation.

As I indicated at the end of Chapter 1, the last half-century has seen the courts and parliaments make increasing concessions to the realities of dysfunction and its influence on much criminal behaviour. I spoke with

Judge Frank Gucciardo, for the last seven years a judge of the Victorian County Court, about these concessions, and he pointed out – rightly – that the system has come a long way. Community-based orders such as CCOs, he says, are sensible sentencing options, and if he had his way, he'd like the power to make much more expansive orders that allow for rehabilitation in appropriate cases: 'But the success of rehabilitative programs' such as community-based orders, treatment-focused orders and bail programs 'depend mostly on the resources that are put into them, and sometimes I wonder whether we're really fair dinkum about it all'. He's hardly the only judicial officer, or lawyer, to wonder that.

Especially during the last decade, judicial education programs have been a vital part of informing judges about current research findings on human behaviour. Many of the legal profession's long-held beliefs about the way humans behave in certain situations have been shown up as myths – for instance, a victim of a historical sex-abuse case who gives conflicting accounts in two witness statements made a year apart is not merely providing 'unreliable testimony', as the profession traditionally claimed. She's very likely expressing some of the trauma and grief that was and is triggered by the event and her retelling of it under pressure. A system that was more attuned to the psychological and emotional realities of trauma may be able to allow her some surface inconsistencies without necessarily rejecting her testimony.

What if some of the biggest myths of all are those which surround the importance of choice in offending, particularly by dysfunctional or otherwise disadvantaged people? Statistical analyses of various populations are eating into the choice discourse. Weatherburn says that while it's impossible to predict which *particular* individuals will reoffend after being released from prison in ways serious enough for them to return, we can now predict with something approaching certainty that about three-fifths of them will ultimately 'choose' to do so.

I practised for only two years, and I lost count of the number of conversations I had with corrections officers and youth justice caseworkers who were prepared to see an individual's 'compliance' with their community order only in terms of 'choice' and free will. 'George' provides one of many examples. Despite having an acquired brain injury (which made it difficult for him to take in new information), poor literacy, a very sick partner, four children and a history of dysfunction in his childhood, his corrections officer – 'Kate' – would tell me that she expected George to arrive on time for community work and his anger management and drug and alcohol counselling sessions.

Kate knew that George had to walk twenty-five minutes to the nearest bus and then catch a train for about thirty minutes into a separate town. He was also on daily methadone doses, which he had to collect from a chemist in an entirely different town – and the practicalities of swapping methadone collection points isn't as simple as it sounds, given that most chemists now only distribute to five recipients each (and many don't participate in the program at all). When George didn't show for his counselling sessions, a psychologist might have put it down to 'resistance', which is a common reaction to the uncomfortable idea that certain areas of one's past might be probed. In many cases resistance is overcome in time. But Kate recorded each absence as 'unacceptable' and threatened to breach George, which she eventually did.

No doubt part of the problem here was a lack of resources: I imagined George's compliance rate might look quite different if he had been assigned a case-worker who would be able to drive him to appointments, especially during the first few weeks or months. But another part of his problem was the insistence by Kate, his own corrections case-worker, that his missed appointments were all 'bad choices' on his own part.

In this chapter, I've presented statistics which show that, on average, criminal offenders are more disadvantaged than the 'average' person. I've also conveyed anecdotes which demonstrate some of the ways disadvantage operates in the justice system. What I haven't done is claim that *all* offenders are disadvantaged, or that disadvantage necessarily causes offending. Villains are no doubt out there, and punishment is probably appropriate in certain cases. But is our system of punishment – jail – achieving its aims?

CHAPTER 3
PUNISHMENT

Why do we punish? It's a question that, on the face of it, barely needs asking. We punish offenders because they deserve it, because they've done the wrong thing, because they need to be held accountable for their actions. We punish offenders to send the message that they can't expect to get away with criminal behaviour – so that, we hope, they won't do it again. And so that others who might be tempted to behave in the same way will, we hope, think twice.

Hope figures strongly in the way we think about punishment. That's because the classical criminal justice system actually makes a lot of evidence-free assumptions about what drives criminality – and, therefore, about what kind of response is most appropriate. Each sentencing decision by each judicial officer is based much more on previous sentencing decisions by other courts – as expressed in official records such as the Sentencing Advisory Council's statistics in Victoria – than on empirical evidence about what works and what doesn't. The job of the magistrate or judge is to 'apply the law' rather than to solve the problem. As Judge Frank Gucciardo of the Victorian County Court says, much of what the legal profession has traditionally believed about human behaviour is increasingly being shown up as mere myth, unreflected in the empirical evidence that's coming out of behaviour studies.

The way our criminal justice system knows things – its epistemology – is quite different to the way other disciplines know things. If the epistemology of science is guided by the scientific method, and that of criminology by empirical investigation of the evidence base, the classical justice system is guided in Australia by the rules set for it by the constitution, parliaments and legal precedent. We might assume that parliaments make laws based on the best available empirical evidence, but their actual function is to express the will of the people – and the people may or may not be informed by the best available evidence. (Even the word 'evidence' has very different meanings in the courtroom and the social sciences.) The system gives great weight to previous decisions by judicial officers so as to create the impression that courts are consistent in the way they sentence offenders. But often those previous decisions were themselves based on little more than rationalised hunches about what drives human behaviour.

A problem's definition, of course, begets its solution. What causes criminal behaviour? If it's a demon that makes a person violent, then the cure is exorcism, containment or death. If it's an unwillingness to accept a deity, then the cure is prayer and religious instruction. If criminality is learned or transmitted from parents, then the cure is to remove the child as soon as possible after birth. And if a person is born with a criminal nature, then we just need to isolate and replace the 'criminal gene'.

We tend to believe that criminal behaviour occurs when an individual chooses to behave in a way that contravenes the law. But rational choice, which predominates in the classical criminal justice model, is only one way of explaining criminal behaviour – and may be as arbitrary as the explanations in the above paragraph. At least, it's not the whole story.

As we saw in Chapter 2, the NSW Bureau of Crime Statistics and Research (BOCSAR) has found a number of factors which show up more often in offenders than in the broader population: low academic attainment, youth, mental illness and brain damage, drug use, unemployment. Don Weatherburn's survey of existing literature has uncovered two factors which overwhelmingly show up as 'causal': lack of family attachment and the influence of delinquent peers. Weak (abusive or neglectful) parent–child attachment is likely to be the distal cause, or underlying condition, which then leads a child into associating with delinquent peers. That association becomes the more proximate or immediate cause of offending. All other factors seem less causal than these. For instance, although substance abuse is highly correlative with criminality, Weatherburn notes that 'the onset of involvement in crime usually *precedes* illicit drug consumption'.

It's complicated, of course. Not everyone who grows up with abusive or neglectful parents becomes a criminal offender, and no doubt there are people whose parents doted on them and yet wind up on the wrong side of the law. There does seem to be at least some agency involved.

We could ask the inverse question: what causes someone to obey the law? Civilisation and strong governance, said Thomas Hobbes in the mid-seventeenth century, without which 'the life of man' would be 'solitary, poor, nasty, brutish, and short'. But as Western society modernised, Karl Marx, Emile Durkheim, Max Weber and Sigmund Freud built on the analyses of Hobbes and others to ask how communities continued to function without relying on the traditional bonds of religion and village structures. These sociologists and psychologists suspected that most of the work of 'socialisation' is completed in individuals well before they become legally responsible for their actions. In other words, leading a law-abiding life may not be the outcome of reason and logic (or choice) so much as it depends on the extent to which a person was successfully socialised as a child.

So what happens when children don't learn apposite lessons from the adults in their lives? What happens if a child is abused or neglected by the adults who are supposed to teach them, and model for them, appropriate behaviour? When they reach about ten, we make children criminally responsible for hurting people, damaging property or stealing things by hauling them off to the children's courts. Those courts tend to have more therapeutic sentencing options available to them than courts for adults, and must consider children's welfare and rehabilitation as their primary focus. Still, lots of kids wind up in youth detention centres – and now, in Queensland, in 'boot camps', where in theory they're taught 'discipline'.

Lack of discipline may be the immediate cause of some children's behavioural problems, but most childhood development research suggests that where children from dysfunctional backgrounds lack 'discipline', that lack is far more likely to be a symptom of ineffective socialisation than it is a self-interested rejection of appropriate authority. Yet in explaining the boot camps legislation, Queensland's government said that 'community concern regarding youth offending has been escalating and there is an expectation that young people are held accountable for their crimes'.

Attorney-General Jarrod Bleijie said the new 'boot camp orders' were designed to 'give young offenders a real chance at rehabilitation'. But when Terry Hutchinson and Kelly Richards of the Queensland University of Technology looked at assessments of boot camps' effectiveness in the United States, they found no evidence that they were at all effective in reducing 'post boot-camp offending'. Instead, they found some evidence that camps with an excessive focus on discipline to the detriment of 'a strong therapeutic focus on education, families and psychological and behavioural change' actually led to greater levels of offending. Why might this be? Perhaps because they share with youth detention centres a tendency to group troubled kids together, away from their communities, and an excessive focus on punishment, which further alienates rather than 'corrects' troubled kids.

EREWHON

In 1872 the English novelist Samuel Butler wrote a satire of certain sentiments that had begun to find favour among the more liberal sections of the middle class. *Erewhon* (spell it backwards) described a topsy-turvy land in which criminals were treated as ill, and sick people were sentenced as criminals.

The idea that criminality could be 'cured' rather than punished has a long history, and can be found in Plato's writings (albeit in its more traditional form, which saw criminality as an illness or a disease that could be treated much like other ailments). The resurgence of the idea in the mid-nineteenth century – to the point that it was ripe for satirical treatment – was due to recent developments in empirical knowledge about human behaviour.

Indeed, one way of looking at the recent history of criminal justice is that, for the last century, the classical model, with all its assumptions and hunches, has been increasingly challenged by developments in the social sciences. The problem of socialisation, though it was not called that then, was what confronted Oxford philosopher H. L. A. Hart and other theorists of criminal justice in the mid-twentieth century.

English law had long accepted that for a person to be held criminally responsible, they had to have intended to break the law at the time that their actions contravened it. A person could not be held criminally responsible for causing a mere accident. Nor could a person be held responsible for hurting somebody when their actions were the result of some profound mental illness or disease which rendered them incapable of controlling their behaviour. When sociology and psychology introduced the possibility that criminal behaviour is born largely of inadequate socialisation, the philosophical scaffolding of punishment began to look shaky.

Punishment is meant to target those aspects of a person's actions that are subject to rational deliberation. But what if agency, which allows for individual choice, is one of the *least* significant elements in a particular person's 'decision' to commit a criminal offence? And what if traditional punishment has a much greater effect in reinforcing the marginalisation and alienation they already experience?

The modern concept of *re*-habilitation assumes that the aim is to somehow restore a person to a healthier, pre-criminal existence. But even rehabilitation may not account enough for the problem. Socialisation theory begins with the likelihood that a person who displays antisocial traits went without some vital stage in her development, or learned very early on an inappropriate way of behaving – that they effectively never had a 'pre-criminal' existence to which they can be encouraged to return. Attachment theory in psychology begins with the idea that we learn behaviours and ways of relating which are either socially appropriate or not from the very early attachments we form with our parents and/or other significant carers; these early lessons become unconscious templates for the ways we behave and relate as adults.

But the more rehabilitative our focus becomes – the more we look for drivers and underlying causes and try to address them in ways that accord with the best empirical evidence – the less our responses to criminal behaviour look like punishment. 'The more tolerant, understanding and educative we are in trying to facilitate attitudinal change in others,' write Deakin University's Mirko Bagaric and Kumar Amarasekara, 'the closer we come to providing them with a social service.'

And that presents two problems in particular. One is that, unlike for punishment, an offender must consent to being counselled if that counselling is to have any positive effect. The other is the political problem that flows from our moral expectation that people who do bad things or who benefit from breaking the law should suffer painful consequences. The German philosopher Nietzsche understood this expectation as an expression of what he called our 'will to power' – the drive in each of us to achieve and defend power in relation to others, which he appeared to believe was the main force influencing human behaviour. Punishment, then, becomes a kind of compensation for an injury suffered by the 'creditor' at the hands of the 'debtor'.

Hart didn't put much store in any theory that challenged the moral foundations of traditional ideas about punishment. His problem with Erewhon's solution was that in seeking to cure a person from a 'severe fit of immorality' by treating him as if he were ill, Erewhon's system fails to properly take account of 'moral guilt' and 'leads to a condition in which any person may be sacrificed to the welfare of society'.

Even if it makes little sense, at the level of the individual, to punish someone given what we may know now or in the future about the human mind, Hart argued that punishment serves an important social function. Society can be divided into two categories: those who have actually broken the law and those who haven't yet broken it but might in the future. The second class is much larger than the first, at least for serious crimes. Hart argued that to privilege the rehabilitation of the first class above the aim of potentially influencing members of the second class is dangerous, given that we have no way of knowing which members of that second class might be tempted to commit a crime if left to their own devices.

But because much criminality is driven by factors

more significant than free will and 'choice', punishment in many cases deters neither the prisoner nor anybody else.

It's not that courts and parliaments ignore issues of poverty, addiction and alienation. The existence of community-based orders, the sentencing principle of rehabilitation and the propensity for magistrates to allow a guilty party the benefit of the doubt by extending leniency when sentencing them attests to that. The Crimes Act in Victoria says the maximum penalty for theft is ten years' jail. In the magistrates courts that comes down to two. But it's rare for anybody to get jail time for a single count of theft.

Rather, the problem is that the classical model, for instance, *starts* with the assumption of villainy, and then takes into account disadvantage only as a mitigating factor when deciding punishment. This results in odd and unsatisfactory outcomes. Although the High Court has sent William Bugmy's sentencing back to the NSW Court of Appeal with an explicit instruction that his history of extreme disadvantage be taken into account, the end result will be that Bugmy's seven-and-a-half-year jail sentence will be reduced, perhaps to the original five years imposed by the District Court. The perverse result of that will be that the containment benefit of imprisonment will be reduced, while Bugmy and the community will still bear much of the cost of his years in prison. He will be released sooner – but to what?

By approaching the problem of punishment from the

perspective of a moral philosopher, Hart was satisfied by the liberal theory of choice: 'consider the law not as a system of stimuli but as what might be termed a *choosing* system, in which individuals can find out, in general terms at least, the costs they have to pay if they act in certain ways'. Hart invoked Butler's *Erewhon* to demonstrate the moral nightmare of a system that neglected the significance of free will and accepted the limitations imposed by the classical justice model.

From an empirical perspective, however, Hart missed the value of assessing empirical knowledge about what actually works and what doesn't in pursuit of a common objective of crime reduction. Instead of pondering questions of punishment and responsibility in the abstract realm of morality, we can use the growing evidence base to inform a more consciously problem-solving approach to the issue of criminality.

THE STATED OBJECTIVES OF PUNISHMENT

One simple way of justifying prisons as a form of punishment is to assess them against their stated objectives. The state's 'official line' on prisons is that they make our communities safer. Corrective Services NSW – the arm of that state's Department of Justice with responsibility for prisons – tells visitors to its website that it 'delivers professional corrective services and programs to reduce the risk of re-offending and enhance public safety'. The department itself considers that its vision is 'to create a safe and just place for the people of NSW'. Other states and territories aim for similar outcomes.

To see punishment and prisons as fulfilling these aims follows an intuitive logic. Safety is maximised by removing the worst criminals from the community, and by punishing them as a deterrent to the actual offenders and also to those who might be tempted to offend in the future. Justice is furthered by ensuring that those who don't follow the rules are sanctioned. The state is also interested in rehabilitation, and the history of the modern prison is inseparable from the development of rehabilitation as a sentencing goal.

As we know them, prisons really only came about as a more humane alternative to the hangings, quarterings, guillotinings and lashings of the 1700s. By taking away an offender's liberty and time rather than his life or his limb, the state theoretically affords him the chance to reflect and reform. Set against the torture spectacle, prison was indeed a humane alternative. It was the Quakers who in 1773 built in Philadelphia the first American prison designed not just to punish but also to rehabilitate. In practice, all that changed at first was that the machinery of torture was moved inside its walls and away from public view. But running alongside that continuing practice was a genuine and revolutionary commitment to the idea that a criminal could be made (or could make himself) a better person.

The logic of prisons hasn't changed much since their emergence, and is often expressed by police prosecutors, and indeed by magistrates. In sentencing hearings it's not uncommon for prosecutors to recommend immediate jail time, especially in cases involving violence, on the grounds that the community is entitled to be kept safe from the defendant. It's almost a throwaway line, albeit intended seriously: rarely is any supporting evidence advanced by the prosecutor.

A first glance at recent statistics appears to bear out the assumptions of this intuitive logic. Australia recorded a 64 per cent increase in the rate of imprisonment per head of population between 1985 and 2009. The NSW adult prison population increased every month during the first half of 2014 and was an incredible 6 per cent larger than it had been at the beginning of the year. Continuing a trend from 1977, Victoria's imprisonment rate is now the highest it's been since 1901. As Weatherburn has recorded, there does seem to be some correlation between higher imprisonment rates and declining crime rates, at least in the last decade. But does this mean that prison is deterring others from criminal activity or rehabilitating offenders? Does it mean that prisons are simply keeping criminals off the streets? Or is the crime rate declining *despite* the increased use of imprisonment?

When a longer view is taken, there's almost no correlation between imprisonment rates (which appear as an upside-down bell curve since 1900 – high at the beginning and end, and low in the middle) and crime rates (which have mostly decreased). In Victoria the reported crime rate actually increased over the course of the Baillieu/Napthine Coalition government from 2010 to 2014, despite (or because of) an approach that emphasised tougher sentences.

The best evidence now suggests that prison has no value as 'specific deterrence' – it doesn't deter people who are sentenced to jail from reoffending – and its value as 'general deterrence' is so marginal that it's very much outweighed by the social and economic costs of imprisonment. But Don Weatherburn confirms that there *is* one important way that imprisonment helps to create a safer society, and that's by containment. Those who wind up in prison, at least for any real length of time, 'tend to be among the most persistent of offenders', he wrote in 2010. 'Offenders in prison find it much harder to commit crime than when they are part of the community. Prison, in short, has an incapacitating effect.' Weatherburn's long-term study of crime statistics has led him to the conclusion that when imprisonment rates rise by 10 per cent, serious crime is reduced by between 2 and 4 per cent.

So prison does work as containment, for people who are too dangerous to live in society. These are closer to the villains of crime fiction, whose background and life history, even if it is marked by disadvantage, is really irrelevant to the need to incapacitate them from doing more damage. There's a tragic scene in the latest

Spiderman movie in which a lonely, socially retarded electrical engineer who idolises Spiderman becomes the supervillain Electro after he concludes that his hero has betrayed him. Our ability to empathise with Electro's alter ego doesn't preclude the need to stop his murderous rampages, lock him up and throw away the key. Fictional portrayals of the way disadvantage and dysfunction feeds into criminality often work like this – to render irrelevant the causal factors by emphasising the need for containment – though in real life, too, there are undoubtedly people whom society needs to detain, regardless of their deprived start.

But does imprisonment do anything other than contain? And if it does, is it the most cost-effective way of achieving those ends? Australia's prisons are bursting at the seams, not with sociopathic supervillains but with drug offenders, burglars, sex offenders, people who commit assaults and those who commit what BOCSAR calls 'justice procedure offences' – breaches of bail, parole and restraining orders. And, it should be added, by people who have driven down too many toll roads or taken too many 'free' train trips and are being required by the courts to 'pay off their fines' in jail. I was once taking instructions from a fifteen-year-old client who had a reputation for being a 'good' kid and a conscientious student. Suddenly, he'd become angry and fatalistic, and begun to skip school and involve himself with a group of boys who got their kicks from breaking into cars late at night. When

I asked him how his home life was, he told me that his father had been sent to jail for forty-five days for unpaid fines, and he'd been left alone in their house.

The Australian Bureau of Statistics records that a third of prisoners in Australian jails are serving aggregate sentences of less than two years, a quarter are serving sentences of between two and five years, and more than 80 per cent of prisoners were due for release within a decade of their sentence commencing. The average length of prison sentences in Australia is three years. In other words, after a period of containment for months or years, most prisoners will return to the community.

But that presents a problem. Time spent in jail is one of the factors that seems to *add* to a person's risk of recidivism. A 2010 BOCSAR study 'matched' ninety-six pairs of convicted burglars and 406 pairs of people convicted of assault. Each pair was made up of one offender who had received a prison sentence and one offender who had received a non-custodial sentence such as a corrections order, with the paired offenders being as similar as possible in terms of offence type, criminal history and prior prison experience. The study's results were startling. Not only did the authors find no evidence that prison worked as a deterrent, they also found that, other factors being equal, the offenders who were sentenced to prison were slightly *more* likely to reoffend than their counterparts.

And that 2010 study is hardly an isolated finding. A New Zealand study, reported in 1998, found that among the people who reoffended after being released from prison, most had been jailed originally for relatively minor crimes – leading the study's authors to conclude that the costs of jailing relatively minor offenders is far too great. Rather, more and more studies show the same statistical relationship between prison time and criminality, especially for young offenders. The United States is notorious for its rate of imprisonment: despite accounting for 5 per cent of the world's population, incredibly it provides a quarter of the world's prisoners. And yet it also has one of the highest rates of recidivism.

So, rather than contribute to an offender's rehabilitation – one of the original arguments for prisons – the effect of imprisonment is at best neutral (it rehabilitates some but not others), and at worst negative. Judge Frank Gucciardo thinks this is especially true of young offenders. 'If we send them off to prison, they come out with very few prospects for employment because nobody will hire them, and the prison environment is one in which they'll meet seasoned offenders, they'll have to toughen up – in short, they'll learn all the wrong values. How can we expect them *not* to come out worse than when they went in?' And yet between 2003 and 2013 the three most common five-year age ranges for both male and female sentenced prisoners were 20–24, 25–29 and 30–34.

Not everybody sees things in this way. In his concession speech after losing the 2014 Victorian state election, outgoing premier Denis Napthine listed 'tougher sentences' among the reforms his Coalition government implemented towards the goal of 'making the community safer'. Napthine was referring to the fact that mandatory minimum sentences had been introduced for six serious crimes. Given that people convicted of those crimes – which included murder, child sexual abuse, culpable driving causing death and commercial drug trafficking – were already going to jail for lengthy periods, the only way Napthine could have claimed that the new sentences were 'making the community safer' was in their deterrent value. But as we've seen, longer sentences don't carry any weight as a deterrent.

Among those who know this is one of the people whose job it was for sixteen years to try to have courts convict more offenders. Nicholas Cowdery was New South Wales' Director of Public Prosecutions from 1994 until 2011, and during that time wrote a book – *Getting Justice Wrong: Myths, Media and Crime* – in which he described imprisonment as an extraordinarily expensive way of controlling crime. More recently, he told the ABC's *Law Report*: 'There's a lot of work that has been done by academics and researchers on this very subject, and it all shows pretty conclusively that simply increasing a penalty or creating a mandatory minimum penalty does not increase the deterrent value of having the offence'. Lawyer Greg Barns is one who reacted strongly to Napthine's claim that he'd made the community safer. Writing in the *Age*, Barns noted that expenditure on prisons escalated by

30 per cent over the course of the Coalition's four years in government, and the overall crime rate actually increased.

And like everywhere else, it's the state's Indigenous population that bears the brunt of rising imprisonment rates. During the last decade, the rate at which Victorian courts imprisoned its Koori population increased from 1013 to 1625 per 100,000 adults – a 60 per cent increase. Over the same period, the rate at which Victoria imprisons non-Indigenous offenders has increased by 'only' a quarter. In 2013 Kooris were *thirteen and a half times* more likely to be imprisoned than the general population. Western Australia locks up its Aboriginal population at *twenty-one times* the rate at which it imprisons the population generally. Across Australia, Aboriginal and Torres Strait Islander people have accounted for almost all of the general increase in imprisonment rates seen over the past decade.

While imprisonment should be used to contain the most serious offenders, we should be very, very careful about sentencing less serious categories of offender to jail. Agents of the justice system, including most magistrates, would and do say that they consider the issues very carefully before committing a person to prison. Then again, in my two years of practice in summary courts, I only ever acted for one young man whose incarceration I thought might benefit the community in the long term.

Perhaps I'm irredeemably biased; I was a criminal defence lawyer, after all (though I like to think that my values informed my professional ideology rather than vice versa). But I did lunch once with a magistrate who enjoys a fearsome reputation, before whom experienced lawyers scramble for any excuse to adjourn because of his penchant for feeding the prison system. 'It's been years since a real criminal appeared before me,' he observed over a quiche and side salad. 'Most of them are just poor kids who can't bloody well cope with life.'

I wanted to ask him why he used prison so often if that was the way he saw criminality, but I was still practising and feared the next encounter before him had I done so. He told me something approaching an answer anyway. This particular magistrate used imprisonment in the way he thought its legislators intended it: as the sanction that's at the top of the tree, to be used after everything else has been tried. That 'everything else' happened sooner for him than for many others on the bench was probably little more than a quirk of personality.

I don't doubt that most magistrates and judges share my readiness to accept as authentic the desires of offenders to reform and rehabilitate. But judicial officers' decisions are not made in a vacuum. Besides being guided – and sometimes mandated – by legislation, their decisions are inevitably influenced by the prevailing cultural, social and political winds. Each decision to imprison is justifiable, unless overturned on appeal. But to fill a quarter of our prisons with Indigenous people is not.

Clive Alsop, the regional coordinating magistrate in

the Victorian Gippsland circuit, told me that policy considerations like 'crime reduction' are not within the ambit of judicial considerations. Judicial decision-makers will bring to every decision their own ethics, values, ideologies and accumulated wisdom, but that decision must be consistent with the law as expressed by parliament. And parliament says that prison is the ultimate punishment and deterrence. A magistrate who doesn't feel comfortable using prison as a sentencing option, for instance, is unfit to be a magistrate; they would be crossing into territory properly occupied by the legislative and executive arms of government.

But we might ask why the current system has magistrates and judges imposing sentences at all. Judicial officers are trained as lawyers, which gives them special knowledge about the law, not about human behaviour and what works and doesn't work to influence or change it. Professor Mirko Bagaric calls a lot of what happens on the bench 'judicial hunches'. And our hunches, in the absence of evidence, are in most cases governed largely by the attitudes we've been socialised into. Magistrates were most likely born into family lives of relative stability. Their psychosocial development was clearly unimpeded by many of the stressors that affect the lives of many of those who come before them. So what seems like common sense to a magistrate may well be inappropriate for a dysfunctional and heavily disadvantaged offender. Their position on the bench provides magistrates with the authority to offer unsolicited advice to offenders, but even with the best will in the world much of that advice comes across as naïve, if not ignorant.

'When I was a boy,' one Victorian magistrate liked to tell young offenders who came before him, 'I, too, used to get into some pretty harebrained schemes. But I eventually had to make a choice. Would I continue to act the fool and do what I wanted? Or would I settle down and take my studies seriously? Well, you can see where I'm sitting today, so you can probably guess which choice I made.'

A decent message, on the face of it. But one young man for whom I appeared when this particular magistrate offered his wisdom was more immediately concerned with his abusive stepfather, his alcohol-dependent mother and his own dependency on ice. At fourteen, he hadn't been to school for three years.

It makes sense that legally trained magistrates conduct hearings according to legal rules and make findings on guilt. But does it make sense to also require them to sentence offenders? Why shouldn't people who have greater expertise in behaviour change – psychologists, counsellors, behavioural economists, criminologists – be tasked with sentencing?

Far from being consumed with the ethics or otherwise of imprisonment, the other magistrate – the one who gave his views while tucking into his quiche over the lunch interval – told me what a fun job being a magistrate had become since he'd stopped worrying about saving the world. He said, with a glint in his eye, 'Sometimes you're forced to send the poor buggers off for a bit of a think. I don't know, it probably does them some good.'

THE COSTS OF PRISON

We might expect, given prison's dubious record on recidivism and crime reduction, that in this neoliberal 'age of economics', incarcerating offenders would at least make economic sense.

Prisons are incredibly expensive institutions to run. The Senate in 2013 found that it cost more than $300 a day – $2100 a week – to keep a prisoner in jail in Australia. Young people in youth detention centres cost upwards of $600 every day. In direct, accountable dollar amounts, therefore, every adult in custody for a year cost the community well over $100,000. Every child cost us more than $230,000. The overall cost of police, courts and corrective services – which include prisons – was just over $14 billion, which was almost the size of the projected budget deficit at the time of the 2013 election.

In the language of budget-obsessed politicians with an eye on potential votes, taxpayers shelled out $2.4 billion for the 114 custodial facilities across the country in 2011–12. On a bare economic analysis, we might expect that budget-conscious politicians would be keen to ensure that those $2.4 billion are being spent in the most efficient way possible, that there's no alternative way of spending that money which might 'earn' a better return, or that there's no way of getting similar returns by spending less.

Austerity is one way of spending less. Retired NSW police detective Tim Priest introduced his *Daily Telegraph* readers at the end of 2013 to Joe Arpaio, sheriff of Maricopa County in Arizona. Arpaio's first act upon assuming that post more than two decades ago was, as Priest wrote, 'to kick prisoners out of air-conditioned cells and into tents that he set up within a barbed-wire compound. His theory,' Priest explained, 'was that if US soldiers, then fighting the war in Iraq, had to live in tents and in the desert in 50°C heat, then so should criminals.' Arpaio also cut the cost of meals to 56 cents per inmate per meal, removed meat entirely from the menu and withdrew prisoners' television rights.

What Priest didn't tell his readers is that after two decades of Arpaio's austerity, the rate of criminal offending in Phoenix (the largest city in Maricopa County) is still greater than that in about half of America's major cities. Nor did he mention that reports on the causes of notorious prison riots like those in Manchester in the UK (in 1990) tend to implicate such factors as 'inadequate prison resources' and 'inhumane treatment of prisoners'.

Another way to spend less on prisoners is to generate fewer of them. Diverting as many sentenced offenders from prisons as possible, and subjecting them to community-based, rehabilitative punishment, for instance, results in huge financial savings – both because the direct financial cost of community-based punishment is orders of magnitude less than the cost of imprisonment, and because more offenders are rehabilitated. This remains true even when community-based punishment is properly resourced.

The US state of Texas has learned this. In 2007 the conservative Republican government, faced with a fiscal crisis in part because of spiralling prison costs, found that diverting offenders from jails and spending real money on crime prevention strategies was much cheaper than continually expanding prisons. Instead of building three additional jails, the Texan government was able to *close* three prisons over the next seven years.

Whereas a child in youth detention costs the community over $600 a day, a child in 'community custody' costs just $80. And community corrections programs can only dream of spending $300 every day on sentenced offenders, like the prison system does. But community corrections programs have access to just a fraction of the funds available to the prison system. In 2012 the number of offenders in community corrections programs (about 54,500) was nearly double the number of prisoners (about 29,500), and yet the entire budget for community corrections ($0.5 billion) was just over one-fifth of that available to prisons ($2.4 billion).

The total economic cost of a sentenced offender might be expressed, however crudely, in the following equation:

[Direct cost of punishment]
+/ – [Cost/Benefit to society post-punishment]
– [Benefit of criminal activity foregone while incarcerated]

The 'cost of punishment' must include the cost of any rehabilitation programs *and* the intergenerational costs of incarceration (that is, the cost to a child and to society of sending that child's parent to prison). The 'post-punishment' costs to society should include both the costs of recidivism (the costs of any future criminal offending and the cost of punishing an offender for it) and social costs (such as lack of employability). The 'post-punishment' benefits should include any benefits from rehabilitation (such as future offending foregone and employability). And the 'benefit of criminal activity foregone while incarcerated' applies to incarcerated offenders who will offend at lesser rates than were they sentenced in the community.

We already know quite a lot about this equation in a general sense. We've known since the 1970s that prisons don't do a very good job of rehabilitation, so often there aren't many 'post-punishment benefits' from incarceration. We already know that, beyond its direct cost, which is already multiple times that of community corrections programs, and would continue to be even if such programs were properly resourced, imprisonment has huge 'post-punishment' costs. As Andrew Leigh – former lawyer and economics professor at the ANU, now a federal MP – concludes: 'the real cost of incarceration comes afterwards, with ex-prisoners more likely to commit further crimes and less likely to find a job.' The average length of prison sentences in Australia – three years – means that 'released prisoners often find that the only friends who haven't deserted them are the ones they made inside'. Though, as I've said, there are likely to be substantial benefits in terms of 'criminal activity foregone' that flow from incapacitating a person who regularly offends, especially violently.

This kind of analysis is being done by reformers interested in 'justice reinvestment'. In most states there are now well-organised groups of researchers and activists urging governments to pursue justice reinvestment models. The idea is that where it's possible to keep a person out of prison, they should be kept out, with the economic 'savings' of decarceration then 'reinvested' into their rehabilitation and programs which aim to address the underlying causes of crime in their community, such as mental illness, homelessness, poverty and dysfunction.

The Victorian 'Smart Justice' network, for instance, identifies 1000 minimum-security prisoners in that state, and argues that diverting them away from jails would save nearly $600 million, which could then be reinvested in community-based initiatives. And unlike spending on prisons, that kind of investment in addressing the drivers of criminality – which is ultimately about improving the communities from within which both offenders and victims are most often produced – generates a return of its own for government and society. Economists call it the 'multiplier effect'. Public money spent on the development of human and community capital – on education and primary health care in particular – produces positive flow-on effects on government budgets.

While there is some evidence that some governments in Australia are listening – the Senate's Legal and Constitutional Affairs References Committee completed a report in June 2013 on the 'Value of a justice reinvestment approach to criminal justice in Australia' – most still find the lure of longer sentences and tougher prison conditions far too tempting. Instead of justice reinvestment, for instance, governments have built about twelve new prisons during the last decade alone to cope with burgeoning prisoner numbers.

New prisons are particularly problematic for reformers, because they create a 'sunk cost' for governments: once they're built – at enormous capital outlay – unless you're Sir Humphrey Appleby, it makes little sense to leave them empty. A significant proportion of the real cost of incarcerating a prisoner has already been spent before he gets there, on building the prison in the first place. Arguments to divert that prisoner away from prison and back into a community-based program, then, become additional costs, on top of the sunk cost of prison construction.

Reformers argue that prisons – alongside immigration detention centres, subsidies to fossil-fuel energy companies and negative gearing – are among the greatest contradictions in our neoliberal economy. An extended discussion is outside the scope of this book, but the continued 'investment' in projects and institutions like these suggests that neoliberalism's stated commitment to letting market forces direct the flow of money is – often more commonly than its proponents generally care to admit – overtaken by good old-fashioned rent-seeking.

That argument requires a brief defence, especially as it relates to prisons. Negative gearing and fossil fuel subsidies are obvious outcomes of successful lobbying by property developers and mining and energy companies, but who benefits from prison expansion?

Most immediately, the private security companies like G4S, GEO and Serco. G4S, a British multinational with operations in more than 125 countries, and which is one of the world's largest private-sector employers, operates two prisons (in South Australia and Victoria) and had the contract for Australia's immigration detention centres before it was won by Serco, another British multinational specialising in prisons, weapons and security as well as schools and aviation. GEO is an American multinational prison company that operates four prisons in Australia (in Victoria, Queensland and New South Wales). These companies are large, extremely profitable, and well-practised in the art of lobbying governments for lucrative contracts.

The other rent-seeking beneficiary of prison expansion, of course, is the political class. With a handful of notable exceptions, the two major political parties – the Liberal Party and the Australian Labor Party – have for the best part of two decades campaigned on 'tough on crime' policies which aim to make sentences longer and prison conditions harsher.

Every now and then, there's a seismic shift in the way societies think about certain things. The author Malcolm Gladwell calls them 'tipping points'. One tipping point in criminal justice was at the end of the eighteenth century, when the public torture of offenders was quickly abandoned. Is it so difficult to imagine that imprisonment itself could become so offensive to our society's standards that it becomes truly a 'last resort' tool of incapacitation? To deprive a person of their liberty not only has huge economic, social and cultural costs, it's got huge ethical and moral implications as well, especially as we learn more and more about the people we're jailing and how profoundly we're failing them in their childhood and adolescence – and about how incarceration and other forms of classical punishment ultimately fail victims, too, by unsuccessfully preventing crime and its recurrence.

If the deterrence value of prison is negligible, for instance, then should we be sending people who commit victimless offences (like road toll and public transport infringements) and offences of merely property (rather than violence) to jail at all? Among the advocates of this idea are Andrew Ashworth (professor of law at Oxford University, and the adviser to English judges on sentencing between 1999 and 2010) and Mirko Bagaric (dean and professor of law at Deakin). Even if the criminalisation of theft and fraud is an appropriate reflection of our capitalist values, Ashworth argues that the right to liberty should always trump the right to private property. Moreover, both professors point to the evidence: imprisoning people for purely property-related offending doesn't work to achieve the objectives of doing so, and comes at such immense social and economic cost that it really makes no sense.

We're often told – usually by people who don't know what they're talking about – that prison is a kind of all-expenses-paid holiday. But that view downplays to the point of dishonesty the terror of incarceration. Archie Weller's 1981 novel, *The Day of the Dog*, famously written in a spirit of anger over six weeks after his release from prison in Broome, recounts vividly how the cycle of poverty, delinquency and police harassment is intimately tied to the use of jail as an authoritarian tool of social control. The death of 36-year-old Mulrunji – Cameron Doomadgee – in a Palm Island police cell in 2004 became a lightning rod for community and national outrage at this cycle, which had been explored in unprecedented detail by the Royal Commission into Aboriginal Deaths in Custody.

Arrested for public nuisance after swearing at then Senior Sergeant Chris Hurley, Mulrunji died an hour later with four broken ribs and a ruptured liver, spleen and portal vein. To date, nobody has been held responsible for Mulrunji's death. Mulrunji's was the 147th Aboriginal death in custody since the Royal Commission reported in 1990. Lots changed – state and territory governments signed up to formal Aboriginal Justice Agreements that incorporated much good thinking and research – though more stayed the same. The incarceration and over-policing of Indigenous people continued.

On the face of things, the signs of a 'tipping point' aren't good. Incarceration is being used more frequently by Australian authorities, not just for convicted criminals but also for fine defaulters and people who seek asylum from persecution overseas. But Gladwell argues that 'tipping points' happen after lots of hard work by relatively small numbers of people. And there is a significant minority working very hard – in governments, in the public service, in courts, in community and legal services, in universities, in activist and reform groups, and in police forces – to drag the criminal justice system away from the idea of 'punishment for its own sake' and towards a more problem-solving approach. The early results of their efforts can be seen in the innovations identified in the last chapter of this book.

The evidence says that 'tough on crime' policies may actually make crime more likely, by going well beyond the incapacitation of the most dangerous offenders to generate anger, hostility, resentment and hopelessness among already heavily disadvantaged people. But most senior politicians consider it electoral suicide to not have a policy designed to lock up more criminals: the tabloid media, and the great swathes of voters who consume it, simply wouldn't stand for it. The public's sympathies lie not with crime's perpetrators, but overwhelmingly – even exclusively – with its victims.

The next matter to consider, then, is whether the current system gives victims the justice they're seeking.

CHAPTER 4
VICTIMS

I can hear the criticism of my arguments at this point. 'What about the victims? You've expressed a lot of sympathy for criminals, but shouldn't most of your sympathy – and, indeed, your empathy – be reserved for the people they have harmed?'

It's a point that's often raised with criminal defence lawyers, who imagine they're in the human rights protection game until someone who's not a defence lawyer reminds them of the prevailing community attitude. But people tell me all the time: 'You're defending bad people and trying to get them off!'

There's truth to this, of course, and it's a truth all would-be reformers of the criminal justice system must tackle. What I'm going to advance in this chapter is the idea that we *should* focus on the needs of victims much more than we do – and that doing so doesn't mean we can't *also* focus more on offenders' needs. Or, more accurately, on what *society* needs to prevent offenders from committing crimes.

To be a victim of a crime is a terrible thing. I've never been physically assaulted as an adult, and for that I'm grateful. But I have been a victim of crime. The night we moved into our current flat, some things were stolen from our car. Exhausted after a day of moving, I'd inadvertently left the car unlocked and returned the next morning to find that a piggybank full of silver coins, some CDs and my partner's backpack containing her uni notes, her prescription glasses and her passport were missing. We retrieved the backpack and most of the notes after receiving a call from someone who had found my partner's phone number in her diary; he said the bag had been dumped on the footpath outside the school where he worked as a groundskeeper. But the glasses and the passport were gone. Altogether, the theft cost us about $700, which was significant to us, as well as the time it took to organise replacements.

I use the word 'victim' in a technical sense only: objectively, leaving a car door unlocked and suffering a minor theft is unlikely to earn me much sympathy (and it didn't from my partner). But more significant than the financial cost, at least initially, were the feelings of mistrust. Where had we moved to? Had we made a big mistake? The carpark was secure, in the sense that you needed a key to get in. We thought the thief had to be one of our neighbours or someone known to them. Would it happen again? The mind slides quickly to paranoia. Were we being targeted, perhaps as unwanted newcomers in an apartment-block conspiracy? *Why us?*

When we learned how notoriously prone to theft 'secure' underground carparks are, that rational observation did not immediately displace our emotional responses. It took some days for us to convince ourselves that we hadn't just moved into the least safe building in Australia.

The crime wasn't even that bad. The house in which I grew up was burgled once, when I was a child, the thieves making off with a couch and a bed among other things. On another occasion, somebody attempted to climb in through a bathroom window. But nobody's ever broken into my home while I've been there, or assaulted me. Nor has anything really nasty ever been done to most of my close friends or family members.

WHO ARE THE VICTIMS?

Statistically speaking, that's not surprising. I was lucky enough to be born into Adelaide's suburban middle class, where each evening's commercial news bulletin of robbings and bashings and murders and rapes – Skyhooks' 'Horror Movie' – was incongruent with lived experience. Just as most 'petty' crime is carried out by members of socioeconomic classes less materially well-off than that in which I was raised, it turns out that most victims of property crime and physical assaults are also marked by similar kinds of disadvantage. Overwhelmingly, victims come from the same broad communities as those who offend against them.

The socioeconomic status of victims is not as well known as is the status of offenders. But there are some telltale signs. Just as they are in offender statistics, Indigenous people are heavily over-represented in victim statistics. Well over half of all homicide victims, and nearly all victims of sexual assault, know their attackers. Victims of sexual offences are most likely to be under the age of twenty. Robbery victims are also young: they're most likely to be between fifteen and thirty-four if they're male, or between twenty-five and thirty-four if they're female.

Perhaps this is all a bit counterintuitive. Rich people have more expensive things. If I wanted to steal a car, thinking rationally, I'd probably want to target the Mercedes in Vaucluse rather than the Datsun in Badgerys Creek. But as we've seen, a lot of crime isn't motivated by rational deliberation as much as we seem to believe.

It's perhaps surprising how often property crime is furtive and opportunistic – at the very least, the vast bulk of it runs according to the principle of least resistance (and the possessions of wealthy people tend to be well-secured and alarmed). Assaults are mostly drunken and/or emotionally charged. It's an uncomfortable reality that most of the people who populate magistrates courts are statistically unlikely to be spending much time in Vaucluse or Toorak. Both experiences of criminality – offending and victimhood – are usually concentrated in already disadvantaged communities. An entire sub-genre of Australian cinema depicts this sad reality well in films such as *Animal Kingdom*, *Snowtown*, *The Boys* and *Erskineville Kings*.

This fact – that victims and offenders mostly come from the same communities – cuts across the stories we're often told about crime, stories which encourage middle-class fear of anonymous attackers. The crime stories that are pumped out by commercial TV news bulletins and tabloid dailies provide less a steady diet of fear than a vulgar overindulgence.

I once lived next door to a woman in her eighties who consumed multiple news bulletins from about 5 p.m. each day. She was convinced that criminal activity was out of control – despite statistics which demonstrate falling crime rates – and that people like her were the targets. I described for her Steven Pinker's thesis that violence is declining in human societies. 'I don't know about that,' she said doubtfully. And yet Pinker's thesis is borne out in her own biography: she lived through World War II in London as a teenager before settling into a middle-class married life of advancing domestic peace and ever-declining social violence in Melbourne.

The way we talk about 'criminals' and 'victims' obscures more than the fact that criminality tends to be more intra-communal than inter-communal. The flipside of the 'villain' discourse, which imagines criminal offenders as bad and blameworthy, is that it also presents victims as good or innocent. I'm not impugning victims. But the dichotomous evil/innocent relationship is rarely as simplistic as it is in *Batman*. We know that story: (innocent) Bruce Wayne watches his (equally innocent) parents killed during a street mugging; in the 1989 film, the mugger later becomes the (psychotically evil) Joker.

Reality is more complicated. 'How would you like it if you were the victim of the crime you committed?' is a question magistrates often ask offenders during the sentencing process. Sometimes a magistrate's serve of enforced empathy is returned with a dose of reality. A fifteen-year-old boy was in court for a theft charge. 'How would you have felt had someone stolen your bike?' asked the magistrate. Perhaps inevitably, the boy said, 'It's pretty bad; it's happened to me three times.' The magistrate recovered. 'Yes, well, then you'd understand how inconvenient it is.'

It's a sad fact that many of the offenders in magistrates courts have been victims themselves. In 2007 Queensland's Crime and Misconduct Commission (which has since changed its name) produced a report that looked at the kinds of lives offenders had led prior to coming into contact with the criminal justice system. It limited the scope of its research to 'non-custodial offenders' – that is, people who had been found guilty of crimes but had not been sent to prison.

It found, overwhelmingly, that 'respondents had experienced high rates of family trauma and turmoil including chaotic family experiences, parental alcohol and drug abuse' and domestic violence while growing up. Two-thirds of all respondents had endured childhoods characterised by what the commission identified as 'extreme neglect'. These offenders suffered child sexual abuse at rates much higher than average. In other words, these offenders were themselves victims of criminal behaviour – often sustained criminal behaviour – well before they began committing crimes themselves. As they moved into adolescence, they tended to drop out of school, use illicit drugs and engage with the criminal justice system at much higher rates than members of the wider community. From there, they would almost have been exceptional had they *not* made the transition to adult criminality.

What the Crime and Misconduct Commission did was conceptually quite simple: it merely filled in the gap, or the gulf, which exists in the prevailing Manichean understanding of criminal-versus-victim. Its inescapable focus on the extent to which offenders had been maltreated as children led it, almost inevitably, into a discussion about how much overlap there is between child abuse and neglect on the one hand and the 'markers of disadvantage' on the other. The path to adult criminality for the commission's respondents meandered inexorably through various such markers.

Being seriously maltreated as a child, the commission uncontroversially found, means you're more likely to suffer serious mental health problems (such as post-traumatic stress and antisocial disorders), poor social functioning (in areas such as moral judgment and risk-taking), unintended and early pregnancy (as a result of risky and precocious sexual practices), low cognitive functioning (such as learning difficulties), physical ill-health and substance abuse. These 'markers of disadvantage' also have a high correlation with criminality, as we've seen. And it shouldn't come as much of a surprise by now to learn that 'people subjected to maltreatment as children have a substantially increased risk of being re-victimised as adults – both sexually and physically, by intimates and by strangers'. Some people drag their victimhood around with them like the ball on the end of a chain – even when they're also offending.

Probably nineteen in every twenty people I represented while I worked at the Victorian Aboriginal Legal Service lived with the kinds of disadvantage – poverty, deprivation, social exclusion, dysfunction – I talked about in Chapter 2 (and it's highly likely the other one in twenty simply didn't tell me about it). Nearly all of them had been victims of significant crimes themselves.

'Phil' was a 55-year-old man who'd been subjected to a sustained campaign of sexual abuse as a child in a home run by a Christian group. When I last spoke with him, he was considering whether to give evidence to the Royal Commission into Institutional Responses to Child Sexual Abuse. He'd never made a formal complaint. As he saw it, that abuse, and the untreated trauma he suffered as a result, had ruined his life and the lives of those around him. He'd spent well over twenty years in prisons as an adult and his children were now addicted to drugs, including alcohol and methamphetamines. He told me that sometimes things got 'too much', and before he knew it, he'd been on a three-day bender with cocktails of alcohol, marijuana and heroin. This was almost certainly a symptom of severe, untreated post-traumatic stress disorder, at least according to one psychologist who had assessed him.

When I met him, Phil had placed an innocent bystander at serious risk of injury or death because of his actions during one of his benders, and been charged with an appropriate offence. Phil was genuinely remorseful, as he no doubt had been on other occasions he'd broken the law. Indeed, he'd made an immediate offer to recompense the victim for monetary damages – no flippant offer, given the parlous state of his own finances. When I was taking his instructions, he cast his eyes downward, and said over and over again that he didn't care what happened to him as long as the victim was okay. At one point he looked at me and asked, 'How do I stop hurting people, man?'

EXCLUDING VICTIMS

Of course, the fact that many victims come from the same communities as the offenders, and that many offenders have also been victims, doesn't invalidate the argument that victims need more attention from the justice system. If offenders often get a crummy deal from the courts – and the thrust of my argument for the first three chapters of this book is that many do – then the same can be said of victims.

Sam, my scooter-riding client whose assault charge was eventually withdrawn by police prosecutors, was convinced that the young guy who had punched him multiple times in the head 'got off scot-free'. It was a simple exercise for me to check the children's court records to determine that Sam's assailant had in fact been charged, brought to court and sentenced by way of a good behaviour bond without recording a criminal conviction. I have few doubts that was probably an appropriate sentence (in the current system) for a young man with no prior criminal history, particularly as it came with a condition that he attend an anger management course.

For Sam, though, the difference between a bond without conviction and going unpunished at all was meaningless. He'd been victimised by a stranger. That experience piled onto the existing post-traumatic stress disorder Sam carried heavily, confirming for him that the world was harsh and lonely. *He* was still being punished (by his PTSD, by the criminal justice system, which had charged *him* and made him go through a year of torment before police were forced to abandon their case, and as a result of his earlier assault. His attacker got a slap on the wrist. What's going on?

In the classical criminal justice model, victims are repositories of useful information, and little more. Whoever has reported a crime will be aware of this. Take 21-year-old 'James', who loses seven teeth when three kids attack him outside a nightclub and crack his jaw, in a case of mistaken identity. James is taken by ambulance to hospital, and as soon as he's able to talk, provides a statement to police. They seem very interested in his story, and James feels validated and even a little bit vindicated as he speaks to them. They're asking questions, albeit in the clipped, monotonous speech of police constables, and he has a sense that he's participating in something significant. It's important for James to have people believe him, empathise with his experience – and it seems especially important to have 'official' people, powerful people like police officers, hear him tell his story.

But as soon as the police have his story typed up and signed, they disappear. That's largely because, in the classical model, crimes are offences against public order – society as represented by the state – and not, primarily, against the victims themselves, as they were in the ancient 'eye for an eye' days. James may never know where his story goes or how it's used. Some police officers make a point of keeping victims in the loop, but many don't or, because resources are scarce, can't.

Have his attackers been found? Have they been charged? Will they go to court? If they plead guilty, there's no need for any further involvement by James: the evidence is compiled in the brief, which is sent to prosecutors who stand up and read the prepared summary in court, like they do for dozens of others every day. The magistrate sentences without necessarily taking into account James's wishes. The matter is 'dealt with'. James may suffer the effects of the attack for a long time – he's been traumatised, his counselling sessions are difficult, his physical recovery is arduous and he'll wear dentures for the rest of his life. In a way, he's irrevocably linked to his attackers – they're a part of him, whether he likes it or not. But he may never know what becomes of them, nor they of him.

Some victims prefer it that way. But many don't.

Just as the classical model has been dragged into a more enlightened acceptance of causal factors underpinning much criminal offending, it's also been forced, of late, to accommodate victims' wishes for greater involvement. A victims' rights movement emerged during the 1970s, first in the United States and soon also in Australia, which agitated for what it saw as the restoration of the 'rights' that victims had before the classical model redefined crimes as offences against the state. Those included the rights to restitution and to be included in criminal justice proceedings. All Australian states now have a crime victims compensation framework, so at least James would be able to apply for money to pay for his dental work and his therapy. And all states would now allow James to provide a 'victim impact statement' to be read, either by himself or a prosecutor during the sentencing hearing, or by the magistrate during their deliberations.

Unfortunately, the practical effect of victim impact statements is generally to increase the tariff imposed on the offender during sentencing – and for that reason, it's in a defendant's interests for her or his lawyer to try to keep the statement out, or at least significantly redact it. I say 'unfortunately', but harsher sentences are, indeed, what many victims' rights groups say they want.

Rob Hulls, the former Victorian attorney-general, laments the fact that our public conversation about offenders and victims has become so polarised. 'If you're sympathetic to victims,' he told me, 'you're expected to also be in favour of tougher penalties, longer sentences and more prisons.' It's an understandable reaction, of course, especially from victims but also from anybody who sympathises with them. For many, perhaps most of us, there's a kind of pleasure – albeit a relatively small one, when the crime is severe – in exacting cruelty on those who have beaten us or stolen from us.

The tragedy of many victims' rights groups is not limited to what is often the catastrophic loss at the heart of their origins. Noel and Bev McNamara were both deservedly made Companions to the Order of Australia in 2004 for their decade-long service to victims in the form of arranging support and counselling. Their service continues. It was the murder of their eldest daughter, Tracey, and their subsequent 'disheartening' experience of the justice system which propelled them to form the Crime Victims Support Association in Victoria. But as well as the remarkable work they do with victims of crime, they also campaign strongly for longer sentences, and these contain tragedies of their own – for offenders but also, ultimately, for their future victims when those imprisoned are eventually released.

'Don't let the woolly haired social engineers make you feel ashamed for wanting vengeance upon those the courts have said are guilty,' the association's website tells victims. 'If unfortunately your . . . wrongdoer received a minimal sentence, or even managed to evade conviction due to a legal technicality', the website suggests that victims attempt to move on and focus on something more positive. But 'if you still feel frustration that the system has let you down in not making those responsible pay their debt to society', it concludes, it recommends that victims become involved in the movement against 'the legal system itself that tolerates so many questionable loopholes and lenient sentencing practices'.

The tragedy is that no matter how harsh the sentences are, Noel and Bev McNamara and countless other victims of irreversible crimes will never get what they really desire. And victims of crime, and members of the general public who empathise and identify with them, don't derive any substantive benefit when offenders go to prison beyond what is often an all-too-fleeting sense of something we call justice, but which is more likely to be retribution.

I'm not suggesting for a minute that the experience of grief – its feelings of shock, loss, fear and rage – which often accompanies victimhood is unnatural, or in any moral or psychological sense wrong. Even less am I suggesting that grief, or even the desire for retribution, needs to be suppressed. What I am suggesting is that we should not build public policy on the anger of victims and the moral outrage of those who are positioned as supporters of victims' rights.

TOUGH ON CRIME

If our objective is crime reduction, then angry legislation built on outrage is a bad idea. It leads to longer sentences, more prisons and no less crime. And often victims don't feel the punishment was enough in any case. Wheelchair-bound Sam felt that the sentence meted out to the youth who assaulted him – a good behaviour bond without conviction – was manifestly inadequate. But what would have satisfied him? A month in juvenile detention? A month in jail? Five years?

Unfortunately, sentencing policy fed by moral outrage is precisely what many parliaments have given us in recent times. Subject to constitutional limitations, parliaments are the ultimate lawmakers in Australia. And in parliaments sit politicians, who depend on at least some favourable media attention for their re-election. Politicians learn very quickly that the tabloid media isn't particularly interested in reasoned, evidence-based responses to what sociologists call moral panics.

One senior politician who refused to buy into this loop of self-interest is Rob Hulls. 'It's much easier to stand in front of the Channel 7 cameras and declare that the community wants tougher sentences for these horrific crimes than it is to explain that we're determined to address the *causes* of crime by delivering more resources to preventative and rehabilitative programs,' he told me. 'And you were only ever speaking to the cameras in the aftermath of a shocking crime,' added Mary Polis, Hulls' former legal adviser and now manager of policy and research at RMIT's Centre for Innovative Justice.

'Tough on crime' language works much better with the public than reasoned responses – although, if anything, tougher sentences may actually lead to greater criminality among people released from prisons. The interaction between state politicians and tabloid media in Queensland provides an apposite case study. Campbell Newman's Liberal National Party (LNP) won the landslide of all landslide elections in March 2012 – the party ended up with seventy-eight of the single-house parliament's eighty-nine seats – on a platform which included a strong stance on law and order issues. Much of the new government's focus went on criminal 'bikie gangs' and children's crime, both of which had been the focus of moral panics fuelled by a campaign of distortion by Brisbane's News Corp tabloid, the *Courier-Mail*.

The *Courier-Mail* had long been making spurious claims about the rate at which children were committing crimes in Queensland and urging tougher sentences. In January 2010 it complained that not enough girls between the ages of ten and fourteen were being sentenced to youth detention for assaults. In mid-2013 it complained that a particular sixteen-year-old boy had not been sentenced harshly enough for his crimes – even after the Newman government successfully appealed the original sentence. Claiming that it channels the voice of the people, the *Courier-Mail* often complains that it doesn't have a seat on the state's Sentencing Advisory Council.

In mid-2012 attorney-general Jarrod Bleijie announced that he would get tough on youth crime by removing diversionary options (like official warnings and group conferences involving victims) and by publicly 'naming and shaming' children who had committed even trivial offences. And he announced the boot camps. 'The argument that it could impact on employment down the track,' Bleijie said, in complete ignorance of the social causes of juvenile offending, '. . . maybe they should think about these things before they act.'

In January 2014 the *Courier-Mail* ran a sensationalist story on release of the most recent Children's Court annual report, which led with this standfirst: 'Pint-sized criminals are staging a large-scale crime wave in Queensland and increasingly snubbing society's efforts to help them.' Be afraid of the children, the *Courier-Mail* warned its readers in an inspired example of oikophobia – the fear of the familiar, the encouragement of which is a technique used to great effect by writers of horror fiction and film (think *The Exorcist* or Benicio Del Toro's *Mama*). The *Courier-Mail* then commenced its lead paragraph with this line: 'The number of criminals aged 12, 13 and 14 facing court last year increased more than 40 per cent over the previous year.'

Indeed, in his annual report for 2012–13, Judge Michael Shanahan, president of the state's Children's Court, noted that the decade-long downward trend in the number of juveniles dealt with the court had been broken in the previous twelve months by a sharp upward trend in the number of children being charged by police. But rather than reflecting an increased crime rate, Shanahan thought this was probably related to the 'substantial drop in the number of cautions' being offered by police.

One way of keeping first-time child offenders out of the courts, which recognises that teenagers have a tendency to experiment and to challenge authority, is for police to issue official warnings, or 'cautions'. For many kids, the experience of being arrested and questioned is enough to convince them that they should direct their rebellious experimentation in different directions in the future. But Queensland police reduced its cautioning rate by more than 20 per cent during the first two years of the Newman government. In line with Newman and Bleijie's policies, other diversionary processes had been substantially cut back as well. More children, then, were being brought to court. Against Shanahan's conclusions, the tabloid linked this statistic to the number of 'young recidivists' who were 'snubbing court orders to undergo rehabilitation and counselling'.

Shanahan's report recorded that almost 75 per cent of offenders sentenced to youth justice orders had complied with those orders during the previous year, and he considered that figure to be a positive one. The *Courier-Mail*, on the other hand, focused on the quarter who weren't complying. It used moralistic language – they were 'snubbing court orders' – but gave no indication as to whether this figure of 25 per cent non-compliance was part of an escalation or a trend of improvement. Had the *Courier-Mail* bothered to check previous years' reports, it would have found that a compliance rate of 75 per cent was exceptionally positive in the context of the past decade, during which compliance rates generally hovered around the mid-60s before jumping dramatically during the 2010–11 year to over 72 per cent and then jumping again the following year.

Perhaps because its overarching objective was to induce oikophobia by creating a false dichotomy between evil children and the *Courier-Mail*'s readership (which has a bias towards the middle-aged), the tabloid didn't bother to pass on what was perhaps the most telling aspect of the Children's Court annual report. From police data, it produced statistics on the victims of the juvenile 'crime wave'. Most of the victims of the *Courier-Mail*'s 'pint-sized criminals' were themselves pint-sized: a quarter were aged between ten and fourteen, the majority were under twenty, and less than 8 per cent were aged over fifty.

The more accurate reporting was that by Kristian Silva in Fairfax's digital paper, the *Brisbane Times*. Silva's article focused on Judge Shanahan's criticism of the Newman government for withdrawing the courts' power to refer children to a highly successful rehabilitation program. Editorialising, Shanahan had written:

> The reason for the abolition of Court ordered conferencing is unclear to me. If it was a concern about the performance of the measure, then that disregarded the 99% satisfaction rate which included the actual victims of the crimes. I am unaware of any other evaluation undertaken. If the reason was financial, then any savings in the costs of administering the conferences would, in my view, be illusory. As noted above, the defendants subject to indefinite referrals will now be dealt with in Court. Many of those would be dealt with by way of a community based supervision order. This would obviously involve the supervision costs for the Department. The return of these matters to Court resolution will also inflate the number of juveniles and charges dealt with. The power of the Court to refer a

> juvenile offender to Youth Justice Conferencing was a powerful restorative justice mechanism. It confronted a child offender with the direct consequences of the offending. In almost all cases, it resulted in a restorative agreement that met the needs of the participants. It had in my view, a substantial rehabilitative [*sic*] impact on young offenders. I urge the Government to reconsider its abolition.

Newman's government did indeed cite financial reasons, though it didn't provide any particulars. The idea to withdraw the courts' power to order a diversionary rehabilitation program, which works to keep child offenders away from the courts and allows them to retain a clean record, seemed to have no clear antecedents when Bleijie announced it in mid-2012. It certainly had no evidence base. It did, however, fit neatly with the *Courier-Mail*'s long-running tabloid campaign to get tougher on child offenders, and within the LNP's popular election platform.

The *Courier-Mail* and Queensland's LNP administration are hardly the only examples of tabloid media outlets and governments which have identified a mutually beneficial interest in greater punishment for criminals. RMIT's Centre for Innovative Justice essentially continues its director Rob Hulls' quest to encourage policymakers to move away from the punishment model and towards a model that actually delivers reductions in crime. (I'll say more about the Centre for Innovative Justice in Chapter 5.)

Hulls told me of the rancorous exchanges he had in the Victorian cabinet over justice policy. But he said that the argument which was most successful in getting his colleagues over the line was often the financial one: the punishment model is extraordinarily expensive and realises few gains, and there's much greater bang for every preventive and rehabilitative buck.

I asked Hulls whether the determination of tabloid media and especially populist politicians to push the punishment model might not be based simply in ignorance of the available facts?

'No, often it's a matter of fundamental philosophy – and self-interest,' he told me. 'We really want to talk to them,' he said of a number of conservative governments around the country, but the closest his centre has gotten to their policymakers in most instances is a departmental briefing.

TAKING VICTIMS SERIOUSLY

Is it really 'taking victims seriously' to exclude them from any meaningful participation in the criminal justice process? Is it taking them seriously to allow them only to make complainant and impact statements and be cross-examined by defence barristers, and then to urge them to get angry and stay angry with the weak judges who aren't locking up more villains and throwing away the key?

Because the classical criminal justice model relegates victims to the status of witnesses (to crimes against the state), their statements, like those of any other witness, can be cross-examined by defendants or their lawyers.

Being cross-examined can be one of the most soul-destroying experiences anyone is ever likely to endure. None of us takes too kindly to suggestions we're not telling the full truth, but how often in life are we ever really pressed on the issue? And when we are, it's unlikely to be at the hands of a well-trained, emotionally regulated and highly experienced barrister who, by asking leading questions, generating subtle suggestions and making mountains out of inconsistent molehills, pulls apart our story and lays bare our self-image – in public.

I've been cross-examined a few times – in moot (practice) hearings as part of prosecutor training courses. At the Victorian Aboriginal Legal Service, we played defence lawyers and defendants to Victoria Police's prosecutors-in-training as part of a mutually beneficial arrangement: it gave us much-needed practice in cross-examining police witnesses, and it gave prosecutors a slightly more formal 'court-like' setting than had they been mock-examining their fellow course participants. I experienced strong anxiety even being in the witness box for only five minutes, pretending to be a defendant under cross-examination by a very green prosecutor. A close friend of mine appeared as a witness on a minor point during a rather complicated workplace relations case; the cross-examination took half an hour late on a Friday. I saw him on the Sunday, and he looked as if his entire character had been wrenched from him and laid out for public humiliation in the town square.

This is the adversarial system. The victim's testimony and statements are parts of the prosecution case, so to a defence lawyer they're fair game. If my client is pleading not guilty, then in a contested hearing I'll essentially need to assume the alleged victim is lying. So I'll want to trip the 'victim' on key points of their story, on the assumption that any inconsistencies detract from the credibility of their overall account. I'll try my best to inflate any inconsistencies I can detect to gargantuan size. And I'll also want to suggest that they have a motive for not telling the truth. Everything I'm doing is designed to introduce enough 'reasonable doubt' to the prosecution's case to make any conviction unsafe.

I never felt comfortable about the process of examining witnesses, but it's a vitally important part of the process from a defence perspective: if the prosecution case is believed beyond reasonable doubt, then my client will be found guilty and face punishment. It's the punishment model which gives cross-examination its force, and the greater the likely punishment (that is, the more serious the alleged crime), the fiercer the cross-examination needs to be.

The problems of cross-examining alleged victims are most obvious in sexual assault cases. (While most of these are tried in courts higher than magistrates courts, they're worth noting here because they experience magnified versions of the same problem, which is present in all matters.)

In a rape trial, the victim alleged that the accused had sex with her without her consent. She'd met both the accused and his friend on a night out in Melbourne and gone home with them. Later, while lying down, she signalled to the accused to join her. They were having sex for perhaps two or three minutes before, he said, she screamed and pushed him away. She told police that she woke up to find the accused raping her. There was a suggestion that she may have wanted to have sex with the accused's friend rather than the accused himself.

The law convicts or not on the defendant's state of mind: in Victoria, if it had been established beyond reasonable doubt that the accused had either been aware that the woman wasn't consenting, or reckless as to that possibility, he'd be guilty of rape. But if the prosecution couldn't prove that he was at least reckless, then he would not be guilty.

In practice, cases like these turn in part on the credibility of both accused and complainant: they're mostly 'he said, she said' cases, which are notoriously difficult for prosecutors to prove beyond a reasonable doubt. But something had brought this woman this far, to submit herself to cross-examination on a very serious allegation.

One imagines that had she not strongly believed she'd been raped, she would have withdrawn her complaint at some point during the year it took for it to go to trial.

Of course there are other possibilities, but in all likelihood the woman in the witness box had been genuinely traumatised. She'd then undergone an invasive forensic examination and repeated questioning by police as she struggled to present a drunken, half-recalled night with the kind of coherence necessary to make it through cross-examination. And then she'd appeared in court – more than once, because of all the pre-trial procedure – and had her story subjected to insistent, persistent scepticism. When she came before the jury, she was defensive, angry.

No doubt that's a rather normal emotional state in the circumstances, but appearing as a witness – much like appearing as a lawyer – is ultimately a performance. Victims who expect to be able to simply tell the truth are met with the hard reality that juries, lawyers and even judges and magistrates will draw inferences from their emotional state, both consciously and unconsciously. When the verdict came down in the defendant's favour – it really had to, since the prosecution had no way of proving that he believed anything other than that she wanted sex with him – in all likelihood that young woman would have felt doubly traumatised.

To many victims, a 'not guilty' verdict – which means only that the charge has not been proven beyond reasonable doubt – is indistinguishable from 'innocent', which translates into 'the court didn't believe me'. No wonder many of them take up Noel and Bev McNamara's suggestion and agitate, in private frustration and public interventions, for tougher sentencing – perhaps to balance that proportion of criminals who 'get off on technicalities'.

Even worse, many victims internalise that frustration and anger, which can manifest in major depression and even suicide. That's not so difficult to understand. The criminal justice system has made concessions both to victims' rights movements and to other knowledge from disciplines such as psychology, and at least now affords complainants the option to undertake some counselling or therapy at the state's expense. But just as there are numerous points in the court process at which defendants will face pressure to plead guilty, victims who want to stay involved beyond their impact statement become – especially in the magistrates courts – a bit of a nuisance to a system that's trying to generate order out of chaos.

If the adversarial system is problematic for many offenders (both alleged and actual), it often works against the interests of victims as well. One of the most shocking statistics in criminal justice is the claim that only about one in every 100 women who experience sexual assault ever experience the kind of justice that comes with having their assailant found guilty in a court. At nearly every stage in the process, from their decision to make a formal complaint right through to the assessment of their claim by a magistrate or a jury, sexual assault cases in particular can be derailed. Often the victim knows the offender. Very often, the relationship is familial. Does she really want to lodge a formal complaint, knowing that the case may become public and the offender may go to jail? What if she only wants to try to make sure he doesn't do it again, and to make him see how badly he's harmed her? The system offers victims an 'all or nothing' choice, but many victims want other choices.

Ultimately, the classical criminal justice model is interested in assessing the guilt or otherwise of people charged with criminal offences, and is *not* primarily concerned with the welfare of complainants and victims. (Nor is it concerned primarily with the welfare of accused persons, despite what some politicians and victims' rights groups allege from time to time.) In practice, victims' exclusion from the classical model contributes to their resentment towards it, and this resentment fuels the kind of outrage which sells newspapers and buys votes.

But perpetual outrage is hardly a model of sustainable psychological health, and we should be sceptical of the righteousness of opinion columnists, talkback radio hosts and populist politicians who urge the maintenance of rage. It's one thing for victims to express themselves: 'To try to repress feelings . . . for those who have maliciously caused you harm would only cause you serious problems later in life,' warns the Crime Victims Support Association's website, and of course in many cases that's right. But if the only choice for victims is between repression, depression and/or neurosis and perpetual outrage, then what kind of future are we really offering them?

Victims will generally experience – and express – anger, and that's probably as it should be. Elisabeth Kübler-Ross's 'five stages of grief' model, first proposed in 1969, now has the status of common sense (despite later research that questions its veracity), and most of us accept that anger is a natural part of grieving. We expect it.

But anger is a *stage* of grief, and should not be seen as a perpetual emotional state after some loss, even if that loss was somebody else's fault. The problem with a righteous discourse of victimhood is that victims are allowed – encouraged – to indulge in that stage of grief associated with anger, resentment and hostility. At every stage, it's important for us to have someone – a friend, a family member, a counsellor, a stranger – validate the way we're feeling so that, paradoxically, we can continue healing. Often such a person can also deliver subtle cues to let us know that maybe we're beginning to wallow in one particular stage rather than continuing the healing process.

What's not very helpful is to have people tell us what we should be feeling at any particular time. At its most destructive, this kind of advice – unsolicited or otherwise – can have the effect of trapping a grieving person in what would otherwise be a relatively temporary emotional state. With its incessant incitement of rage and fear, this is what self-interested tabloid media and vote-chasing politicians risk doing – not just to individual victims but to the entire culture. In addition to urging victims to support tougher sentencing practices, the Crime Victims Support Association might also be more explicit about recommending that victims seek counselling, therapy or other assistance to get through their grief in ways that help to move victims beyond merely 'surviving' to thriving.

Perhaps the most common critique of this view is that which is expressed by the Crime Victims Support Association's homepage: that deep anger and fear and rage at perceived injustice is a 'natural' feeling which shouldn't be suppressed. But as observers from Hobbes to Freud have argued, civilisation is defined by the suppression of instinctive feelings – or at least of reaction based on instinct.

'I wanted to fucken' kill the little bastard', said 25-year-old 'Jarryd' while he was giving me instructions. Jarryd had been charged with aggravated burglary after he'd smashed the window of his victim's house with his fist. 'The little prick had been supplying me little brother with ice, really bad stuff, and I wanted to teach him a lesson.' Jarryd ended up pleading guilty to the lesser charge of criminal damage – prosecutors couldn't prove he intended to enter the home of this alleged drug dealer – and so was lucky; had the burglary charge been proven, he would have been imprisoned.

But we don't, and shouldn't, tolerate vigilantism. Jarryd's overriding responsibility to the law and to his society was to refrain from acting on his feelings of rage.

Victims should be taken seriously by the criminal justice system. The classical criminal justice model got it right on keeping victims out of the ultimate sentencing decision, but got it wrong when it excluded victims completely, except as witnesses. Keeping victims effectively trapped in 'the angry moment' doesn't take them seriously. Responding to victims' anger and rage by stoking it reduces victims to caricatures.

So is there a way to take victims seriously while *also* shifting the balance away from the punishment model and towards more preventive and rehabilitative options? In the next chapter I discuss some recent innovations that aim to do just that.

CHAPTER 5
ALTERNATIVES

Glen, a young man in his mid-twenties with a quick temper, is sacked from his construction job after assaulting his foreman, Richard. In retaliation, Glen deliberately rams his boss Greg's Mercedes. Greg is sitting in it, and he sustains a whiplash injury to his neck. Greg calls the police and Glen is subsequently charged with assault and criminal damage.

Glen's actions were intentional. With his existing criminal record, Glen faces a genuine prospect of jail. The most likely outcome would be an extensive community-based order, which would see him 'assessed' by a corrections officer he's never met, to whom, during the course of a one-hour appointment, he's expected to divulge intimate details of his own shortcomings so that the officer can direct him to attend mandatory professional services – a mental health worker, perhaps a psychologist or psychiatrist, a drug and/or alcohol counsellor, almost certainly an anger management group therapy session – on the threat of being breached on his order and returning to court to explain to a magistrate why he shouldn't be jailed.

But in David Williamson's 1999 play, *Face to Face*, Glen takes advantage of a restorative justice model called 'community conferencing'. The conferencing takes place before sentencing. It's voluntary, in the sense that Glen isn't forced to participate if he doesn't want to – though he is forced to participate in one of the justice models, and it's explained to him that by engaging as fully as possible in conferencing, he's giving himself the best chance of avoiding jail time.

The conferencing takes place over an extended session. Present are not just Glen, Greg and Richard the foreman, but also Glen's mother, Maureen, Glen's co-workers and, importantly, Jack Manning, the conference convenor. Before the on-stage events begin, Jack has clearly interviewed each of the participants and has a reasonable idea of how he wants to direct the conference discussion. The question of how Greg and indeed Richard and the co-workers are encouraged to attend is mostly glossed over in the play, though it emerges that Greg's begrudging willingness to help Glen to avoid prison flows from a prior connection between Greg and Maureen, a connection that had led to Glen's employment in the first place.

The conference begins with the participants seemingly locked in the emotional positions in which they'd most likely stay, were the matter to proceed in a courtroom: Greg is righteous and resentful at being there at all;

Glen is scared and defensive. Within the conference's first minutes, Greg confronts Glen directly:

> JACK: Who's been affected by what you did, Glen?
> GLEN: My mum.
> JACK: How did it affect your mum?
> GLEN: Made her upset.
> JACK: How do you feel about that?
> GLEN: Not great.
> JACK: You care about your mum?
> GLEN: She's had a rough enough time without this sort of shit.
> JACK: Anyone else affected?
> GLEN: Me sister. She's still so mad at me she wouldn't come today.
> MAUREEN: She just couldn't face this sort of thing.
> JACK: Anyone else affected, Glen?
> GLEN: No, mainly Mum.
> *There's a silence. Jack looks at him, then across at Greg.*
> JACK: There's no one else here that's been affected by what you did?
> *There's another silence. Glen shakes his head.*
> GREG: What's the use?
> *Jack ignores the intervention, his gaze remaining on Glen.*
> GREG [to Glen]: You don't think I was affected?
> JACK: Do you think Mr Baldoni was affected, Glen?
> GLEN: Yeah, he hurt his neck a bit.
> GREG: A bit? It's only just come out of a brace.

In a courtroom, the victim doesn't get the chance to directly confront the offender. In the conference, Jack Manning is there to keep that confrontation from spiralling out of control by keeping the conversation goal- and task-oriented.

After it's been established why they're all there – after Glen has owned up, in his own words, to his criminal behaviour – Jack takes the conversation into deeper territory. It turns out that Glen was being bullied by his workmates, who had themselves reacted to Glen's own big-noting of his success with women by disingenuously setting him up with one of his female colleagues, Therese. When he discovered the set-up, Glen directed his rage at Richard.

As Jack drills ever deeper, the conference learns that Therese also felt pressured; that Glen has a manageable psychological condition; and, in true Williamson style, that Greg was generating much resentment among the staff by underpaying and overworking them and flaunting a relatively profligate lifestyle, of which the Mercedes was a symbol. When the conversation begins to touch on these points, Greg is less than impressed:

> GLEN: I jus' get upset. I get confused. I'm not stupid!
> LUKA [*a co-worker*]: All I'm saying is that the sad thing is that he's the one going and he loves the job. We all hate it and we stay.
> GREG: If you hate it that much then shove off.

> LUKA: To where?
>
> JACK: Greg, it won't help things if you start making threats.
>
> GREG: He's sitting there telling us he hates working for me.
>
> JACK: We're trying to be open today. We're trying to say all the things we don't normally say.
>
> GREG: I can't see what bloody good it's doing.
>
> JACK: There's a lot of factors that helped make a wreck of your Mercedes, Greg, and maybe we can sort some of them out.

Jack Manning consciously uses the conference to explore not just Glen's individual failings – which is what a classically constructed court does – but also the dynamics of the immediate community within which Glen's offending took place. Whereas classical criminal justice aims to blame and punish, Jack is using the conference to address many of the conditions which led to Glen's criminal behaviour. There's a clear philosophical shift here. Whereas the classical justice model instinctively sees the cause of criminal behaviour as emanating from *within* the individual criminal, this 'community conferencing' model is more prepared to see an individual's criminal offending as the product of a particular community dynamic, extending the socialisation theory discussed in Chapter 3.

By the end of the conference, most of the participants – including, most significantly, Glen and Greg – have moved away from their negative initial emotional states, and the outcome is deeply satisfactory. Glen expresses something like genuine remorse, but it's not just Glen: there is something approaching a genuine acknowledgment by each participant of the role they played in the events which led to Glen snapping under the pressure. And Glen's redemption – perhaps the most powerful transformation of all – is well underway as Greg and the others afford him something approaching forgiveness.

The community conferencing model in Williamson's play still takes place within the classical model – it fits between Glen's guilty plea and his sentencing – so Glen will still be sentenced. But had the matter been played out entirely in court, it's very likely that these opportunities for remorse, forgiveness and redemption would have been missed. The conference has taken the heat out of the situation – Greg is no longer consumed with anger, and nor is Glen. And, by delving behind the criminal behaviour of the individual, the conference has taken the opportunity provided by the charge to potentially resolve some of the issues which led to the conflict in the first place.

Importantly, Greg has participated in a meaningful way; for him, the outcome is probably not as he expected, but arguably better. By the time the court comes to sentence Glen, its principal goals – rehabilitation, deterrence and retribution – have been largely addressed already. The court may consider that it has very little to do beyond ensuring that Glen continue with some ongoing counselling and anger management, perhaps as part of a good behaviour bond.

Face to Face was based on a model established by Transformative Justice Australia (TJA), formed in 1995 by former academic David Moore and policy adviser and former teacher John McDonald. TJA's community conferencing was built on a theory of conflict resolution which Moore and McDonald believed could work in any situation of entrenched conflict, from civil disputes through to Israel and Palestine. Williamson was attracted to the TJA's prospects for criminal justice because of 'its optimistic take on humanity'. He wrote in 2001:

> Conferencing relies on the fact that we are social creatures who crave the approval of others, and who have the capacity to be compassionate. Unless we are sociopathic, and only a small proportion of the population are, other people's distress causes us to feel distress. The core reason why this process works is that emotions are contagious.

Williamson draws his understanding of human psychology in part from the work of US philosopher and psychologist Silvan S. Tomkins. According to Williamson, Tomkins reasoned that 'emotions are absolutely central to our existence. He re-read the insightful pioneering work on the emotions by Charles Darwin and realised that our basic affects – anger, fear, surprise, enjoyment/joy, distress/

anguish, shame/guilt, disgust, contempt and interest/excitement – were an autonomous physiological response system common to all humankind'. While the classical criminal justice model often tries to rationalise emotions away, community conferencing aims to draw out participants' emotions and then transform them. Like any group therapy, this sort of conferencing provides an intensive, confidential and relatively 'safe' method of raising participants' awareness of their own emotional states, the aim being to take them 'through a transition from emotions like hate, fear, disgust and distress, into emotions at the more positive end of the spectrum'.

REAL-WORLD ALTERNATIVES TO THE PUNISHMENT MODEL

Since September 2005, when Bob Debus was about five years into his term as New South Wales' attorney-general, something like the TJA model has found expression in a practice known in New South Wales as 'forum sentencing'. Originally open to young adults aged eighteen to twenty-four who were sentenced to prison terms, forum sentencing is now – following 2014 amendments – open to all adult offenders who meet certain eligibility criteria. (Some offenders, including those who have committed very serious crimes such as rape and murder, and those who may have been violent towards members of their family, are not eligible.)

Instead of a court-ordered sentence, offenders who participate in forum sentencing will be asked to sign up to an 'intervention plan', which is drafted with the participation of victims, police and appropriate service providers. The plan can include apologies, financial reimbursement, community work and/or committing to rehabilitative programs such as drug and alcohol counselling. A facilitator monitors each offender's progress on his or her intervention plan, and if the plan isn't followed through, the matter returns to court for traditional sentencing.

Victims attended about a third of all forum sentencing sessions in the first couple of years, though these figures are skewed by the fact that about 40 per cent of conferences were for driving and drug-related crimes, for which mostly there was no direct victim. An evaluation of forum sentencing by BOCSAR after two years of its operation found that between 61 and 76 per cent of victims and their representatives believed the conferences were 'very fair' to the victim, and more than nine in every ten participants believed that their conference took account of what they said.

Conferencing doesn't offer a panacea. In the TJA model, and in forum sentencing, the role of the convenor – Jack Manning in *Face to Face* – is crucial, and good convenors are very difficult to come by. Williamson draws Jack Manning as calm, intelligent, discerning and highly skilled. An ineffective convenor may be worse than no convenor at all.

In Victoria, a process known as 'group conferencing'

is available in the children's court jurisdiction. Some other states – though famously not Queensland anymore – have their own equivalent procedures. Victoria's theoretical model of restorative justice isn't as ambitious as TJA's, and in practice it doesn't delve as deep into the underlying causes of criminal offending. Like TJA, the idea is that in certain circumstances, children's sentencing is deferred while they participate in a group conferencing process. If they commit well to group conferencing, the magistrate will take that into account when imposing the eventual sentence.

In practice, the group conferences can be under-resourced, underwhelming and very little like the fantasy of *Face to Face*. This is not so much a criticism of the model itself than of the resources – including the training and ability of the convenor – devoted to it. (A Victorian review of group conferencing recognised that 'the strength of the Program was largely attributed to the dedication and skill-level of the Convenors'.) In comparison with the *Face to Face* conference, most group conferences are brief, and I've known convenors to do little more than run through a checklist of discussion points while the child sits in relative silence.

I acted regularly for a teenage girl, 'Angel', whose home life was marked by constant interruption. Bullied by her peers, and abused and neglected at home, Angel found what she took for acceptance among older men who, unfortunately for her, often had extensive criminal histories. 'Kyle' was one such man, and while she was with him Kyle assaulted and robbed a middle-aged man. He spent weeks in hospital, and Kyle went to jail. But because Angel hadn't done anything to stop him, and had run away with him afterwards, police charged her as an accessory. The children's court wanted her to participate in a group conference before it sentenced her.

There was great promise for her conference, and in the days leading up to it Angel was suffering extreme anxiety. But in Angel's victim's place sat two representatives from a victims' rights organisation, who told us that the victim was too traumatised to meet his attackers. I wondered what demon his mind had made of Angel, the slim, nervous fifteen-year-old girl sitting beside me. Also present was Angel's mother, myself as Angel's lawyer, Angel's youth justice worker, an educational officer, a police officer and the convener.

Unfortunately, the victims' rights representatives were only interested in using the conference as a platform to berate and shame Angel for her (actually rather passive) role in the horrific attack, and to lay the guilt on thick. The convenor was unable to steer the conference in such a direction that the underlying factors in fifteen-year-old Angel's pattern of offending – her unstable home life, her lack of school attendance due to severe bullying there, and her related drug use – could be discussed in any meaningful way. Angel's mother was more concerned to wash her hands of the girl's behaviour.

The conference was deeply unsatisfactory, though Angel's participation was taken into account by the court, which ultimately imposed a slightly lesser penalty than it might otherwise have done. In part because every assessment of Angel's situation was conducted in the presence of her mother, the conferencing process also missed its opportunity to link Angel with appropriate services to help her cut back on drugs, cope with her anxiety and get back into education. And because the victim chose not to participate, the group conference missed the opportunity to contribute to the victim's healing process as well.

But victims do participate personally in about half of all conferences. And as imperfect as it often is in practice, group conferencing does have a proven track record in reducing recidivism among young offenders and in leaving participants satisfied with its work. A review of Victoria's conferencing model after its first three years in operation found that young offenders who go through the program are less than half as likely to reoffend one year later compared with children who are sentenced to probation orders. Four years later, a KPMG review for the state's Department of Human Services reached the same conclusion. In Queensland, 98 per cent of conference participants – including victims – were satisfied with the outcome of their conference and perceived it to be fair, before the system was discontinued there.

In Victoria, group conferencing was just one of a series of radical reforms to the criminal justice system during Rob Hulls' time as attorney-general between 1999 and 2010. Besides group conferencing for young offenders (introduced in 2003), Hulls oversaw the introduction of Koori courts (in 2002), a drug court pilot (also 2002), Collingwood's Neighbourhood Justice Centre (2007) and Melbourne's Assessment and Referral Court (ARC) List (2010). Upon leaving government, he established the Centre for Innovative Justice at RMIT, where his first major client was the federal government.

Julia Gillard personally opened the centre in October 2012, and the Commonwealth attorney-general's department commissioned it to report on four projects: access to justice (thus responding to the crisis in legal representation for disadvantaged defendants); family violence (how can the system be more proactive than its current practice of issuing intervention orders and waiting for them to be breached?); the creation of a 'justice index' (much like the sustainability index), by which governments can be judged against each other on set criteria; and how to respond better to the scourge of sex offending.

Hulls is a sweary, passionate man with a booming voice, who gives the impression he could talk at you until he converts you. With his broad accent and his animated, no-nonsense, conversational style, he could be country-bred, but instead he's the son of a lawyer who had a practice on Victoria's well-heeled Mornington Peninsula. After clerking with his father, Hulls worked at Legal Aid before moving to Mount Isa, in Queensland, to establish his own practice there. It was his experiences representing legally aided clients in both Victoria and Queensland which propelled him into political office, first as the federal member for what's now Bob Katter's seat in Queensland, and then in his home state from 1996.

Hulls is also out of the box. When most Labor Party politicians get accused of being Tweedledees to Coalition Tweedledums, and when most would-be reformers despair at the intractability of social problems in an age of 24-hour media cycles and three-word slogans, Hulls simply got in there and did it. 'You need to believe what you're saying,' he tells me with urgency, 'and you need to explain your ideas clearly. You need to spend a lot of time with journalists, getting them to understand what you're doing, and you need to write opinion pieces to explain yourself to the public. And when you do get something through, you need stacks of independent assessment to show it's bloody well working.'

And working it is. Koori courts have been shown to cut recidivism rates in half. The Neighbourhood Justice Centre also showed immediate benefits. The Dandenong drug court saves the Victorian government about $5.80 for every dollar it spends on it. As well as reducing the likelihood that participants will offend again, it has also been found to reduce unemployment among participants by a third.

Hulls's reforms aren't unique in Australia. The first Nunga court was established at Port Adelaide in mid-1999 without any specific legislative basis, as an initiative of a magistrate, Chris Vass, and community groups, police and the Aboriginal Legal Rights Movement. 'Circle sentencing' began for Indigenous offenders in 2002 in New South Wales, and Murri courts and Aboriginal Community Courts were established in 2006 in Queensland and Western Australia respectively. The first drug court began operations in Sydney in 1999, and similar courts now sit in Victoria, Western Australia, Queensland and South Australia. And mental health courts, of which the ARC List (which I discuss later in this chapter) is one, can also be found in Queensland, South Australia and Tasmania.

Indigenous-specific sentencing courts adapt sentencing circle practices seen in Canada and New Zealand, and are among the first real acknowledgments by Australian criminal courts of the ways in which they've been complicit in the long colonial history of Aboriginal and Torres Strait Islander dispossession. They aim to address directly the sense of alienation with which many Aboriginal offenders experience not merely court systems, but also much of life. While they don't yet have room for victims, by slowing down the sentencing process Koori courts in Victoria, for instance, allow a more meaningful exchange between the offender and the magistrate. By sitting on specific days every month, the court can more readily coordinate with local services (drug and alcohol counselling; grief counselling; anger management and offender behaviour programs; education and training): when representatives of services are in the courtroom, it's much easier for magistrates to direct defendants to link up with them. And, crucially, by involving Elders from the local Koori community, the court offers opportunities for community re-engagement, pastoral care and genuine shaming that just doesn't happen in a classically structured court. Whereas a plea in a mainstream court might take five minutes, the same hearing in a Koori court may take up hour – or even longer.

Eighteen-year-old 'Clint', against the odds, had turned his life around upon learning that his girlfriend was pregnant. Before then, Clint's life reflected his upbringing of extraordinary abuse and neglect: he was stealing cars and knocking off hardware shops to support his ice habit. His own father had become estranged from the local community when himself a teenager, and a combination of group conferencing and Koori court offered Clint not just engagement with Koori-specific drug counselling and behaviour-change services, but also a reunion with his own community's Elders, who had never met Clint but could remember his father as a child. There were genuine tears, and not just from Clint.

Koori courts are often difficult emotional experiences for people pleading guilty to crimes, because they're asked to reflect on their behaviour and answer to their Elders – or are reintroduced to a community from which they've become estranged. They're also difficult for magistrates, who come down from the bench – which functions as a kind of emotional barrier to the effects their decisions cause offenders – to sit at the bar table directly opposite the defendant. Magistrates often say they find Koori court sitting days the most consistently challenging of all hearing days. 'I sweat buckets, and I finish completely emotionally drained,' one told me. Having sat on Koori courts since their inception, Clive Alsop of the Gippsland circuit can often be seen editorialising from the bench about their extraordinary benefits to anyone who may be listening.

Circle sentencing in NSW local courts goes a step further than Victoria's Koori courts by involving local Koori and Ngunnawal communities and Elders in decisions about how to sentence Aboriginal people who commit crimes. Victoria's Koori courts explicitly keep Elders out of sentencing decisions so that they can't be seen to have participated in a decision to imprison an Aboriginal person, though magistrates and Elders often discuss cases behind closed doors.

Again, though, these alternative sentencing models aren't magic solutions to the problems of criminality and dysfunction. Indigenous courts are notoriously open to the 'deep colonising' critique advanced by UNSW academic Deborah Bird Rose in 1996 to describe processes – like the granting of limited land rights – that ostensibly advance the cause of decolonisation, but whose effects in practice further the colonial project by incorporating merely the least threatening of the anti-colonialists' demands.

Whereas Koori courts are intended to incorporate limited aspects of Koori culture and community in an effort to address the overwhelming alienation experienced by many Indigenous people in the Victorian court systems, anecdotal evidence exists to suggest that they may have a divisive effect on some Koori communities. I've had many conversations with people who tell me they resent the insider/outsider divisions fostered by the court. 'Those Koori court Elders who sit there and don't do anything to stop us mob getting locked up,' one Gunai-Kurnai woman said to me, 'they're just as bad as them trackers a hundred years ago'. One man who has worked within the Koori courts told me he's concluded that it's just a 'sneaky whitefella way of getting Kooris through a racist system'.

The Koori court model is a specialist court incorporating aspects of restorative and therapeutic justice, but the court itself is established by people untrained in any therapeutic profession: a magistrate, a prosecutor, a corrections officer, a court officer and two community Elders. Where a problem-solving or therapeutic approach is required, sometimes the court runs off-course – and Koori courts have been known to lose patience when somebody comes back a second or third time without showing any improvement in their behaviour. Constructive shaming, which is one of the intended elements of Elder involvement in Koori courts, isn't always appropriate.

After her inadequate group conference, fifteen-year-old Angel hadn't begun to engage any more successfully with services that might be able to help her, in part because nobody yet had any real idea about what might be driving her to hang around twenty-something men with long criminal records. So when she was arrested again and brought before the Koori court, the Elders laid the shame, guilty and responsibility on thick. For an hour, they told her what a thorough disappointment she was to her family and to the community, what a disrespectful child she was, how much pain she'd put everyone through, and that they didn't think they had anything more to offer her. I watched Angel's face during this sixty-minute roasting. It was blank, as I imagined it was when her family laid into her for her various failings.

We later commissioned a psychologist to assess Angel. In his report, he noted her tendency to dissociate – to detach herself from her own emotional state – when the pain would otherwise be too intense. Had the court been more attuned to this psychological possibility – and Angel is hardly unique in this respect – it could have attempted to engage her in ways other than the failed strategies employed by her family. Following the Koori court hearing, I asked Angel how she felt. 'That talk doesn't scare me,' she said. 'I get it all the time and I just ignore it.'

BOCSAR's research into circle sentencing in New South Wales and other restorative justice sentencing practices has convinced Don Weatherburn that they don't work to reduce recidivism. (BOCSAR's findings about circle sentencing contradicts the assessments of Victoria's

Koori courts in reducing recidivism.) Indeed, Weatherburn makes a forceful argument in his latest book that spending on restorative justice practices such as conferences, sentencing circles and specialist Aboriginal courts actually diverts much-needed resources away from tackling criminality's true antecedents: dysfunctional families and peer networks.

Advocates of the Koori court model in Victoria counter Weatherburn's argument by pointing to the fact that there are therapeutic benefits to Koori court sentencing: the additional time allocated to sentencing discussions puts magistrates in more of a mood to consider sentencing options tailored to rehabilitative ends; Koori courts can take more of a pastoral interest in offenders by deferring their final sentence while they engage in pre-sentence rehabilitation programs; and because many of the Koori-specific services have representatives in court on allocated Koori court days, appropriate pre- and post-sentence options are more visible and available to magistrates than in mainstream court hearings, where a premium is placed on moving cases along quickly.

Aboriginal courts, drug courts, the ARC List and the Neighbourhood Justice Centre are all functioning examples of what's known as *therapeutic jurisprudence*. Unlike the classical criminal justice model, which is mostly concerned with establishing guilt or innocence and aims to punish on the offender's 'choice' to behave criminally, therapeutic jurisprudence accepts that certain kinds of disadvantage – drug dependency, mental illness and brain damage – are strikingly implicated in offending behaviour. Working on the assumption that criminality for dysfunctional people is a symptom of their dysfunction, therapeutically oriented courts aim to address that dysfunction with intensive intervention over a period of months or years.

Therapeutic jurisprudence can be seen in the design of a number of voluntary or court-ordered pre-sentence programs available through some courts in Western Australia (since 2003), Victoria (2004), South Australia (2006) and New South Wales (2009). The aim is to have offenders undergo intensive treatment and/or counselling for underlying drivers of criminal behaviour – drug and alcohol use, mental illness, homelessness – for months or even years before the court sentences them. Most of these programs are still in their pilot stages, so they aren't widely available, and where they are they're often chronically under-resourced: I was regularly told by CREDIT and Court Integrated Services Program staff in Victoria that intake appointments were many weeks away because of demand levels. But when they've been assessed, they've been shown to improve sentencing outcomes, reduce recidivism and generate strong support among all stakeholders.

The various drug courts, themselves based on experiments largely in the United States, operate slightly differently around the country. In Victoria, the drug court in Dandenong – a south-eastern suburb of Melbourne with a well-established illicit drug problem – was set up to monitor the progress in the community of drug-dependent offenders who would otherwise have been sentenced to prison. 'Alex', thirty-two, had at last been caught following a spate of about forty separate thefts from local hardware shops. He was extraordinarily open with police during his interview, and immediately admitted that his addiction to heroin had become unmanageable in the previous two months. Facing perhaps a year in prison, Alex opted into the drug court, where he was given an intensive calendar of tasks and appointments: urine tests on Mondays, Wednesdays and Fridays; counselling three times a week; job network activities once a week; community service once a week. The idea, as it is with all participants, was to give Alex something to do every day which would contribute to his recovery and rehabilitation. This was to go on for at least twelve months.

Alex was dealt with according to the drug treatment order's (DTO) system of carrots and sticks. Every appointment he kept would earn him a credit; every one he missed would incur a debit. Whenever the debit balance reached ten, he would spend a fortnight in prison before being released to the program again. This system recognised that within the first year of recovery, Alex, like many drug-dependent offenders, would go through good and bad patches. Whereas he would have been breached on his first or second bad patch had he been sentenced to an ordinary community-based order, the drug court allowed him to drop his bundle many times and start again.

Drug court is difficult, and many people drop out entirely and are sentenced to jail time, only to come out, reoffend and have a second go at a DTO. Many do better the second or third time around. I spoke to Alex a few times during his program. 'Shit, man, they just need to send me to prison for good: these appointments are too hard. Prison's much easier.' He persisted, though, and eventually did graduate. By that time he'd qualified (with lots of help) for public housing, he'd completed a TAFE course and was linked up with a Job Network provider. He'd also been completely clean for six months. None of this would have happened had he wasted that year in prison. Importantly, the community is at less risk of Alex reoffending.

Melbourne's ARC List is even more consciously 'problem-solving'. At each of its hearings, the magistrate sits at the bar table (as in Koori court) with members of the ARC List team – mainly psychologists and social workers. Also around the bar table are a police prosecutor, the offender's lawyer and, of course, the offender themself. Rather than focusing primarily on the offender's guilt or innocence, the court takes an approach akin to a case conference. There's much back-and-forth discussion between the magistrate and the ARC List team and the offender, and the emphasis is on giving the offender a voice and ensuring that his or her mental health or brain injury needs are being met. Like the drug court, the ARC List will see each offender regularly over a six- or twelve-month period. The idea is that if there's a mental illness component to the person's offending, arranging the proper diagnosis, treatment and management of that illness is the most important thing – more important, even, than finding a person guilty and punishing him or her.

I met 'Ollie' for the first time in the cells at the back of one of Melbourne's suburban police stations. Ollie didn't do much except stare at me and, every now and then, stand up and pace back and forth across his cell before sitting down opposite me again. The police told me he'd been robbing service stations for the past fortnight at a rate of four a week, and they couldn't get any sense out of him. But there was CCTV footage.

Our service had acted for Ollie before, and there were a couple of psychiatric reports on our files. They detailed a truly shocking history of trauma and childhood neglect. Had Ollie gone through the classical criminal justice model, there would have been a lot of argument as to his mental state at the time of each robbery: did he know enough about what he was doing, or was his psychosis so out of control that he shouldn't be held responsible for his actions? The ARC List removed the urgency from this line of inquiry, and instead focused on his behaviour and its link to his untreated schizophrenia and bipolar conditions. The problem to be addressed was less 'how to punish' than 'how to stop the offending'.

The Neighbourhood Justice Centre (NJC) in the inner Melbourne suburb of Collingwood is a classically oriented court with a difference. More accurately, the NJC is a community centre containing support services for Aboriginal and Torres Strait Islanders, refugees and newly arrived migrants, unemployed and homeless people, people who are drug- or alcohol-dependent, victims of crime and people with mental illnesses. In the same building, which is close to both the Hoddle Street and Wellington Street high-rise housing commission flats and the meeting places of the Koori and other Aboriginal 'Parkies', are financial and general counsellors, mediators, women's family violence workers, lawyers – and a magistrates court. The NJC court's therapeutic model is practical: if the court wants people to engage with services, then what better way to encourage that engagement than to have the services on-site? The NJC works hard to present itself as welcoming and inclusive, as a counter to other courthouses, which are very often intimidating and difficult to navigate.

The NJC began operations in 2007 and was modelled on the Community Justice Centre (CJC) in Red Hook, a neighbourhood of Brooklyn, New York. In 1992, two years after Red Hook had been named in *LIFE* as the 'crack capital of America', the principal of a local school was killed in crossfire. The CJC was established as part of a community-wide regeneration effort, and contains an array of services and programs aimed at helping people out of poverty, homelessness, drug use and mental illness – in other words, out of alienation and dysfunction and into meaningful participation in their community. The CJC reports that it's managed to reduce the use of jail by half. No doubt because of its dedicated model of follow-up and accountability, compliance rates with the CJC's orders are 50 per cent better than at comparable courts. It also claims broader social benefits, in terms of public trust in all aspects of the justice system, public support for the work of the court and lower levels of fear in the community generally.

These community models can also be useful in other aspects of society that use the classical punishment model, such as schools. Red Hook's CJC promotes an alternative, democratic form of communitarian punishment for problems of school discipline. Teenagers are trained as jurors, advocates and even judges, and teenage communities are thus encouraged to take responsibility for any conflicts themselves. The CJC also extends this 'youth court' model to low-level youth offending, thus diverting criminality away from the formal justice system and empowering communities of young people to resolve conflicts. Involving whole communities in this way tends to give them a stake in helping individuals by keeping them *in* the community – rather than rejecting them as 'bad apples' in an otherwise functional system, which furthers their alienation.

All of these alternatives to the classical model – from

forum sentencing to therapeutic justice – are much more resource-intensive than ordinary magistrates court hearings, and hence much more expensive. So where would the money come from? The CJC, and Collingwood's NJC, might be seen as early examples of the new buzz-phrase in reform: 'justice reinvestment'. 'Don't build new prisons,' the chair of the Texas House of Representatives' Corrections Committee, Jerry Madden, recalled being told in 2005 by the speaker of the house. 'They cost too much.' A particularly vigorous commitment to the punishment model by conservative Republican governments in many southern US states had resulted in spiralling prison numbers – and a catastrophic effect on state budgets. It forced many of them to think seriously about the economics of prison, and Madden, himself a Republican, helped devise a strategy in Texas that would see resources diverted from prison expansion into much cheaper, community-based crime prevention programs: education, counselling, social work. The US$500 million Madden had expected to spend on building three new prisons was ultimately diverted away – and Texas actually began to *close* prisons for the first time in decades. Not only were there less people coming into the prison system, there were also less people returning to it, after Madden and his fellow reformers also revamped both in-prison and parole-based rehabilitation programs.

The conservative British government began trialling its own justice reinvestment strategy in July 2011, which provided financial incentives for 'local partners' in six particular communities – Greater Manchester and five London boroughs – if they were able to 'reduce adult demand on criminal justice services by 5% or more and youth demand by 10% or more'. In other words, the British government tried to reincentivise prison economics. Whereas in the past prison authorities and associated agencies would have a perverse economic incentive to keep numbers in the prison system high (more prisoners leads to more funding for Corrections, and more profit for security contractors), the government's pilot program aimed to reverse that incentive by rewarding efforts at combating recidivism. At the end of the pilot's first year, the government paid out just over £3.6 million to four of the six pilot areas, which had not only met the program's criteria but also significantly outperformed the rest of the country.

'Social benefit bonds' (SBBs), recently trialled in New South Wales, are financial instruments which aim to attract private investors to the cause of justice reinvestment. Where service providers successfully generate more socially desirable outcomes using money provided by investors in SBBs, the government, because it considers that it has saved money that would have been spent on costly items like prisons and hospital beds in the future, is able to return a proportion of that saving to the SBB investors. There's plenty of scepticism about SBB schemes – many argue that the ethics of privatised justice are shaky at best, that pretending that such institutions as privately run prisons can ever be part of a solution is pure fantasy – but while the private sector continues to invest in justice, the pragmatic argument is that economic incentives should, where possible, encourage socially desirable investment rather than its opposite.

By keeping people out of prison, most of the forum sentencing and therapeutic models discussed in this chapter can be seen as examples of justice reinvestment. They're expensive, yes, but not as expensive as imprisonment. Where does the money come from? Prison budgets.

Another approach that can augment a therapeutic approach is *decriminalisation*, which may be appropriate for some offences, such as offences of poverty or drug-dependency. In 2001 Portugal went out in front of the rest of the world and dropped out of the US-led 'war on drugs'. The possession of illicit drugs such as marijuana, cocaine or heroin is now classed in Portugal as a misdemeanour, which puts the penalties in the vicinity of a parking ticket. People are allowed to have up to ten days' use of each drug in their possession before their possession is said to be trafficking (to which more traditional penalties are attached). Anybody found with less than that limit is directed to attend a 'warning commission on drug addiction' within three days. At the commission, the person is interviewed by a social worker, who reports on risk factors, as well as a psychologist and a lawyer. The commission can impose fines and community service, but it uses its powers sparingly, and doesn't, for instance, fine drug users whom it assesses to be dependent.

'Our most important duty is to invite people to participate in rehab,' one of the commission's lawyers told *Der Spiegel* in 2013. The doctor who heads up Portugal's national anti-drug program, João Goulão, pointed out that teenagers' use is decreasing, as are the rates of HIV infection among drug users, and that many more users are accessing rehabilitation. An assessment by a Washington-based libertarian think tank, the Cato Institute, after five years of Portugal's decriminalisation also found fewer drug-related deaths and HIV infections. Meanwhile, drug usage across Europe remains much higher than in Portugal. Demonstrating the benefits of justice reinvestment, Portugal is pulling money out of the criminalisation of drug use – prisons and policing – which frees it up to make greater efforts in prevention and rehabilitation.

Punishment is a common outcome for any drug-related charge in Australian courts, though Queensland courts can deal with first-time cannabis offenders in a way similar to Portugal. It's explicitly not 'decriminalisation', but Queensland's program does aim to divert people who are charged for the first time with the use or possession of cannabis from the formal court system. Indeed, diversionary programs are common around the country for first-time offenders who come before magistrates courts on low-level charges of many kinds. In Victoria, for instance, a first-time shop thief might have their charge struck out if they compensate and apologise to the victim.

WHY SO LIMITED?

On one view, the fact that such innovative practices as sentencing conferences, therapeutic justice and justice reinvestment have existed for fifteen years is a further indictment on the system that supports the classical justice model. These innovations work, either to reduce rates of offending (and reoffending), to reduce the alienation felt by many offenders and victims, or simply to save the state money over both the short and long terms. So why aren't governments all over Australia embracing these ideas?

The appetite for 'law and order' policies – lock them up and throw away the key – is still very strong here. The populist politics of outrage is much easier than promoting rational debate – even when diverting offenders from prison would achieve two of the outrage brigade's ostensible objectives: a reduction in the crime rate, and a reduction in the amount we spend on criminal justice. As things stand, politicians and media organisations still have a very big interest in promoting the 'law and order' politics of punishment and prisons.

As an undergraduate student in Adelaide, I completed a badly written report for a sitting member of South Australia's parliament on the follies of the prevailing 'tough on crime' approach to justice policy, which then appeared to have infected both the governing Labor Party and the Liberal Party opposition. 'It's very easy to avoid going to prison,' then premier Mike Rann had told reformers urging the replacement of the notoriously run-down women's jail. 'Don't commit the crime.'

For the previous three years, politicians and the local tabloid media had run hot with the story of newsagent proprietor Geoffrey Williams, who lost an eye when he was shot by nineteen-year-old Paul Nemer. A student enrolled in the same commerce faculty as I was, Nemer had responded to a distress call from two girls who believed they were being stalked by a man driving a white van. When Nemer arrived on the scene and saw the van, he shot at the driver with a gun he'd collected from his parents' house. The driver turned out to be Williams on an early-morning paper round.

When Nemer was originally sentenced by way of a suspended prison term, which meant that he stayed out of jail, Adelaide erupted in outrage. There was no restorative justice conferencing available at the time, and Williams became – and remained – a symbol of sustained fury. Attorney-General Mike Atkinson requested the Director of Public Prosecutions to appeal the sentence. Nemer, twenty-one years old with what the Chief Justice of the appeal court described as a 'good record', was then jailed for nearly two years. The report I wrote truly was terrible, but that wasn't the only reason my supervising parliamentarian told me it was useless to him. 'There's just no fucking way anybody's going to listen to anything other than lock-him-up talk on this one,' he told me. 'It's not worth making any noise about whatsoever.'

Before the Victorian state election of 29 November 2014, the governing Liberal Party was promising to keep 'getting tougher on crime and anti-social behaviour', and proudly emphasised its record of abolishing suspended sentences and home detention ('jail means jail') and deploying 1817 more police officers. The Labor Party, from opposition, promised to put even more police officers on the streets, and to increase the penalties for trafficking or manufacturing ice.

Nowhere is the 'tough on crime' ideology so strong as in the area of sexual crime against children. There's a furious debate among professionals and in the community as to how best to deal with people who commit these crimes. In many cases, the solutions proposed both by proponents of the punishment model and by proponents of the Erewhon model (which would treat child sex offenders as sick rather than evil) are substantially the same: lock them up to contain them, to keep them away from potential victims.

This is because very few of us have confidence in any form of treatment for paedophilia and hebephilia (unlawful adult sexual attraction to, respectively, pre-pubescent and adolescent children). At one end of the Erewhon spectrum are those who believe that paedophilia in particular is untreatable – they argue that it's a sexual preference, much like heterosexuality or homosexuality, albeit one that the modern state and society has determined, since about the seventeenth century, to be illegal. If paedophilia is a preference, then efforts to 'correct' it – like similar efforts with respect to other preferences different communities define as transgressive, such as 'conversion therapies' for homosexuality in some extremist religious communities – are likely to be unsuccessful.

But there are programs which report success in helping paedophiles to not reoffend. One was SafeCare in Perth, which was originally set up to offer counselling services to victims of intra-familial child sexual abuse, and between 1999 and 2008 also offered treatment to offenders and potential offenders. Another was Cedar Cottage in New South Wales, which worked until September 2012 as a pre-sentence diversion program for first-time child-sex offenders. To be accepted into the Cedar Cottage program, offenders had to plead guilty – but rather than be sent to prison, they lived in the community under close monitoring and with conditions of regular reporting and intensive therapy.

A team at Charles Sturt University tracked 172 male intra-familial offenders who had been referred to Cedar Cottage between 1989 and 2003, and observed their reoffending, if any, during an average of just over nine years post-treatment. Just over half had been ultimately accepted into the program, and their reoffending rates were compared with those whose entry had been declined. The researchers found that intra-familial offenders who had been diverted from prison were less than half as likely to have reoffended sexually since exiting the Cedar Cottage program (when compared with those who hadn't been accepted), and that none of those who had reoffended sexually had committed a crime against a child.

But in each case, the election of a Coalition government – in 2008 in Western Australia and 2011 in New South Wales – meant the end of the respective program. 'I don't believe that the community accepts the Cedar Cottage as reflecting the community's attitude and that's why we shut it down,' New South Wales' new attorney-general, Greg Smith, told the ABC in 2011. In other words, Smith believes that child-sex offenders should go to jail, not community-based diversion, even though the fifteen-year assessment of Cedar Cottage found that it was much more successful than prison at reducing the risk of recidivism and was also much more cost-effective. Smith's simplistic application of the punishment approach will mean more recidivism among child-sex offenders when they leave prison, and hence more victims.

But like SafeCare, Cedar Cottage wasn't just about the offenders. The cottage also arranged for victims and their family members to receive counselling for as long as they needed it. The ABC's *Background Briefing* won a Walkley Award in 2013 for Sarah Dingle's report on sexual abuse within the family. In it she spoke with both 'John' – a man who had been referred to the cottage – and with his victim, who is also his teenage daughter 'Clementine', and her mother (and John's ex-wife), 'Francis'.

Both Clementine and Francis told Dingle the therapy

offered by the cottage was hard work, but they wouldn't have gotten through without it. At the time the report was aired in 2013, they were distressed at the prospect of the cottage's impending closure. 'My daughter said to me, "What am I supposed to do? I thought I was doing something right?"' said Francis. 'I felt like saying, "Yeah, you were doing the right thing." She said, "Well, why are they doing that for?" I'm like, "Well, because they focus on the crime and not the behavioural change."'

Cedar Cottage challenged what is now the conventional public thinking on sexual abuse and paedophilia. John had groomed both Clementine – from a very young age – and Francis, whose own response to John's controlling behaviour was to avoid their home. John abused Clementine for most of her pre-pubescent childhood, and she only disclosed it – to a friend and then to a school counsellor – when she was about twelve. John's pattern of offending realises the worst of our society's current fears about intra-familial child sexual abuse; our conventional thinking holds that John should have been jailed – ideally for decades – and that Clementine should have been unimaginably and irredeemably damaged.

Clementine was thirteen when her family began the Cedar Cottage program. Initially, she had no contact with John. Four years later, they'd begun to spend supervised time together. Clementine *had* been profoundly hurt – tragically, she began self-harming – but Francis told Dingle that 'what saved Clementine's life were the answers provided by John through therapy'. Part of Cedar Cottage's approach was to force offenders to write letters owning up to what they'd done, and to make themselves available to answer any questions their victims had. And that was only possible because the cottage diversion program had taken jail off the table in exchange for John's cooperation with two years of intensive therapy. Unlike the prosecute-and-punish model of the classical justice system, the Cedar Cottage diversion program privileged healing and truth-telling – something like the truth and reconciliation commissions in South Africa and many other countries.

The approach of the Coalition governments in both New South Wales and Western Australia does not take victims seriously. Rather, it locks them in their ruptured relationships with their abuser, encouraging offenders to deny wrongdoing through court procedures which, because the high penalties discourage guilty pleas, require child victims to submit themselves to cross-examination, which we know can exacerbate their existing trauma. The disincentives built into the classical justice model for victims generally – cross-examination, public embarrassment, the possibility of non-conviction – are intensified for the victims of sex crimes, especially children.

As the Centre for Innovative Justice points out, 'the prosecution process was developed to ensure a fair process and to test the Crown's case against an accused, rather than to directly address the harm caused to victims'.

Warehousing child-sex offenders in jails for years is a punishment-at-all-costs approach that denies the possibility of the kind of healing for victims who need answers, however imperfect they might be.

The first of the Centre for Innovative Justice's federally commissioned reports to be completed, in May 2014, was its investigation into 'pathways to better outcomes' for victims, offenders and the community faced with sex crimes. Against much of the prevailing discourse surrounding sexual offending, it looked at various possible innovations. It found that restorative justice approaches (such as the process described in Williamson's *Face to Face*) to sexual offending 'are markedly limited in Australia', with the exception of South Australia's youth justice conferencing and aspects of the now-defunct Cedar Cottage approach. New Zealand, on the other hand, 'has a sophisticated, embedded and legislatively supported restorative justice conferencing program for both young people and adults, with no sexual offence exclusions', and which appears to achieve desirable outcomes for both victims and offenders in sexual abuse cases.

The centre also looked at the possibility of specialist 'problem-solving' courts – like the drug courts and Melbourne's ARC List – for sexual offending (these already exist in the United States and South Africa), and 'truth-telling' mechanisms. The overall impression given by the report is that, in comparison with some other parts of the world, most Australian governments haven't thought very deeply about how best to deal with victims and offenders in sex crime cases, and too often hide behind the traditional prosecute-and-punish model – which rarely results in justice for anyone.

The report includes a 'how-to' guide for governments serious about implementing innovative approaches like restorative justice. Although the focus of this book is on magistrates courts, where offences are low-range and where innovative procedure and sentencing can be experimented with, the Centre for Innovative Justice report on sexual offending suggests that some or many of the above innovations may be appropriate even for the more serious crimes that are currently sentenced in higher courts – where prison is currently a much more common outcome.

Of course, none of the alternatives discussed in this chapter are guaranteed to rehabilitate offenders or offer total satisfaction to victims. The Centre for Innovative Justice's report lists plenty of reasons its recommended innovations might not work in some or many sexual offence cases, including the preparedness of victims to participate in restorative conferences. One of the biggest potential problems is when the facts are genuinely in dispute. This is the problem traditional courts attempt to solve. But because the classical justice model emphasises punishment as the agent of behaviour change, it contains an in-built incentive for offenders to try to beat their charges.

The classical model assumes that the deterrent value of punishment is correlative with its severity, but research suggests that it's the possibility of getting caught at all that has the greatest deterrent value. So taking prison off the table is unlikely to mean that alternative punishment – such as the gruelling rehabilitation required by Cedar Cottage or the Victorian drug court – loses its deterrent effect. By taking traditional punishments off the table, at least in exchange for participation in therapy and other procedures aimed at addressing underlying causes of behaviour that harms or potentially harms others, the system may encourage a lot more 'guilty pleas' than it currently does for serious crimes – and it may also contribute to the resolution of the kinds of problems that see low-level offenders return again and again to magistrates courts.

My claim is simply that the more restorative, the more therapeutic and the less punishment-focused our criminal justice system becomes, the better we'll be at prevention, at rehabilitation and at reducing alienation among both offenders and victims. Sanctions like prison would then be reserved for the 'worst of the worst' – those for whom containment is the best option.

CHAPTER 6
CONCLUSIONS

When 'Cheryl' called 000 she was hysterical. 'It's Wayne, he's my husband, he's gone berserk,' she cried into the phone line. She was hyperventilating, shouting and sobbing uncontrollably. 'He belted me and he choked me.' She eventually told police that Wayne had been sleeping when she'd returned home. He demanded to know where she'd been, and when she didn't give him the answer he wanted, he punched her in the face and strangled her. She believed he was affected by drugs.

Wayne had five months owing on parole, which was immediately revoked. When I met him for the first time he was in one of Victoria's prisons. He was teary and earnest. He considered that he'd been doing relatively well on parole, a point later confirmed by his parole officer. He didn't deny having an argument with Cheryl but he did deny hitting and strangling her, and he said he wasn't using. The toxicology reports were on his side, and there wasn't any bruising on Cheryl's face. He instructed me to contest those charges.

Even if he was eventually acquitted of all charges, in part due to the time it takes to progress contested matters through the court system, Wayne would very likely still have had to complete the sentence for which he'd earlier been paroled before beginning any sentence – or even being bailed – on the new charges.

Wayne was desperate to get out. After a period of initial reluctance, while on parole he'd been attending an anger management program, at least two voluntary men's shed groups, and had been asked to mentor a Koori teenager who'd begun to get into trouble with police. Now all of that had stopped. Each time we spoke, he told me of his efforts to secure some ongoing counselling inside prison – but he kept being moved around inside the overcrowded prison network. Each time he went somewhere new, he'd go to the bottom of the list for programs.

I met Cheryl at the first court appearance when she specifically sought me out. She wanted to withdraw the complaint. I directed her to another lawyer, and later discussed this with police. They weren't going to drop the charge just because Cheryl had now decided not to proceed; they still had the 000 call and her initial statement. What they didn't have was any evidence of bruising.

Cheryl attended court each time Wayne was due to make an appearance, hoping she'd see him. Each time, she was crying and apologetic. Since Wayne had been taken back inside, she'd had no help with their children, and she was missing Wayne's Centrelink income, which helped with rent.

I can't know whether Cheryl's or Wayne's version of what happened the night she called 000 is the more accurate one. Keeping in mind the possibilities of battered person syndrome and that Cheryl might have feared a reprisal attack from Wayne upon his eventual release, what I became reasonably sure of was that whatever help Cheryl needed on that night, having Wayne incarcerated wasn't it. Ironically, child protection officers were now telling her that they had felt more comfortable when Wayne was around: although he had a history of violence, his influence had recently been assessed as a positive one.

Wayne broke the law, at least by committing a verbal assault, and at worst by choking her. He was on parole. It's easy to throw one's hands up at that point and call Wayne a 'villain', and to demand, on behalf of Cheryl (while not actually listening to her concerns), that he go back to jail. As it happened, his earlier sentence expired before the new charges were sorted out, so Wayne was transferred back to a remand prison, where there are no rehabilitative courses on offer. Notwithstanding the thin police case in the absence of bruising, an application for bail was refused on the grounds that he'd previously breached parole. At that point Wayne began instructing me to plead guilty so that he could at least begin serving his sentence in a proper jail.

'I think I've made a huge mistake,' Cheryl told me more than once. I understood that to mean that she regretted having called 000 that night. I've heard the tape of that phone call, and she sounded genuinely terrified to me. Cheryl did what she had to do, what we would hope that everyone in fear of being hurt by someone else would do: she called for help. But what she got wasn't help. What she got was a system determined to follow its own rules, regardless of the consequences for Cheryl and Wayne and their family. What she got was a system determined to punish rather than problem-solve.

I identified in the Introduction four problems with the classical criminal justice model which badly need addressing. Does prison address them? Not really. It doesn't rehabilitate – at least, not on a population-wide basis, and certainly not in a cost-effective manner. It punishes on the basis of the offender's agency, and then denies them agency for the months or years of their incarceration before returning them to the community, where they're expected to establish themselves at an immense disadvantage. In the parliaments' and courts' determination to treat everyone 'equally', we now imprison Indigenous people at a higher rate than we did at the time the Royal Commission into Aboriginal Deaths in Custody reported in 1991. And the method of punishment prison imposes – highly disciplined incarceration in a constructed community made up purely of other offenders and authoritarian guards – works to further any alienation, dysfunction and social exclusion that may have driven each offender to the prison gates.

What about community-based orders of the kind all jurisdictions have adopted since the 1970s: do they work any better to prevent reoffending? Even though they're chronically under-resourced, even though the punishment objective often gets in the way of their rehabilitative agenda, they clearly do work better than prison – and even if they were adequately resourced, they'd still be much more cost-effective than prisons. But they also maintain an excessive focus on punishment, free will and personal responsibility.

Do our traditional forms of punishment help victims? They may, in some or in many cases, but only on a superficial level. Even if it once helped victims to inflict pain and suffering, even death, directly on their aggressors as an expression of their 'will to power' – and that was well before a time such things were measured, so we can't know whether that did help – the punishment of offenders by fining or jailing them or subjecting them to a community-based order doesn't really do very much for the victim except satisfy a temporary desire for retribution, and perhaps, in the case of imprisonment, the need for a victim to feel safe. But what might help victims more substantively is counselling, treatment, compensation (where possible) and the opportunity to confront the offender in a controlled and safe environment. In an environment like that provided by conferencing, with a good convenor, there's even the possibility that the victim can work through a lot of that 'will to power' and then move beyond it.

It's worth asking some radical, even fundamental questions about punishment. If we were truly prepared to accept what the evidence tells us about punishment, imprisonment and its costs, recidivism and what drives people to commit criminal offences, and if we truly committed ourselves to solving the problem of criminality, then we might ask the question: in cases where the offending is clearly a *symptom* of some deeper driver of criminal behaviour, should we even 'punish' at all?

The will to power – our desire to punish someone who's harmed us or benefited in some way from illegal conduct – is understandable. Millennia ago it was expressed by victims themselves, who were allowed to inflict whatever harm they wanted on those who had offended against them. Then it was limited by the early state to 'an eye for an eye', which required proportionality in the victim's response. Then punishment became the sole prerogative of the modern state when it claimed a monopoly on violence. Is it so difficult to imagine that victims' will to power could be worked out entirely through a conferencing model such as that proposed by TJA? What if the requirement that punishment be inflicted on all wrongdoers – as opposed to only on the truly culpable, leaving *containment* for the worst and *rehabilitation* (or 're-socialisation') for the vast bulk of offenders – is one of the main impediments to a truly 'problem-solving' approach to criminal justice? Is it, therefore, part of the problem rather than the solution?

This is a truly radical idea whose time has not yet, and may never, come. Perhaps it is, as I believe, a logical extension of thinking rationally, empirically, imaginatively and ethically about crime and criminal justice – or perhaps it isn't. But it's at least worth posing the question.

We have a choice. We can keep getting tougher on the people who commit criminal offences and send more of them to prison. There is certainly some powerful resistance to change, fed mostly by people and groups who benefit from the punishment approach – at the expense of everyone else. Private prison and security contractors who will continue to spend as little as possible on rehabilitative services until they're properly incentivised by governments. Tabloid TV, radio and newspaper companies that have long known the commercial value of a fearful audience and hysterical campaigns. Unethical politicians and political parties who chase votes by following the media companies into moral panic after moral panic, against the evidence.

We know that choosing the classical punishment path involves channelling greater proportions of public budgets into justice and corrections systems, which increases public debt or reduces the amount of money available to spend on other public goods like education, health and infrastructure – or both. We know that we get very little return on our 'investment' in more prisons. And we tend to not appreciate the dividend: a growing population of ex-prisoners who can't get work, can't access proper services and whose children are denied a decent start.

Or we can take the lessons of justice reinvestment on board. If criminality is a *symptom* of disadvantage and dysfunction, then it makes more sense to spend big on tackling disadvantage and dysfunction instead of spending even bigger on courts and prisons down the track. Together with police, the magistrates courts represent the key to the reform of the criminal justice system. They are the points at which offenders come into contact with the system, and so they represent the best opportunities for change. The pilot programs of the past decade or so, some of which I described in Chapter 5, must be extended. Governments must be encouraged to see their expense not just in 'direct' terms – in simple dollar amounts, they do look very expensive – but as relatively cheap ways of 'saving' a much more expensive 'punishment churn' down the track.

Most of my clients at the Victorian Aboriginal Legal Service needed basic things: a home, social inclusion, to be taken seriously as victims of truly immense disadvantage. What they didn't need was alienating blame and evidence-free punishment, which simply made them even angrier or even more depressed, and which erected even more solid barriers between them and meaningful participation in their society.

Ultimately, the problems in the criminal justice system and in the magistrates courts are social problems. They require social solutions. We need to be realistic about the fact that the vast majority of people appearing in magistrates courts are not comic book villains, intent on doing evil. They're people who are genuinely struggling with, often, several forms of major disadvantage. For most, criminality is a symptom that points to this disadvantage – which is really a failure by the entire society, and one that society has a responsibility to address.

ACKNOWLEDGMENTS

Thank you:

To Chris Feik, Morry Schwartz, Julian Welch, Nikola Lusk and the team at Black Inc. They have been thanked often for extending opportunities to unpublished writers, and here they're thanked once more. They were able to do incredible things with the first 'draft' they received from me; any cogency and readability in these pages is at least 90 per cent their doing.

To His Honour Chief Judge Michael Rozenes QC and His Honour Judge Frank Gucciardo of the Victorian County Court, His Honour Mr Clive Alsop and Her Honour Ms Fiona Hayes of the Victorian Magistrates Court, Rob Hulls and Mary Polis of the Centre for Innovative Justice at RMIT, and the anonymous others who generously gave up their time to talk to me during this book's preparation.

To the staff of the Victorian Aboriginal Legal Service, who taught me everything I know about the law during my brief time there, and whose daily struggle for Koori justice was and is truly heroic: I had intended to list everyone here but there are too many of you to fit on the page. To Jill Prior and the late Wayne 'Swisha' Bell in particular: a thousand books would not make the difference you've made to the way the justice system works in Victoria.

To my friends, for the support you give me (and for your tolerance of my long silences). To Mum, Grandma and Stuart, and to Dad: I'm so incredibly grateful.

And to Thy, my editor of first and last resort, my 'partner in crime': without your love and unwavering support this book, and my life, would be much diminished.

NOTES

INTRODUCTION

1   'Our penalties are a joke': *Herald Sun*, 2014, 'Hot topic: Readers at heraldsun.com.au are demanding to know why "one punch" doesn't lead to jail', *Herald Sun*, 4 November.

1   'the bus's CCTV camera picked it up': Tom Minear, 2014, 'Sickening CCTV shows the moment a young thug king hits a grandfather who asked him to turn his music down', *Herald Sun* website, 3 November.

1   'He also lost four teeth': Melissa Townsend, 2014, 'Grandfather attacker walks free from Dandenong Magistrates' Court', *Dandenong Leader (Herald Sun)*, 14 October.

3   'he criticised the leniency': Greg Barns, 2007, 'Bolt and Victorian magistrate Greg Connellan', *Crikey.com.au*, 6 December.

6   'Research has been done': Beginning with Anthony Doob and Julian Roberts, 1983, *Sentencing: An Analysis of the Public's View of Sentencing*, Department of Justice Canada, Ottawa.

8   'a "travesty of justice" and "manifestly inadequate"': Melissa Townsend, 2014, 'Victim forgives bus basher, but no jail

sentence "manifestly inadequate"', *South East Leader (Herald Sun)*, 20 October.

8 'The *Herald Sun* has the largest circulation': Roy Morgan, 'Australian newspaper readership, 12 months to June 2014', www.roymorgan.com/industries/media/readership/newspaper-readership.

8 'Most people get most of their information': Karen Gelb, 2006, *Myths and Misconceptions: Public Opinion versus Public Judgment about Sentencing*, Sentencing Advisory Council, Melbourne, pp. 15–16.

9 'Minimum sentences for various offences in Queensland, the Northern Territory and Victoria': Queensland: Irish Bentley Lawyers, 2013, 'Bikie laws: An explanation of the tough new legislation', www.irishbentley.com.au/2013/12/06/bikie-laws-explanation-tough-new-legislation; Northern Territory: Andrew Thompson, 2013, 'Mandatory sentencing regime draws more flak', ABC News, 15 February; Department of the Attorney General and Justice (NT), 'Fact sheet: *Sentencing Amendment (Mandatory Minimum Sentences) Act 2013*', Northern Territory Government, 22 March 2013; Victoria: Stephen Gray, 2013, 'Serious injury and gross violence in Victoria', *Alternative Law Journal*, Vol. 38, No. 2, p. 132.

9 'a "loophole" in was closed in Western Australia': Ashlee Mullany, 2013, 'WA mandatory sentencing laws to be tightened', *PerthNow.com.au*, 3 December.

9 '"one-punch" assaults causing death': New South Wales: Barry O'Farrell, 2014, 'Lockouts and mandatory minimums

to be introduced to tackle drug and alcohol violence', media release, 21 January. Victoria: John Anderson, 2014, 'Mandatory sentences can't deliver justice or stop one-punch killings', *The Conversation*, 22 August.

9   'to tighten laws surrounding bail and parole': See, for example, Nick Dole, 2014, 'Bail laws toughened in NSW to hold defendants deemed "unacceptable risk"', ABC News, 5 August.

10   'the jail population is soaring': Nick Evershed, Oliver Milman, Helen Davidson and Joshua Robertson, 2014, 'Jail rates soar in states and territories, statistics show', *theguardian.com/au*, 12 December.

10   'the number of full-time prisoners across Australia': ABC News, 2014, 'Australian jail populations rise as full-time imprisonment rates soar, ABS figures show', 17 June.

10   'Prisons in nearly every state and territory': Sean Rubinsztein-Dunlop, 2014, 'Australia's prison system overcrowding to bursting point with more than 33,000 people in jail', ABC News, 3 July.

11   'Indigenous people, who make up more than a quarter of Australia's prison population': Australian Bureau of Statistics, 2013, *4517.0 - Prisoners in Australia, 2013* (subsection: 'Aboriginal and Torres Strait Islander prisoners'), 5 December.

11   'She was homeless at the time': Paige Taylor, 2012, 'The clever girl who became a "rough sleeper"', *The Australian*, 27 December.

11   'an eighteen-month sentence': Lorna Knowles, Sam Clark

and Mazoe Ford, 2014, 'Aboriginal death in custody prompts call for minor traffic offenders to be kept out of jail', ABC News, 10 September.

11 'a 22-year-old Yamatji woman': Caitlyn Gribbin and Dale Owens, 2014, 'Ms Dhu death: Family distressed by details of WA lockup death amid calls for urgent inquiry', ABC News, 30 October.

11 'declared medically fit for custody': Paige Taylor and Michael McKenna, 2014, 'Two years and no report on death in custody of Aboriginal woman Maureen Mandijarra', *The Australian*, 12 September.

11 'Ms Dhu had refractured ribs': Helen Davidson, 2014, 'Death in custody of Ms Dhu: Calls for a fresh Indigenous royal commission', theguardian.com/au, 22 October.

12 'would very likely have prevented these deaths': Elliott Johnston, Patrick Dodson, D.J. O'Dea, J.H. Wootten and L.F. Wyvill, 1991, 'Recommendations', *Royal Commission into Aboriginal Deaths in Custody: National Report*, www.austlii.edu.au/au/other/IndigLRes/rciadic/national/vol5/5.html.

12 'number of deaths in Australian jails': Don Weatherburn, 2014, *Arresting Incarceration: Pathways out of Indigenous imprisonment*, Aboriginal Studies Press, Canberra.

12 'a consequence of skyrocketing imprisonment rates': *Royal Commission into Aboriginal Deaths in Custody, National Report*, vol 1, 1.3.1–1.3.2: 'The work of the Commission has established that Aboriginal people in custody do not die at a greater rate than non-Aboriginal people in custody.

However, what is overwhelmingly different is the rate at which Aboriginal people come into custody' (www.austlii.edu.au/au/other/IndigLRes/rciadic/national/vol1/12.html). See further: Chris Cunneen, 2011, 'Punishment: Two decades of penal expansionism and its effects on Indigenous imprisonment', *Australian Indigenous Law Review*, Vol. 15, No. 1, pp. 8–17.

12 'the problem we'd all like solved': Rob Hulls, 2014, 'Jailing the victims continues cycle of disadvantage in justice system', *Herald Sun*, 27 October.

12 'the role choice plays in committing offences': Christian O'Toole, 2014, 'Dad paid for poor choice', letter, *Herald Sun*, 4 November.

Chapter 1: Court

26 'the recorder creates an impression of openness': Richard A. Leo, 2009, *Police, Interrogation and American Justice*, Harvard University Press, Boston, p. 3.

30 'cuts even the Productivity Commission wanted reversed': Alexandra Fisher and Steven Schubert, 2014, 'Indigenous legal aid cuts in federal budget should be reversed, Productivity Commission says', ABC News, 5 December.

40 'the expediency of pleading guilty': On the factors which have traditionally operated to pressure Aboriginal people into pleading guilty, see Diana Eades, 'Language and the Law: White Australia v. Nancy', in Michael Walsh and Colin Yallop (eds), 1993, *Language and Culture in Aboriginal Australia*, Aboriginal Studies Press, Canberra, pp. 181–90.

40 'The system rationalises the "early plea discount"': Sentencing Advisory Council (Victoria), 2007, *Sentence Indication and Specified Sentence Discounts: Final Report*, Sentencing Advisory Council, Melbourne, p. 35.

Chapter 2: Disadvantage

49 'the popularity of the serial killer': Philip L. Simpson, 2000, *Psycho Paths: Tracking the serial killer through contemporary American film*, Southern Illinois University Press, Carbondale, p. xii.

52 'Mostly, offenders are young': Australian Institute of Criminology, 2013, *Australian Crime: Facts & Figures: 2013*, Australian Institute of Criminology, Canberra, chapter 4.

53 'The offender is also likely to be male': Australian Institute of Criminology, *Australian Crime: Facts & Figures: 2013*, chapter 4.

53 'the rapid increase in girls and young women': See Andrew Koubaridis, 2014, 'Arrests of women in NSW are rising and now at a faster rate than men', *News.com.au*, 30 May.

53 'well over half consistently test positive': Australian Institute of Criminology, *Australian Crime: Facts & Figures: 2013*, chapter 4.

53 'the National Drug Strategy Household Survey found': Australian Institute of Health & Welfare, 2011, *2010 National Drug Strategy Household Survey Report*, Drug Statistics Series, No. 25, Australian Institute of Health and Welfare, Canberra, p. xii.

53 'up to three-quarters of all assaults': Anthony Morgan and

Amanda McAtamney, 2009, *Key Issues in Alcohol-Related Violence: Research in Practice No 4*, Australian Institute of Criminology, Canberra.

53 'what research does exist confirms': See, for example, Jason Payne and Antonette Gaffney, 2012, 'How much crime is drug or alcohol related? Self-reported attributions of police detainees', *Trends and Issues in Crime & Criminal Justice*, No. 439, Australian Institute of Criminology, Canberra.

53–4 'offenders have much less formal education': Australian Institute of Criminology, *Australian Crime: Facts & Figures: 2013*, chapter 4.

54 'derived their income primarily from Centrelink': Australian Institute of Criminology, *Australian Crime: Facts & Figures: 2013*, chapter 4.

54 'had been homeless in the previous month': Australian Institute of Criminology, *Australian Crime: Facts & Figures: 2013*, chapter 4.

54 'had been diagnosed with a mental illness': Australian Institute of Criminology, *Australian Crime: Facts & Figures: 2013*, chapter 4.

54 '42 per cent of that state's male prisoners': Julia May, 2014, 'Every second prisoner has brain injury', *The Age*, 29 June.

55 'Offenders tend to have offended before': Australian Institute of Criminology, *Australian Crime: Facts & Figures: 2013*, chapter 4.

55 'people identifying as Aboriginal or Torres Strait Islander accounted for': Australian Bureau of Statistics, 2014, *4519.0 - Recorded Crime - Offenders, 2012-13* (subsection: 'Aboriginal

and Torres Strait Islander Offenders), 27 February.

55 '*twenty-four times* more likely to be incarcerated': Steering Committee for the Review of Government Service Provision, 2014, *Overcoming Indigenous Disadvantage: Key Indicators 2014 Report*, Commonwealth of Australia, Canberra, p. 1.

56 'the underclass is made up of people with "multiple and complex needs"': John Welshman, 2006, *Underclass: A history of the excluded, 1880–2000*, Hambledon Continuum, London, p. 4.

56 'leaving children in the abjectly inadequate "care" of ill-equipped parents': Jeremy Sammut with Toby O'Brien, 2009, *Fatally Flawed: The child protection crisis in Australia*, Centre for Independent Studies Policy Monograph 97, Centre for Independent Studies, St Leonards.

57 'crime rates seem to have declined': Andrew Leigh, 2013, *Battlers and Billionaires: The story of inequality in Australia*, Black Inc., Melbourne, p. 100.

58 'By forms of disadvantage': Adapted from the *Left Out and Missing Out: Towards the new indicators of disadvantage* project, an ARC-funded collaboration between the Social Policy Research Centre and Mission Australia, ACOSS, the Brotherhood of St Laurence and Anglicare. See, for example, Peter Saunders, Yuvisthi Naidoo and Megan Griffiths, 2007, *Towards New Indicators of Disadvantage: Deprivation and social exclusion in Australia*, Social Policy Research Centre, University of New South Wales, Sydney.

58 'Laws that directly criminalise poverty': *Summary Offences Act 2005* (Qld) s 8; *Summary Offences Act 1953* (SA) s 12;

Police Offences Act 1935 (Tas) s 8(1)(a); *Summary Offences Act 1966* (Vic) s 49A(1).

59 'he can't stop people from being homeless': Carol Nader, 2010, 'Abbott's tough love not their cup of tea', *Sydney Morning Herald*, 16 February.

59 'there hasn't been much research': Dennis Challinger, 1988, *Stop Stealing from Our Shops: Retail theft in Australia*, National Retail Crime Prevention Council, Canberra, pp. 68–81.

60 '"incompatible with the right to social security"': Parliamentary Joint Committee on Human Rights, 2014, *12th Report of the 44th Parliament*, 24 September, p. 73.

63 'which can only be committed "in public"': *Crimes Act 1900* (ACT) s 392; *Summary Offences Act 1932* (NT) s 4; *Summary Offences Act 1988* (NSW) s 4; *Summary Offences Act 2005* (Qld) s 6; *Summary Offences Act 1953* (SA) s 7; *Police Offences Act 1935* (Tas), ss 12, 13; *Summary Offences Act 1966* (Vic) s 17(1)(d); *Criminal Code* (WA) s 74A.

63 'Being drunk in public': *Summary Offences Act 1966* (Vic) ss 13–15; *Summary Offences Act 2005* (Qld) s 10.

63 'arrested and detained for up to four hours': *Police Offences Act 1935* (Tas) s 4A.

63 '"the total arrests of Indigenous people in Victoria"': Gardiner and Mackay, 1998, 'Indigenous People Arrested for Public Drunkenness', *Indigenous Law Bulletin*, Vol. 4, No. 13.

63 'prompted the commission in the first place': Dodson et al., *Royal Commission into Aboriginal Deaths in Custody: National Report*.

63 'Public drunkenness may account for a quarter': Australian Bureau of Statistics, 2006, *4715.0 National Aboriginal and Torres Strait Islander Health Survey 2004–2005*, 11 April.

65 'Thomas Niedermayer was kidnapped and killed': Joe Duffy and Ciaran Cassidy, 2013, 'A knock at the door', *Documentary on One*, Radio RTÉ, broadcast 16 February.

65 'imagine the catastrophic consequences of forced removal': Judy Atkinson, 2002, *Trauma Trails: Recreating song lines*, Spinifex Press, North Melbourne.

65 'urged the federal government to act': Anna Henderson and Naomi Woodley, 2014, 'Federal government urged to act on "national emergency" of Indigenous imprisonment', ABC News, 28 November.

66 'calls this kind of simplistic thinking': Andrew Altman, 1990, *Critical Legal Studies: A liberal critique*, Princeton University Press, Princeton, p. 13.

66 'power is an essential element in racism': Carol Aylward, 1999, *Canadian Critical Race Theory: Racism and the law*, Fernwood Publications, Halifax, p. 30.

67 '"both a product and promoter of racism"': Mari Matsuda, 1996, *Where is Your Body? And other essays on race, gender and the law*, Beacon Press, Boston, p. 22.

69 'two centuries of colonisation, dispossession and racism': Weatherburn, *Arresting Incarceration*.

72 'Robertson told of a young woman': Damien Carrick, 2014, 'Representing yourself in the magistrates' court', *The Law Report*, ABC Radio National, broadcast 15 April.

Chapter 3: Punishment

76 'actually makes a lot of evidence-free assumptions': See, for instance, Mirko Bagaric, 2006 'Strategic (and popular) sentencing', *International Journal of Punishment and Sentencing*, Vol. 2, No. 3, pp. 121, 126.

76 'the Sentencing Advisory Council's statistics in Victoria': See www.sentencingcouncil.vic.gov.au/statistics.

78 'then the cure is prayer and religious instruction': See, for example, Charlotte Anley, 1841, *The Prisoners of Australia: A Narrative*.

78 'to isolate and replace the "criminal gene"': Laura Baker, Catherine Tuvblad and Adrian Raine, 2010, 'Genetics and crime', in Eugene McLaughlin and Tim Newburn (eds), *The SAGE Handbook of Criminological Theory*, SAGE, Los Angeles.

79 '"involvement in crime usually *precedes* illicit drug consumption"': Don Weatherburn, 2001, 'What causes crime?', *Crime and Justice Bulletin*, BOCSAR, No. 54.

79 'solitary, poor, nasty, brutish, and short': Thomas Hobbes, 1651, *Leviathan*, book XIII.

80 'most childhood development research suggests': See, for example, Bruce Perry, 2006, *The Boy Who Was Raised as a Dog, and Other Stories from a Child Psychiatrist's Notebook*, Basic Books, New York.

80 'in explaining the boot camps legislation': Explanatory Notes, *Youth Justice (Boot Camp Orders) and Other Legislation Amendment Bill 2012* (Qld).

80 '"boot camp orders"': Jarrod Bleijie, 2012, *Parliamentary Debates (Hansard)*, Legislative Assembly, 1 November, p. 2381.

80–1   'camps with an excessive focus on discipline': Terry Hutchinson and Kelly Richards, 2013, 'Scared straight: Boot camps for Queensland', *Alternative Law Journal*, Vol. 38, No. 4, pp. 229–33.

81   'described a topsy-turvy land': Samuel Butler, 1872, *Erewhon, or: Over the Range*, Chapter 10.

81   'can also be found in Plato's writings': See Plato's *Protagoras* and *Laws*.

83   'The more tolerant, understanding and educative we are': Mirko Bagaric and Kumar Amarasekara, 2000, 'The Errors of Retributivism', *Melbourne University Law Review*, Vol. 24, No. 1.

83–4   'Nietszche understood this expectation': Nietzsche, *On the Genealogy of Morals*.

84   'fails to properly take account of "moral guilt"': H. L. A. Hart, 1957, 'Legal Responsibility and Excuses', an address given at the first annual New York Institute of Philosophy, 9 and 10 February; published in Sidney Hook (ed), 1958, *Determinism and Freedom*, New York University Press, New York.

86   '"consider the law not as a system of stimuli"': Hart, 'Legal Responsibility and Excuses'.

87   'the torture spectacle': See Michel Foucault, 1975, *Discipline and Punish: The Birth of the Prison*.

88   'a 64 per cent increase': Don Weatherburn, 2010, 'Slash repeat offending: the best way to cut crime', *Sydney Morning Herald*, 21 October.

88   'the highest it's been since 1901': Sentencing Advisory

Council, 2014, 'Victoria's Imprisonment Rates, 1871 to 2013', www.sentencingcouncil.vic.gov.au/statistics/sentencing-statistics/victoria-imprisonment-rates.

88–9 'there's almost no correlation': Adam Graycar, 2001, 'Crime in Twentieth Century Australia', *ABS Year Book Australia 2001* (see Table C8.11: 'Prisoners, Daily Average Number and Rates per 100,000 Population, 1900–1999'), 25 January 2001.

89 'the reported crime rate actually increased': Cameron Houston, 2014, 'Fact check: Victoria's rising crime rate', *The Age*, 18 November.

89 'when imprisonment rates rise by 10 per cent': Weatherburn, 'Slash repeat offending – the best way to cut crime'.

91 'more than 80 per cent of prisoners were due for release': Australian Bureau of Statistics, 2011, *4517.0 - Prisoners in Australia, 2011*, 8 December.

91 'The average length of prison sentences': Andrew Leigh, 2010, 'Too many in the lock-up', *Australian Financial Review*, 9 November.

91 'the offenders who were sentenced to prison': Don Weatherburn, 2010, 'The effect of prison on adult re-offending', *Crime and Justice Bulletin*, BOCSAR, No. 143, August.

91–2 'among the people who reoffended': M. Brown, 1998, 'Serious violence and dilemmas of sentencing: A comparison of three incapacitation policies', *Criminal Law Review*, p. 710.

92 'the same statistical relationship between prison time and criminality': Uberto Gatti, Richard Tremblay and Frank Vitaro, 2009, 'Iatrogenic effect of juvenile justice', *Journal of*

Child Psychology and Psychiatry, no. 50, p. 991.

92 'one of the highest rates of recidivism': Kate Burns, 2012, *Justice Reinvestment: The economic benefits for Victoria*, MA thesis, Monash University, p. 23.

92 'three most common five-year age ranges': Australian Bureau of Statistics, 2014, *4517.0 - Prisoners in Australia, 2013* (subsection: 'Prisoner Characteristics, Australia, 2013'), 13 June.

92–3 'In his concession speech': See www.youtube.com/watch?v=vnsdpSyClMo.

93 'during that time wrote a book': Nicholas Cowdery, 2001, *Getting Justice Wrong: Myths, Media and Crime*, Allen & Unwin, Chapter 6.

93 'he told the ABC's *Law Report*': Damien Carrick, 2014, 'Legal reforms in NSW', *Law Report*, ABC Radio National, broadcast 11 February.

93–4 'Writing in the *Age*': Greg Barns, 2014, 'The Libs' tough-on-crime policies failed Victoria', *The Age*, 8 December.

94 'it's the state's Indigenous population': Sentencing Advisory Council, 'Victoria's Indigenous Imprisonment Rates'.

94 'have accounted for almost all': Australian Bureau of Statistics, 2013, '4517.0 - Prisoners in Australia, 2012 (subsection: 'Imprisonment rates'; see Table 4.2: 'Age standardised imprisonment rates by Indigenous status'), 2 April.

98 'it cost more than $300 a day': The Senate, Legal and Constitutional Affairs References Committee, 2013, 'Value of a justice reinvestment approach to criminal justice in Australia', June, Senate Legal and Constitutional Affairs secretariat, Canberra.

98	'The overall cost of police': Trading Economics, 'Australia Government Budget Value, 1973–2014', www.tradingeconomics.com/australia/government-budget-value.
99	'Arpaio's first act': Tim Priest, 2013, 'Call on Sheriff Joe to cut the jail bill', *Daily Telegraph*, 2 December.
99	'the rate of criminal offending': See Wikipedia's 'List of United States cities by crime rate', which is taken from the FBI's Uniform Crime Reports statistics. At the time of writing, the most recent FBI statistics were from 2012.
99	'notorious prison riots': See, for instance, Lord Woolf and Stephen Tumin, 1991, *Prison Disturbances, April 1990: Report of an inquiry*, HMSO, London.
102	'The Victorian "Smart Justice" network': Smart Justice, 2012, 'Justice reinvestment: investing in communities not prisons', fact sheet, 16 April.
103	'"Value of a justice reinvestment approach"': The Senate, Legal and Constitutional Affairs References Committee, 'Value of a justice reinvestment approach to criminal justice in Australia'.
105	'Malcolm Gladwell calls them "tipping points"': See Malcolm Gladwell, *The Tipping Point: How little things can make a big difference*, Little Brown, New York, 2000.
105–6	'Among the advocates of this idea': Damien Carrick, 2014, 'Should thieves and fraudsters be jailed?' *Law Report*, ABC Radio, broadcast 11 February.
106	'The death of 36-year-old Mulrunji': Chloe Hooper, 2008, *The Tall Man: Death and Life on Palm Island*, Penguin, Melbourne.

Chapter 4: Victims

112 'Indigenous people are heavily over-represented': Australian Bureau of Statistics, 2014, *4510.0 - Recorded Crime - Victims, Australia, 2013* (subsection: 'Victims of crime, Aboriginal and Torres Strait Islander status'), 26 June.

112 'over half of all homicide victims': Australian Bureau of Statistics, 2014, *4510.0 - Recorded Crime - Victims, Australia, 2013* (subsection: 'Victims of crime, Relationship of offender to victim'), 26 June.

112 'Robbery victims are also young': Australian Bureau of Statistics, 2014, *4510.0 - Recorded Crime - Victims, Australia, 2013* (subsection: 'Victims of crime, Selected characteristics'), 26 June.

113 'that violence is declining in human societies': Steven Pinker, 2011, *The Better Angels of Our Nature: Why violence has declined*, Allen Lane, London.

115 'they tended to drop out of school': Crime and Misconduct Commission Queensland, 2007, *Breaking the Cycle: A study of victimisation and violence in the lives of non-custodial offenders*, Crime and Misconduct Commission, Brisbane.

117 'Phil had placed an innocent bystander': I'm not being more specific because I don't want to identify him.

122 '"if you still feel frustration"': Crime Victims Support Association, www.cvsa.asn.au/index.html.

125 'not enough girls between the ages of ten and fourteen': Robyn Ironside, 2010, 'Rap on the knuckles: Teen girls get off lightly', *The Courier-Mail*, 13 January.

125 'a particular sixteen-year-old boy had not been sentenced

harshly enough': David Murray, 2013, 'Probation texting teen has history of soft treatment', *The Courier-Mail*, 19 June.

125 'a seat on the state's Sentencing Advisory Council': Mark Oberhardt, 2010, 'Closed justice for kids', *The Courier-Mail*, 17 December.

125 'they should think about these things before they act': Jarrod Bleijie, quoted in Kate Kyriacou, 2012, 'Getting kids back on track', *The Courier-Mail*, 14 July.

127 'a compliance rate of 75 per cent': Queensland Courts, 'Publications', www.courts.qld.gov.au/about/publications# Childrens Court Annual Reports.

128 'The more accurate reporting': Kristian Silva, 2013, 'Juvenile crime rises after Newman government cuts rehab program', *Brisbane Times*, 13 December.

128–9 'The reason for the abolition of Court ordered conferencing': Judge Michael Shanahan, 2013, 'President's Overview', *Children's Court of Queensland Annual Report 2012–2013*, Queensland Courts, Brisbane, p. 5.

129 'did indeed cite financial reasons': Treasurer Tim Nicholls had forecast multimillion-dollar savings with the passage of the government's amendments to Queensland's Youth Justice Act (see: Budget Measures 2012–13, Budget Paper No. 4, p. 52), though the government's own Legal Affairs and Community Safety Committee was 'unclear as to what percentage' of the forecast savings would be attributable to the removal of court-ordered youth justice conferencing, given that all the evidence pointed to the fact that the

program was already achieving substantial savings by diverting children, where appropriate, from the much more expensive court system. The committee requested that the government provide the details of any cost–benefit analysis on both direct and indirect savings that would result from the removal; see Legal Affairs and Community Safety Committee, *Report 18 on the Youth Justice (Boot Camp Orders) and Other Legislation Amendment Bill 2012*, pp. 16–19. The government declined to provide that analysis; see *Queensland Government Response to the Legal Affairs and Community Safety Committee's report on the Youth Justice (Boot Camp Orders) and Other Legislation Amendment Bill 2012*, pp. 5–6.

135 'One of the most shocking statistics': Centre for Innovative Justice (CIJ), 2014, *Innovative Justice Responses to Sexual Offending: Pathways to better outcomes for victims, offenders and the community*, RMIT, Melbourne, p. 16.

137 '"five stages of grief" model': Elisabeth Kübler-Ross, 1969, *On Death and Dying*, Macmillan, New York.

Chapter 5: Alternatives

141 'in David Williamson's 1999 play, *Face to Face*': David Williamson, 2011, 'Face to Face', in *The Jack Manning Trilogy*, Currency Press, Sydney. See also Michael Rymer's 2011 film adaptation of *Face to Face*.

146 'Williamson was attracted to the TJA's prospects': Williamson, 2002, 'A justice that heals', in *The Jack Manning Trilogy*, Currency Press, Sydney, pp. ix–x.

146–7 'According to Williamson': Williamson, 'A justice that heals', p. xi.
147 'this sort of conferencing provides': Williamson, 'A justice that heals'.
147 'all adult offenders who meet certain eligibility criteria': Criminal Procedure Amendment (Forum Sentencing Intervention Program) Regulation 2014 (NSW).
148 'A facilitator monitors each offender's progress': Julie People and Lily Trimboli, 2007, *An Evaluation of the NSW Community Conferencing for Young Adults Pilot Program*, BOCSAR, Sydney.
148 'more than nine in every ten participants believed': People and Trimboli, *An Evaluation of the NSW Community Conferencing for Young Adults Pilot Program*, BOCSAR, Sydney.
148 'the role of the convenor': Moore, 'The theatre of everyday conflict', in *The Jack Manning Trilogy*.
149 'A Victorian review of group conferencing': KPMG and Department of Human Services (Victoria), 2010, *Review of the Youth Justice Group Conferencing Program: Final Report*, KPMG and Department of Human Services, Melbourne, p. 44.
151 'But victims do participate personally': KPMG and Department of Human Services (Victoria), *Review of the Youth Justice Group Conferencing Program: Final Report*, p. 44.
151 'a KPMG review': KPMG and Department of Human Services (Victoria), *Review of the Youth Justice Group Conferencing Program: Final Report*, p. 39.

151   '98 per cent of conference participants': Childrens Court of Queensland, *Annual Report 2011–2012*, Childrens Court of Queensland, Brisbane, p. 7.

153   'most would-be reformers despair': See, for example, Lindsay Tanner, 2011, *Sideshow*, Scribe, Carlton North.

153   'Koori courts have been shown to cut recidivism': Rob Hulls, 2008, 'Koori courts help cut repeat offences', *The Australian*, 16 May.

153   'The Neighbourhood Justice Centre also showed immediate benefits': Neighbourhood Justice Centre, 2010, *Evaluating the Neighbourhood Justice Centre in Yarra, 2007–2009*, Department of Justice, Melbourne.

153   'The Dandenong drug court saves': Acumen Alliance, 2006, *Benefit and Cost Analysis of the Drug Court Program: Final Report*, Department of Justice, Melbourne, p. 38.

153   'reducing the likelihood that participants will offend again': Acumen Alliance, *Benefit and Cost Analysis of the Drug Court Program: Final Report*, p. 4.

153–4   'The first Nunga Court': John Tomaino, no date, 'Aboriginal (Nunga) Courts', *Information Bulletin*, Office of Crime Statistics and Research, Adelaide.

154   '"Circle sentencing" began for Indigenous offenders': Robert Tumeth, 2011, 'Is Circle Sentencing in the NSW criminal justice system a failure?', research paper, Aboriginal Legal Service (NSW/ACT), 7 June.

156   'by involving local Koori and Ngunnawal communities': Local Court of New South Wales, no date, *Annual Review 2013*, Office of the Chief Magistrate, Sydney.

156 'least threatening of the anti-colonialists' demands': Deborah Bird Rose, 1996, 'Land Rights and Deep Colonising: The erasure of women', *Aboriginal Law Bulletin*, Vol. 3, No. 85, p. 6.

157 'Constructive "shaming"': Elena Marchetti and Kathleen Daly, 2004, 'Indigenous Courts and Justice Practices in Australia', *Australian Institute of Criminology: Trends and Issues in Criminal Justice*, No. 277, p. 5.

158 'they don't work to reduce recidivism': Weatherburn, *Arresting Incarceration*. See also Craig Jones, 2009, 'Does Forum Sentencing Reduce Reoffending?', *Crime and Justice Bulletin*, BOCSAR, No. 129; and Suzanne Poynton, 2013, 'Rates of Recidivism among Offenders Referred to Forum Sentencing', *Crime and Justice Bulletin*, BOCSAR, No. 172.

160 'But when they've been assessed': See, for example, Lily Trimboli, 2012, 'NSW Court Referral of Eligible Defendants into Treatment (CREDIT) Pilot Program: An evaluation', *Crime and Justice Bulletin*, BOCSAR, No. 159; see also Law Reform Commission of WA, 2009, *Court Intervention Programs: Final Report*, Project No. 96, Law Reform Commission of Western Australia, Perth; and Gabrielle Denning-Cotter, 2008, 'Bail Support in Australia', *Indigenous Justice Clearinghouse*, Brief 2, Attorney-General's Department of NSW.

163 'the ARC List will see each offender regularly': Glenn Rutter and Vivienne Mortell, 'The Assessment and Referral Court (ARC) List', paper, Psychiatric Disability Services of Victoria, Elsternwick.

166 'Madden and his fellow reformers also revamped': Jerry Madden, 2013, interviewed by Emma Alberici, 'Texas experiment with justice reinvestment', *Lateline*, ABC TV, broadcast 16 April.

166–7 'The conservative British government began trialling': Kevin Wong et al., 2013, *The development and Year One Implementation of the Local Justice Reinvestment Pilot*, Ministry of Justice (UK) Analytical Series.

167 'the government paid out just over £3.6 million': UK Government, 2012, 'Justice reinvestment pilots: First year results', 29 November.

167 'return a proportion of that saving to the SBB investors': NSW Treasury, 'Social Benefit Bonds', www.treasury.nsw.gov.au/site_plan/social_benefit_bonds.

169 'teenagers' use is decreasing': Wiebke Hollersen (translated by Ella Ornstein), 2013, '"This is working": Portugal, 12 years after decriminalising drugs', *Der Spiegel*, 27 March.

169 'fewer drug-related deaths and HIV infections': Brian Vastag, 2009, '5 years after: Portugal's drug decriminalisation policy shows positive results', *Scientific American*, 7 April.

169 'drug usage across Europe': European Monitoring Centre for Drugs and Drug Addiction, 'Prevalence maps – Prevalence of drug use in Europe', www.emcdda.europa.eu/countries/prevalence-maps.

170 'a sitting member of South Australia's parliament': He'll remain nameless here because our conversations at the time were confidential.

170 'infected both the governing Labor Party': See Andrew

Parkin, 2003, 'South Australia: January to June 2003', *Australian Journal of Politics and History*, Vol. 49, No. 4, p. 597; he writes that appearing tough on crime 'seems mandatory for Labor governments everywhere'.

170–1 '"It's very easy to avoid going to prison"': Rann, quoted in Greg Kelton, 2004, 'Pleas to replace "third world" women's prison', *The Advertiser* (Adelaide), 28 August.

171 'was then jailed for nearly two years': See: *R v. Paul Habib Nemer and K*, 146/2002 (25 July 2003); *R v Nemer* [2003] SASC 375 (7 November 2003); Nance Haxton, 2003, 'Controversial SA sentence overturned', *PM*, ABC Radio, broadcast 18 November.

172 '"getting tougher on crime"': Victorian Liberal Party, 'Our plan: Stronger and safer communities', http://vic.liberal.org.au/OurPlan/CommunitySafety.

172 'even more police officers on the streets': Daniel Andrews, 2014, 'Labor to fix Napthine's police cell mess', 1 November, www.danielandrews.com.au/policy/labor-to-fix-napthines-police-cell-mess.

172 'the penalties for trafficking or manufacturing ice': Daniel Andrews, 2014, 'Ice intervention to confront ice epidemic', 8 September, www.danielandrews.com.au/policy/ice-intervention-to-confront-ice-epidemic.

174 'none of those who had reoffended sexually': Jane Goodman-Delahunty and Kate O'Brien, 2014, 'Parental Sexual Offending: Managing risk through diversion', *AIC Trends & Issues in Criminal Justice*, No. 482.

174 'the election of a Coalition government': On the SafeCare

  program, see Kirsti Melville, 2010, 'The age of attraction', *360documentaries*, ABC Radio National, broadcast 2 October.

174 'I don't believe that the community accepts': Sarah Dingle, 2013, 'The family trap', *Background Briefing*, ABC Radio National, broadcast 11 August.

175 'they were distressed at the prospect': Dingle, 'The family trap'.

176 'the truth and reconciliation commissions in South Africa': See Priscilla Hayner, 2001, *Unspeakable Truths: Transitional justice and the challenge of truth commissions*, Routledge, New York.

176 '"the prosecution process was developed"': CIJ, *Innovative Justice Responses to Sexual Offending*, p. 13.

177 '"pathways to better outcomes" for victims': CIJ, *Innovative Justice Responses to Sexual Offending*.

177 '"sophisticated, embedded and legislatively supported"': CIJ, *Innovative Justice Responses to Sexual Offending*, pp. 28–33.

178 'its recommended innovations might not work': CIJ, *Innovative Justice Responses to Sexual Offending*, p. 35.

Chapter 6: Conclusions

186 'a logical extension of thinking rationally': The Canadian philosopher John Ralston Saul argued in his 2001 book *On Equilibrium* (Penguin) that to most problems in society we should seek to find solutions that incorporate all of what he defined as the six essential qualities of humanity: common sense, ethics, imagination, intuition, memory and reason.

Employing one quality or a few in the absence of the others can lead us to bad, even terrible conclusions; the dropping of the bombs on Hiroshima and Nagasaki, for instance, was the outcome of reason in the absence of ethics, imagination and memory.

REDBACKS BOOKS WITH BITE

'Required reading for every Australian who seriously cares about the fair go enduring.'
—Peter FitzSimons

'Eric Knight is provoking us to consider not just what we think, but how we think.'
—Waleed Aly

WWW.BLACKINCBOOKS.COM

SHORT BOOKS ON BIG ISSUES BY AUSTRALIAN WRITERS AND THINKERS

'This book is a must-read for anyone concerned with the economic and social future of Australia … lucid, compelling and unburdened by political bias.'
—Bob Hawke

'The best book yet written, not just on Australia's Afghan war, but on war itself and the creator/destroyer myth of Anzac.'
—John Birmingham

WWW.BLACKINCBOOKS.COM